写给大家的
西方哲学简史

[英] 伯特兰·罗素 著

文利 译

A HISTORY OF
WESTERN PHILOSOPHY

陕西师范大学出版总社　西安

图书代号　SK24N2320

图书在版编目（CIP）数据

写给大家的西方哲学简史 /（英）伯特兰·罗素著；文利译．—西安：陕西师范大学出版总社有限公司，2025.3

ISBN 978-7-5695-3839-7

Ⅰ.①写… Ⅱ.①伯… ②文… Ⅲ.①西方哲学－哲学史 Ⅳ.① B5

中国国家版本馆 CIP 数据核字（2023）第 167523 号

写给大家的西方哲学简史
XIE GEI DAJIA DE XIFANG ZHEXUE JIANSHI

［英］伯特兰·罗素　著　文利　译

出 版 人	刘东风
特约编辑	白　琪
责任编辑	高　歌
责任校对	庞祥辉
封面设计	王　鑫
出版发行	陕西师范大学出版总社
	（西安市长安南路 199 号　邮编 710062）
网　　址	http://www.snupg.com
印　　刷	三河市中晟雅豪印务有限公司
开　　本	620 mm×889 mm　1/16
印　　张	23
字　　数	300 千
版　　次	2025 年 3 月第 1 版
印　　次	2025 年 3 月第 1 次印刷
书　　号	ISBN 978-7-5695-3839-7
定　　价	69.00 元

绪论

卷一 古代哲学

第一篇
前苏格拉底哲学家

012　第一章　希腊文明的兴起
021　第二章　米利都学派
024　第三章　毕达哥拉斯
027　第四章　赫拉克利特
032　第五章　巴门尼德
034　第六章　恩培多克勒
036　第七章　雅典与文化的关系
038　第八章　阿那克萨戈拉
039　第九章　原子论者
043　第十章　普罗泰戈拉

第二篇
苏格拉底、柏拉图和亚里士多德

047　第十一章　苏格拉底
051　第十二章　斯巴达的影响
055　第十三章　柏拉图思想的根源
057　第十四章　柏拉图的乌托邦
063　第十五章　理念论
069　第十六章　柏拉图的"不朽"论

074 第十七章 柏拉图的宇宙生成论
077 第十八章 柏拉图哲学中的知识与知觉
082 第十九章 亚里士多德的形而上学
088 第二十章 亚里士多德的伦理学
094 第二十一章 亚里士多德的政治学
099 第二十二章 亚里士多德的逻辑学
102 第二十三章 亚里士多德的物理学
105 第二十四章 希腊早期的数学与天文学

第三篇
亚里士多德之后的古代哲学

109 第二十五章 希腊化世界
114 第二十六章 犬儒派与怀疑派
119 第二十七章 伊壁鸠鲁派
124 第二十八章 斯多葛主义
132 第二十九章 罗马帝国与文化的关系
139 第三十章 普罗提诺

卷二 天主教哲学

导言
第一篇
教父

151 第一章 犹太宗教的发展
154 第二章 基督教最初的四百年

160　第三章　教会的三位博士

166　第四章　圣奥古斯丁的哲学与神学

172　第五章　5世纪和6世纪的哲学

175　第六章　圣本尼狄克与大格里高利

第二篇
经院哲学家

181　第七章　黑暗时期的罗马教皇制

187　第八章　约翰·司各特

189　第九章　11世纪的教会改革

195　第十章　12世纪哲学

201　第十一章　13世纪哲学

205　第十二章　圣托马斯·阿奎纳

210　第十三章　弗朗西斯教团的经院哲学家

215　第十四章　教皇制的衰落

卷三　近代哲学

第一篇
从文艺复兴到休谟

222　第一章　总论

224　第二章　意大利文艺复兴

227　第三章　马基雅维利

230　第四章　伊拉斯谟和莫尔

235　第五章　宗教改革运动和反宗教改革运动

3

236	第六章	科学的兴盛
243	第七章	弗兰西斯·培根
246	第八章	霍布斯的《利维坦》
251	第九章	笛卡儿
256	第十章	斯宾诺莎
261	第十一章	莱布尼茨
267	第十二章	自由主义哲学
271	第十三章	洛克的认识论
276	第十四章	洛克的政治哲学
286	第十五章	洛克对后世的影响
289	第十六章	贝克莱
294	第十七章	休谟

第二篇
从卢梭到现代

301	第十八章	浪漫主义运动
305	第十九章	卢梭
312	第二十章	康德
319	第二十一章	19世纪思潮
324	第二十二章	黑格尔
331	第二十三章	拜伦
334	第二十四章	叔本华
337	第二十五章	尼采
343	第二十六章	功利主义者
346	第二十七章	柏格森
354	第二十八章	威廉·詹姆斯
358	第二十九章	逻辑分析哲学

绪　论

传统的宗教与伦理科学研究，这两点使得我们确立了基本的人生观与价值观。哲学家的哲学体系中也少不了这两点，只是在每个哲学家的体系中它们所占的比重不同而已。但是缺少了其中任何一点，都不能称之为哲学。

"哲学"这个词被人在各种场合用各种方式提及，有广义的，也有狭义的。我对这个词的使用都是基于对它广义上的理解，下面我就谈谈我的这种理解。

在我的理解中，哲学是介于神学与科学之间的东西。它与神学的共同之处在于，都包含着人类对未知事物的思考；它与科学也有共同之处，那就是理性地看待事物，而不是一切都遵循权威，无论是哪种权威。我认为，凡是能够得到确切认识的知识都属于科学，凡是不能得到确切认识的知识都属于神学。但是还有一片领域，它既不属于科学范畴，也不属于神学范畴，双方都不承认它，并且还攻击它，这片领域便是哲学。哲学家们最热衷的那些问题，科学家们根本给不出一个答案，神学家们给出的答案越来越不能让人信服。宇宙为何存在？它有没有什么规律可循？它是在朝着某个方向演进吗？自然规律到底存不存在？我们承认自然规律存在是不是因为人类骨子里有一种热爱秩序的天性？天文学家眼中的人类不过是碳和水化合而成，爬行在一个无关紧要的小星球上的东西罢了。那人类到底是不是这样的呢，还是哈姆雷特眼中那样的呢？或者两者兼有？不同的生活方式有贵贱之分吗？假如有的话，高贵的生活都包含些什么？如何才能得到它们？善良会被人们永恒地追求下去吗？换个说法，如果灭亡是宇宙必然的结果，那善良还值得追求吗？智慧这种东西真的存在吗，还是不过是浓缩了的愚蠢？科学家是不可能在实验室里找到这些问题的答案的，现代人对于各派神学给出的信誓旦旦的答案则是满腹疑团。哲学的任务便是研究这样的问题，不过只是研究而不是解决。

既然是不能解决的问题，那我们为什么还要在这上面浪费时间呢？下面我将以两种身份，从两个方面来回答这个问题。

第一个身份是历史学家。从历史上来看，人们的人生观、世界观，以及人们对善恶、是非的认识，是人们行动的指南，也是许多影响人类发展的大事件的行动依据。我们今天还是如此。要想了解一个民族或者一个时代，就必须了解它的哲学；当我们试图去做到这一点的时候，我们身上便有了哲学家的影子。人们的生存环境与他们的哲学是互相影响的，这种影响千百年来都在进行着，这也是本书要研究的主题。

另一个身份是一个人，苍茫宇宙中一个渺小的人。相对于浩瀚宇宙来说，我们从科学家那里得到的知识实在是太少了；如果安于现状，不去想那些我们还不了解的问题，人们将变得故步自封和麻木。而神学呢？它带给我们的信念是主观的、武断的，对于自己不了解的知识却偏要下一个定义。这是自欺欺人，这样做只会让人变得无知、傲慢。面对哲学提出的问题，无论是刻意回避还是不懂装懂都是无益的。怎样让人们在不回避的情况下，安心地在这些问题面前生活下去，并不受困扰，这就是哲学能为那些学哲学的人所做的事情。

公元前 6 世纪的希腊，有别于神学的哲学开始出现。基督教兴起与古罗马灭亡使得这种哲学被神学兼并。11 世纪至 14 世纪，哲学迎来了第二个伟大的时期。这期间天主教会支配着一切。这段时期的哲学发展是混乱的，混乱导致的最终结局就是宗教改革。从 17 世纪开始直至今天（20 世纪 40 年代），是哲学发展的第三个时期。科学对哲学的影响，从来没有像现在这样大；传统的宗教依然占据重要的地位，但是它们已经开始感觉到自己受到了挑战；科学发展到一定阶段，宗教便会相应地进行改造，以与之适应。这段时期的哲学家在天主教立场上非常正统，并且普遍认为自己的国家要比教会重要。

科学与宗教的关系从来都是水火不容，社会稳定与个人自由的关系也是如此。在古希腊，人们对城邦制的那种忠诚是社会稳定的保证；亚里士多德试图发现比城邦制更好的体制，但是没有成功。对城邦制忠诚就意味着要牺牲个人自由，不过各地牺牲的程度不同，斯巴达的个人享受的自由比较少，类似于今天的德国和俄国；雅典则不同，那里的个人除了极个别时候会遭到迫害以外，享受的自由是最多的。古希腊的思想是建立在对国家和宗教的热诚之上的，这种情况一直持续到亚里士多德的时代；当时的伦理体系与人们的生活非常匹配，同时有很多政治的元素掺杂在其中。后来希腊被马其顿和罗马征服，城邦制时期的那套伦理体系已经不再适用于社会。旧的伦理体系逐渐被淘汰，新的伦理体系取而代之。新的伦理体系中社会性减弱，个人自由大大加强。斯多葛派认为个人与国家之间的关系不存在忠诚与否，这种关系只存在于个人灵魂与上帝之间。这种理论为以后基督教的上台铺好了道路，因为基督教在一开始和政治毫无关系，在它最初的三百多年里，根本影响不到政府。从亚历山大到君士坦丁的六个半世纪里，社会稳定靠的不再是城邦制时期的忠诚，而是强制力。这种强制力最初来自军队，后来来自中央集权。罗马创立了军队、道路、法律和官吏，并在之后用强制力维系了一个帝国的稳定。在这个过程中罗马的哲学并没有起到任何作用，因为罗马根本就没有哲学。

在这个被集权统治的漫长时期里，古希腊时期那些自由的观念被分解，其中我们认为富有理性的那一部分因为不再符合时代的需要遭到抛弃，而那些含有宗教元素的部分被基督教选择性地吸收进自己的教义。就这样，希腊的思想与传统被基督教兼并。

基督教普及了这样一个道理：相对于国家，人们更应该忠诚于上帝。这与苏格拉底的"相对于人，我们更应该服从于神"的观点相似。这种观点得到了早期基督徒统治者的认可，并得到了传承。拜占庭帝国以及后来的俄罗斯帝国都传承了这部分认识。这种忠于宗教大于忠于哲学的思想，现今仍然存在。

西欧的文明进程被蛮族的入侵破坏，一度中断了六个多世纪。但爱尔兰是个例外，它一直抵抗到 9 世纪才最终被丹麦占领；被占领之前的爱尔兰还诞生了一位伟大的人物——司各特·爱留根纳。在东罗马帝国，希腊文明已经凋谢。直至公元 1453 年君士坦丁堡被攻陷，除了在艺术上增加了一种传统和制定了罗马法典以外，东罗马没有给世界创造更多重要的东西。5 世纪至 11 世纪是一个黑暗的时代。在西罗马，基督教关于忠于上帝甚于忠于国家的言论引起了冲突，表现形式就是代表上帝的教会同代表国家的国王之间的冲突。教皇的权势得到了极大的扩张，遍布意大利、法国、西班牙、大不列颠、爱尔兰、德国以及斯堪的纳维亚地区和波兰。之前教皇能控制的权力范围仅限于意大利与法国南部。11 世纪末之后，教皇逐渐取得了上述地区的控制权。当时在西欧，教士有一个严密的组织，他们只听从罗马的指示，疯狂而又贪婪地追逐着权力；一直到 13 世纪，教会通常是在与国王的斗争中胜利的一方。征服一个国王、一个国家，这并不仅仅是基督教传播的胜利，还是地中海统治者与北方蛮夷之间的另一次冲突的胜利。教会的统一意味着罗马帝国的统一，它体现在各个方面：祷文必须是拉丁文；首脑人物必须来自意大利、西班牙或者法国南部；教育全是古典的；教会在当时既代表着对传统的继承，又代表着当时文明的最高成就。

然而，教会的权威与世俗王侯们手中的权力有矛盾。对征服者们来说，那些法律制度显得沉闷而又迂腐，事实确是如此。国王必须将手中的一部分权力分给封建贵族，而他们的品行同样低下。这些暴虐的君主同样会向上帝祈祷，同样会忏悔。但是教会与国王都没有取得对方的信任。国王与贵族手握兵权，为什么要听从于教会的那些书呆子呢？如果不让他们烧杀抢劫，不让他们饮酒、恋爱，那手中的权力不就形同一张废纸吗？因此，不顾教会反对，他们仍然我行我素地进行决斗和比武，还发明了马上比武与恋爱的新花样。甚至，他们有时会失去理智，杀死平时不敢惹的教士。

尽管国王手握兵权，但是教会是最后的胜利者。一方面它把持着教育，一方面国王之间经常互相残杀，但这些都不是主要原因，最主要的是国王与人民都相信教会决定着一个人是上天堂还是下地狱。教会把人们原本效忠国王的责任解除了，改为效忠上帝，这也鼓励了人们去反抗国王的统治。教会自己的体系已经足以代替政府，使得政府的存亡无关紧要。最愿意看到这一点的是商人。这一点在意大利得到了充分的体现，并影响深远。

条顿人[1]不仅在政治上想从教会那里争取一点自主的权力，艺术上、战争上，还有骑士道方面，他们也在争取。但是他们没有在知识方面争取自主，因为教会把持着教育。中古时期的哲学是片面的，它

---

[1] 条顿人：古代日耳曼人的一个分支，大约分布于易北河下游，后逐渐与日耳曼其他部落融合。后世常以此称呼日耳曼人及其后裔，有时也以此称呼德国人。（若无特殊说明，本书注释皆为译者注）

们反映的不是那个时代的特征,而不过是一家一派的思想罢了。教会内部也存在着分歧,许多教士出于种种原因都对教皇不满。将文化普及到大众中,在这一方面意大利要比阿尔卑斯以北地区领先好几百年。腓特烈二世曾经尝试着建立一种自己的宗教,这是反教会最极端的做法;托马斯·阿奎纳诞生于那不勒斯王国,他是教廷哲学的典型代表,影响至今;但丁在大约五十年之后将中古世纪的哲学做了一个综合,这也是中古世纪文化的一个综合。

但丁建立起来的这种综合很快就垮塌了,中古哲学也很快就垮塌了。当时教会内部出现了分裂,加上之后的宗教大会运动与文艺复兴,宗教改革势在必行。宗教改革将基督教建立起来的统一世界摧毁,也打破了以教皇为中心的领导体系。文艺复兴解放了人们的天性,人们开始热衷于新的知识,厌烦烦琐、迂腐的旧体系——这些旧体系过去一直束缚着人们的心灵。哥白尼重新定位了地球和人类在宇宙中的地位,这种地位远比托勒密当时定位的要渺小。知识分子从新事物中体会到了乐趣。艺术方面也是如此,尽管还保持着过去的那种整齐,但是在细节上开始变得烦琐和无序。蒙田是这一方面的典型代表。

政治伦理方面的体系也被摧毁。中世纪的社会虽然动荡不宁,但思想方面是非常严谨和有序的。在当时,世间的全部权力都是来自上帝,其中神圣的权力归教皇,管理世间俗事的权力归国王。但是在15世纪,教皇与国王的地位不再神圣。教皇变成了意大利贵族中的一员,并且同这些贵族干着同样卑鄙的勾当。英国、法国、西班牙等地区新兴的民族国家在其领地开始实行极权统治,教皇与国王成为权力的旁观者。罗马时期遗留下来的社会体系就此被打破。

马基雅维利在《君主论》中表现了当时的那种政治上的混乱。这本书告诉我们,当时的政治已经完全失去了指导原则,一切都只是为了争夺更多的权力。书中还提出了一些怎样争夺权力的建议。接下来的发展如同当年的希腊一样，传统道德消失，解脱束缚的人们释放出天性，想象力和创造力不断涌现出来。但是弊端也体现出来，缺乏道德使得国家处于无政府状态，结果被远不如自己文明，但是远比自己团结的落后民族击败。

16世纪之后，宗教改革就占据着欧洲的思想史。这场复杂的改革可以看作是北方民族对于罗马帝国可能卷土重来的一种反抗。当年征服欧洲北部的宗教如今衰落了，教廷不再享有权力，只是一个单纯的机构。虽然这个机构依旧从英国和德国敛取大量财富，但是它已经彻底地失去了人们对它的信任。民族上的原因、经济上的原因，再加上道德上的原因，这一切都促使人们对罗马进行反叛。君主们逐渐发现，如果自己领地上的教会不归罗马教廷，而是归自己民族所有，那样自己将从教皇手中抢回更多的权力。这就是为什么路德的神学改革在欧洲北部会受到国王和民众的一致推崇。

天主教教会的发展融入了三个方面：天主教起源于犹太，神学继承于希腊，合法的教会统治体系建成于罗马。宗教改革中犹太的部分得到了加强，罗马与希腊部分被摒弃。这种明显的民族主义将罗马帝国与后期教会统治建立起来的团结社会瓦解。传统的教会学说认为，上帝对个人的启示需要教会这个媒介，因此个人必须服从于教会。而宗教改革中的新教徒否认这种说法，他们认为上帝的启示存在于《圣经》中，无须教会来做媒介，教会也不是解决上帝启示的权威机构。他们还认为个人的灵魂可以直接与上帝对话，根本不需要教会做中间人。

真理不需要权威机构确认，只需要内心肯定。这种思想很快发展成了一种趋势，并影响到社会的各个方面。政治上无政府主义得到了人们的青睐，宗教上人们趋向于神秘主义。各种教派纷纷建立，每一个哲学家都自成一派，几乎每一个国王都成了异端。主观主义在各个方面得到了加强,人们原本是想挣脱思想的束缚,没想到最后朝着一种不健康的个人主义方向发展而去。

笛卡儿是近代哲学的第一位哲学家,他能肯定的只有自己和自己的思想,并认为整个世界都是由此推导而来的。这不过是个开端罢了,后来贝克莱、康德、费希特的成就都是基于此发展而来的。费希特甚至认为世间万物都是自我的流溢。这是一种错误的观点,后来的哲学发展一直试图摆脱这种观点。

无政府主义与主观主义、个人主义一起发展。路德在世的时候,再洗礼教派就开始发展,他们曾经一度控制了闵斯特城[1]。他们主张废除法律,认为引导人们心灵的圣灵不应该被束缚。这个教派不受欢迎也不被承认,并最终被消灭。但是这种学说并没有被消灭,后来流传到荷兰、英国和美国,并催生了贵格会这一教派。19世纪又掀起了一股无政府主义运动风潮,并在一些地区取得了成功。这股运动风潮更激烈,但是已经与宗教无关;这种运动形式看似是反宗教的,其实本身有许多新教的精神;只不过当时路德用这种精神来反对教皇,而现在人们用这种精神来反对政府。

人一旦摆脱缰绳,形成主观主义,就不甘心再被束缚。新教徒一面强调道德的重要性,骨子里却是崇拜无政府主义。但是,几千年形成的风俗习惯使得人们依旧按照过去的道德方式生活,这是非常矛盾的。18世纪兴起的"感性"崇拜将这种矛盾体现了出来:受到赞美的行为不一定是可以带来好结果或者符合道德标准的,只要它能激发人们去追求这些就行了。后来卡莱尔与尼采的那种英雄崇拜,以及拜伦对于激情的崇拜都受其影响。

浪漫主义运动在各个方面的体现都与主观主义有关,也就是把个

---

[1] 闵斯特城:位于德国西北部的一座城市。

人从集体中分离出来,并欣赏这种对比带来的感受。个人与集体对比的那种感受就好比是一只老虎与一群羊对比,浪漫主义派欣赏老虎扑向羊群的那一刹那的景象,完全不顾及后果。

主观主义的形式是错误的,相对应的解决方式也一直在发展。最开始是自由主义学说,这是一种折中的解决途径,是想给政府与个人划定各自的领域,并都在各自领域内活动。洛克是这种学说的代表人物,他既反对个人主义,又反对对政府的权威崇拜。还有一种反主观主义的学说,它们认为应该将原先属于教会甚至上帝的权力交给国家,这就是国家崇拜理论。这种理论在发展的不同分支上分别产生了霍布斯、卢梭和黑格尔的学说,而在实际中的体现则是克伦威尔、拿破仑和近代的德国。这种学说在理论上与共产主义离得很远,但是实际上体现出了相似的国家崇拜。

公元前600年至今的哲学发展史上,哲学家大体可以划为两类:一类是希望加强社会约束的,一类是希望放松社会约束的。其中希望加强社会约束的人推崇纪律,推崇教条体系,仇恨科学与进步;而希望放松社会约束的人是自由主义分子,他们大都崇尚理性、科学、进步,反对不理智的激情,反对一切深刻形式的宗教。这两种观念早在古希腊时代就存在了,只不过后来发展成了不同的形式,一直发展到今天,并且肯定会持续到未来。

经过了这么长时间的发展与争论,今天每一方都有各自正确与错误的地方。这样的对立是每一个社会都要面对的问题:过分讲究纪律和遵循传统会导致社会僵化,而过分倡导自由主义与个人主义又会导致社会不团结,容易内部解体,或者被外族消灭。人类文明的发展似乎都符合一个规律:刚开始遵循一种非常严格的、带有迷信色彩的体系,随着社会的发展,这种体系越来越松弛,并在一个时期达到辉煌,此时,旧体系中美好的东西得到发展,而坏东西还没有得到发展;随着坏东西开始发展，自私、个人主义、主观主义、无政府主义得到释放，这时的旧体系不可避免地沦落为暴虐的政府，政府则会建立新的体系来维护自己的统治。

自由主义学说想打破这种恶性的循环，它的本质是想建立一种新的社会秩序，摒除非理性的旧教条体系，并保证成功后只对必要领域进行社会约束，以保证社会安定。除此之外，不再多做社会约束。这种想法能否实现，还要看将来。

卷一

VOLUME ONE

古代哲学

第一篇
前苏格拉底哲学家

第一章 希腊文明的兴起

　　早在希腊文明兴起之前,人类文明已经在埃及和美索不达米亚发展了几千年,并向四面八方传播。但是,这种文明始终缺少一种因素,并最终由希腊人将其补上。希腊人对纯粹知识的探索,以及取得的成就都非常伟大,现代的数学、科学与哲学都是起源于希腊;他们编写内容翔实的历史书,思考生活和世界,不受前人思想的牵绊。人们至今还赞叹当时的希腊。

　　泰勒斯是最早的哲学家,他预言过一次日食,后来天文学家算出这次日食发生于公元前385年,我们也就据此得出了他所生活的时代,以及哲学诞生于公元前6世纪初的论断。由于最初的科学实际上是包括在哲学中的,因而科学也同样诞生于公元前6世纪初。可以说公元前6世纪初是希腊历史的起点,在那之前的希腊历史无人知晓,人们只能对其进行推断。

　　大约在公元前4000年,埃及发明了象形文字,之后巴比伦也出现了象形文字。象形文字是用图像来表意,中国至今还在使用这种文字。经过几千年的演变,西方的象形文字演变成了字母。

尼罗河、底格里斯河、幼发拉底河，是它们孕育了埃及和美索不达米亚文明，并催生了农业和贸易。这片土地属于国王，国王下面有军事贵族和祭祀贵族。农奴负责耕种，他们归国王和贵族所有。当时这片土地上有一种多神教，传说国王与教中的神关系密切。

埃及与巴比伦在神学方面有许多不同。埃及人相信人死后灵魂要到阴间接受审判，之后再回到死者的身体中来，由此催生了木乃伊与金字塔。公元前40世纪末到公元前30世纪初，埃及的国王们兴建金字塔群。之后的埃及文明停滞不前，主要原因是宗教的保守主义。公元前18世纪左右，闪族人攻占了埃及。他们在两个世纪的统治中没有留下任何痕迹，唯一的贡献是将埃及文明向外传播出去。

巴比伦的历史带有更多的战争元素。闪族人打败了原先在此的苏美尔人，并从他们那里继承来了楔形文字。当时这片地区的城邦之间连年作战，互相残杀，最后巴比伦胜出，其他城邦成了附属。

同古代宗教一样，埃及与巴比伦的宗教也有生殖崇拜。大地是阴性的，太阳是阳性的。在巴比伦，大地女神伊什塔尔在女神中地位最高。后来在西亚，她以各种名称受到崇拜。希腊殖民者为她建筑神殿，称她为阿尔蒂米斯，也就是后来的女神狄阿娜。基督教把这个形象塑造为马利亚，也就是后来的"圣母"。

宗教与政府的结合会使得宗教被政治改变。宗教中的男神和女神会被寄予各种使命，比如保佑大地丰收和战争胜利等。这些神像被安放到全国各地的神殿里。

宗教与政治有了联系，自然也就与道德有了联系。法律是神明传给国王的，因此触犯法律将被看作侮辱神明。宗教与道德之间的关系日益密切。

巴比伦的宗教更关心当下，而不是来生。巴比伦当时流行并传播了巫术、占星术等，还留给后世许多科学知识。比如，一天有24小时，圆周有360度，以及日食、月食的周期等。

埃及和美索不达米亚地区与它们周边的民族不同，它们是农业文明，而周边民族属于游牧文明。直到公元前1000年，它们还不能自己制造金属武器，只能靠贸易与掠夺获取。当时的贸易主要在海上。掠夺不是长久之计，于是商业开始发展。最早发展商业的是克里特岛。公元前25世纪至公元前14世纪，克里特岛一直保持着一种先进的文明，被称为米诺斯文明。这种文明中的艺术给人的感觉与埃及神殿大相径庭。

克里特岛上的文明是一种航海文明，与埃及联系密切。埃及壁画中就有关于两地之间海上贸易的画面。克里特文化在宗教方面偏向叙利亚，但是在艺术风格上偏向埃及。克里特岛一直流传在古希腊的传说中。岛上宏伟的宫殿在公元前15世纪被摧毁，可能是希腊侵略者所为。克里特岛的历史是基于岛上发现的埃及文物，以及埃及壁画推断而来的。

克里特人崇拜女神，同时还同埃及人一样认为人死后依然有生命。他们的艺术表明这是一个欢快的民族，没有受到沉重的宗教的压抑。从壁画中得知他们当时喜欢斗牛，男女都有高超的斗牛技巧。岛上的人有自己的文字，但是至今无人能识。当时岛上国泰民安，没有征战，因此也就没有城墙。

岛上的文明在毁灭之前传到了希腊大陆，时间大约是公元前1600年。传到大陆上的文明被称为迈锡尼文明，一直维持到公元前900年；这种文明是从王陵和城堡遗址中发掘出来的，其中的艺术风格明显属于克里特岛。

迈锡尼人身上至今还有许多谜没有解开，他们的语言，他们是不是土著，他们是不是被克里特人征服了，等等。希腊语可能是他们传播来的，他们可能是来自北方的贵族。古希腊历史上有三次入侵浪潮，最初是伊奥尼亚人,他们几乎全部继承了克里特文化;接着是亚该亚人,他们与伊奥尼亚人之间的征战将迈锡尼文明严重削弱;最后是多利亚人,他们的入侵将被削弱的文明销毁殆尽。多利亚人带来了自己的宗教——印度—欧罗巴宗教,这种宗教与这片土地上的迈锡尼时代的宗教相互影响,产生了后来的古希腊宗教。

上述都是我们的推测,迈锡尼人的真实身份没有人知道,因为他们的文明已经毁灭了。

迈锡尼的文明被毁灭后,一部分入侵者居住下来成了农民,还有一部分推进到了希腊群岛和意大利南部,并在那里安居,建立城市,靠海上贸易为生。古希腊文明都是依海而生,将陆地和海上的权力看得同等重要。

希腊地区山多,有许多肥沃的山谷。这些山谷被群山阻隔,交通不便,但是连接海岸城市非常便利。山谷形成的农业区中产出的物资无法保证希腊人的日常生活,于是他们只得从事航海,并扩张殖民地。这些殖民地主要分布在小亚细亚、西西里和意大利,那里的人们生活水平甚至比希腊本土还要好。

在希腊,不同地区的社会制度也不同。例如,斯巴达地区的贵族靠压榨农奴生活;土地贫瘠地区的农民无人压迫,自给自足;发达地区的公民普遍靠奴隶劳作来积累财富。奴隶都是战争中俘获的野蛮人。除了斯巴达外,经济越发达的城邦里,妇女就越没有地位。

正常发展的社会要经过君主制、贵族制、僭主制与民主制的交替。这里的国王不像埃及国王那样有绝对权威,他需要听从元老议会的决议。僭主制是指权力不得世袭,民主制包括全体公民,女人与奴隶除外。

贸易与海上掠夺促使希腊人学会了书写,尽管此时文字早已在埃及和巴比伦存在,但是没有证据表明他们会书写。腓尼基人教会了埃及人书写,并同样受到埃及和叙利亚的影响。希腊人崛起之前,腓尼基人是海上的霸主。公元前14世纪叙利亚人写给埃及国王的信用的还是楔形文字,到公元前9世纪的时候就变成了腓尼基字母。这种字母可能源于埃及文字,只是这种转变最终是由腓尼基人完成的。后来希腊人也引入这种字母,并促进了希腊文明的兴起。

希腊文明的第一个名人是荷马。人们对这个人的认识全是推测,有人认为《伊利亚特》和《奥德赛》两部长诗的创作时间跨度为两百年(前750—前550)。《荷马史诗》今天的面貌是由庇西特拉图确定下来的,他曾经于公元前560年至公元前527年在希腊执政。自此之后《荷马史诗》便成了雅典青年咏诵的经典。

荷马的诗歌中有后期贵族阶级思想开化的观点,摒弃迷信的东西。人类学家推断,荷马不过是一个故事的整理者,并不是作者。在《荷马史诗》中那些被摒弃的迷信的东西,依然隐藏在民众的宗教中。它们与文明的关系是此起彼伏、你强我弱的。

任何地域的宗教都是部族的,而非个人的。人们举行仪式,召唤大自然赐福。仪式过程中群情激昂,个人会消除孤独感,与部族合为一体。这种宗教发展到一定阶段,都会将动物或者人作为祭祀品杀掉、吃掉,这在希腊非常普遍。当时也有宗教的祭祀仪式不带有残酷元素。

《荷马史诗》中的宗教非常具有人性,其中的神明除了不死以外与常人无异。甚至,在其中的几节中还表现出了对神明的不敬。其实这些史诗真正强调的不是众神,而是"命运"和"定数"。命运对希腊思想影响深远。

荷马笔下的神明们是贵族阶级的代表,他们天生喜欢征服。他们不会去关心劳作的人们,不屑赐予农夫们丰收。

不只是神明,人间的英雄在荷马笔下也不怎么高尚。典型的代表是庇勒普斯家族，其中的互相残杀和报复让人们看不出一丁点儿家庭的幸福。

《荷马史诗》目前的形式，最迟在公元前6世纪的时候就已经定下来了。这个世纪非同寻常，希腊的数学、哲学、科学开始出现。世界上其他地区也在本世纪发生了许多有意义的事情：孔子、佛陀、琐罗亚斯德纷纷诞生；居鲁士建立波斯帝国；本世纪末，位于伊奥尼亚的希腊城市发动了一次反对波斯统治的叛变，然而他们失败了，叛变被镇压之后当地最优秀的人才纷纷逃亡。其中的几个逃亡者是当时的哲学家，他们周游希腊没有被占领的地区，传播文明。

希腊是由许多独立的城邦国家组成的，不同国家之间的文明水平差异很大，只有少数几个国家对希腊文明做出过贡献。有的是在军事上，有的是在经济上。

除了城市还有乡野，著名的有阿卡迪亚，它们不是城市人脑中的那种田园牧歌式的乡野，而是十分荒蛮的。

荒蛮乡野地区的人崇拜牧神"潘"，"潘"原名"帕昂"，是"牧人"的意思。他们举行许多祭祀仪式祈求丰收，因为没有牛，所以用羊象征丰收。当时还流传着狼人族的传说，吃了作为祭品的人肉，就会变成狼人。在当时的希腊，这样的迷信非常盛行。

古希腊的许多东西会让我们联想到宗教，现代意义上的宗教。提起狄俄尼索斯或者巴克斯，我们会联想到酩酊大醉的酒神。对这位神的崇拜影响了很多后世的哲学家，因为对他的崇拜产生了一种神秘主义；想弄清楚希腊思想发展的人，不可能跳过这一点。

狄俄尼索斯或者巴克斯是色雷斯人眼中保护丰收的神，色雷斯人被希腊人看作野蛮人。人们将酒带来的美好感觉都归功于巴克斯。很早的时候，人们对巴克斯的崇拜就从色雷斯传到了希腊，具体是什么时候无人知晓。尽管遭到传统派的反对，这种崇拜还是建立了起来。

这是一种奇怪的崇拜，里面既有野蛮的成分，又放纵女人狂欢。

希腊人眼中的野蛮人的信仰，居然在希腊人中得到传播。这说明有一部分希腊人崇尚原始和本能的事物以及生活方式，理性和道德是他们厌恶的。这会将他们的思想、感情、行为引向一种反动。

文明人与野蛮人的主要区别在于，文明人眼光更长远，尤其在农业兴起之后。为了冬天有粮吃，文明人夏天就开始辛苦劳作，野蛮人是不会做这样的傻事的。当理性代替冲动的时候，才能证明是真正的文明人。打猎是即兴的、冲动的，而耕种需要等很久才能收获，是理性的。

文明要想消灭冲动，不仅要靠个人的理性，还要靠法律、道德、宗教。若是被视为犯罪，人就会受到惩罚；即使没有犯罪，邪恶的行为也会受到谴责。私有制让女人失去了社会地位，同时造就了奴隶阶级。社会将责任感、使命感全部委派到个人身上。个人已经习惯了重压在身，为了未来的美好甘心现在受罪。

眼光长远是理性的，但也是苦闷的，因为美好永远在将来，当下永远有苦难。酒神巴克斯的崇拜者反对这种理性。酒能带给他们精神和肉体上的欢乐，打破日常生活的苦闷。没有酒则生活无趣，有酒生活就埋有隐患。眼光长远与冲动之间的对立贯穿历史，不分上下。

理性的文明和科学相似，但是没有纯粹的科学。热情、冲动、艺术、宗教也是人们所需要的。古希腊的哲学家中，有的是科学的，有的是宗教的；宗教的基本上都是受酒神巴克斯崇拜影响。这影响到了柏拉图以及后世的基督教神学。

狄俄尼索斯的原始崇拜野蛮丑陋，但是影响后世哲学家的不是这一点，而是一种精神上的东西，包括禁欲、精神沉醉代替肉体沉醉，这种精神以俄耳甫斯为代表。

俄耳甫斯是人还是神，谁也说不清楚。他的名字让人感觉他像是来自克里特，他的教义中也有许多埃及元素，古埃及就是通过克里特岛影响希腊的。据说俄耳甫斯被狂热的酒神巴克斯的崇拜者撕碎。他的身份应该是祭司和哲学家。

俄耳甫斯的崇拜者相信轮回，认为人的灵魂会因在世的表现受到祝福或者遭受痛苦，人应该依靠自己和宗教礼仪净化自己，人归天地共有。最虔诚的教徒除了圣餐之外不吃肉。

在关于巴克斯的众多神话传说中，有一种传说说他是神的儿子，小时候被巨人族吃掉，只剩下一颗心。这颗心促成了巴克斯的重生。后来巴克斯的教徒生吃野兽，被看作对巨人族的报复。因为野兽身上有神性，吃掉野兽就愈发接近神。人归天地共有，神性越多，属于地的部分就越少，而巨人族是地所生的。

俄耳甫斯教徒留下的书后来被发现，这些残缺不全的书上写的都是如何才能让灵魂得到解救。得到解救最关键的是不能忘记自己在世上的所作所为。

俄耳甫斯教徒崇尚精神上的沉醉，而不是肉体上的。他们认为精神上的沉醉能让人与神沟通，从而获得神秘知识。毕达哥拉斯将这些神秘的成分带入希腊哲学，带入柏拉图的哲学中，从而影响到后世的宗教哲学。

巴克斯影响俄耳甫斯，俄耳甫斯影响毕达哥拉斯。他们之间有的东西是传承的，比如女权主义，柏拉图曾经要求女人与男人在政治上平等；还有一种传承是尊重激烈的感情。希腊的悲剧即来源于酒神的祭祀。欧里庇得斯的悲剧中，主人公感情激烈，充斥着愤怒、疯狂和忧患。

人们认为希腊人很镇定，处事不惊，总是置身其外去观赏他人的激烈行为，犹如神明。这是种带有片面性的误解。可能荷马、索福克勒斯、亚里士多德是这样的人，但是受过巴克斯和俄耳甫斯影响的人并不是这样。

俄耳甫斯的信徒多少是悲观的,现实世界中充满苦难,而灵魂要在其中不断轮回。要想摆脱这些苦难,唯一的出路是净化自己,早日与上天的神人神合一。

一部分希腊人为激烈的感情、苦闷的现实而苦恼,另一部分趋于理智,自我认识清楚。正是这两派人的共存造就了希腊的伟大,无论是在思想上、艺术上,还是在宗教上。若是只有一派人,无论是冲动的还是理智的,都不会改变世界。希腊最原始的神话形象不是神明宙斯,而是因带给人间火种而受苦受难的普罗米修斯。

但是普罗米修斯并不能代表全部希腊人,那样也是片面的。希腊人的倾向大体分为两类:一种是热情的、宗教的、神秘的,另一种是理智的、科学的、欢快的。希罗多德与亚里士多德是后一种倾向的代表人物。

俄耳甫斯教受到前一种倾向的人的崇拜,后一种倾向的人则对他嗤之以鼻。这有点儿类似于18世纪末至19世纪初英国地区的卫理公会教派。

古希腊时期男人与女人的精神生活差距较大,几乎是完全隔绝开来的。在希腊,一个人即使再理智,也容易在感情问题上冲动。这种冲动的热情是原始的传承,是传统的沉淀。所以说不能片面地去看待希腊。

直到最近人们才充分认识到宗教对希腊的影响。哈里逊的《希腊宗教研究导言》、康福德的《从宗教到哲学》,都着重提到了宗教对希腊思想和哲学的影响。约翰·伯奈特的《早期希腊哲学》是我认为对这一问题阐述得最客观的著作。

在《早期希腊哲学》第二章"科学与宗教"中,伯奈特认为,希腊宗教的发展过程中对狄俄尼索斯的崇拜透露着一种对人与世界全新关系的认识。色雷斯人本身并不伟大，但是他们启发希腊人认识到灵魂的伟大。

他还认为，若不是科学的兴起，希腊的宗教会与东方宗教一样。科学挽救了希腊。众多俄耳甫斯教团的建立使得新的宗教发展到高峰。俄耳甫斯教派的信仰与当时在印度流行的信仰惊人地相似，尽管两者之间没有交集。俄耳甫斯教徒还建立起了组织，那就是教会。每个人都可以加入教会，没有条件限制，也没有歧视。这种组织的出现影响到了后世的生活方式和哲学。

第二章　米利都学派

哲学发端于泰勒斯，这几乎已经成为共识。他说过是水构成了世间万物，这可能让哲学的初学者感到迷惑，因为这句话给他们的印象与他们心中的哲学形象不符。泰勒斯是值得我们推崇的，尽管他身上科学家的气息要比哲学家的气息浓厚。

泰勒斯出生于小亚细亚的米利都。那里经济繁荣，但是因为有很多奴隶，穷人与富人之间矛盾激烈。当时，这种情况在希腊非常普遍。

公元前7世纪到公元前6世纪，这段时间是米利都发展的黄金时期。当时的政权从贵族手中转向财阀，最后被民主党派支持的僭主掌握。米利都当时同爱琴海东岸的吕底亚王国保持着很好的关系，还同埃及关系密切。埃及雇佣希腊士兵，并且开放部分城市与希腊进行贸易。希腊在埃及的最早的殖民地便是米利都建立的。

泰勒斯曾经成功预测了一次日食，天文学家经过精确计算确定那一年为公元前585年。其他的证据也把他的生活年代指向那个时期。

泰勒斯预言日食并不是什么了不起的事情，因为当时巴比伦的天文学家甚至已经计算出日食的大概周期，并且能预言月食。当时的人们只知道预测，并不知道为什么有此循环。

据说泰勒斯周游埃及，给希腊带回了几何学。但是当时希腊的几何学是凭经验进行计算的，泰勒斯并没有将其提高到后来的那种高度。人们还将其他一些几何学定律归于他名下，恐怕也是错误的。

当时的七位贤人被称为希腊七哲[1]，泰勒斯是其中之一。他崇尚水，认为水是万物之源，甚至认为大陆是漂浮于水之上的。他还认为磁石能吸引铁是因为磁石内部有灵魂，并由此推断万物内部皆有神。这些都保存在亚里士多德的记载中。

水构成万物这种说法并非没有道理，二十年前我们认为万物是由氢构成的，氢元素在水中占到三分之二。由于年代久远，我们对泰勒斯的了解太少。但我们对米利都学派的后人了解很多，那些后人的学问很有可能就有一部分是继承自泰勒斯。虽然当时的科学和认识很肤浅，但是对人们的启发意义重大。

关于他的传说有很多，其中几个很有趣。亚里士多德在《政治学》中就提到一个：当时的人们看到泰勒斯很穷就认为哲学无用，泰勒斯通过观察天象预测第二年橄榄丰收，于是用全部积蓄租下了榨橄榄油的机器。等到来年橄榄丰收，人们纷纷向他租借榨油的机器，他借此大赚一笔。他并非为了赚钱，只是为了证明哲学并非无用。

阿那克西曼德是米利都学派的第二位哲学家，他的生卒年月不可考，一种说法是公元前546年时他64岁。他同样认为构成世界的是一种单一元素，但并不是水。这种元素是无形、无限、无尽的，能转

---

[1] 希腊七哲：除了梭伦和泰勒斯，人们一般认为剩下的五位是奇伦、毕阿斯、庇塔库斯、佩里安德、克莱俄布卢。

变成任何物质。他可能认为每一种元素都有一个神来掌管，这些神总想扩大自己的领域。自然在维持着他们之间的平衡，有了火就会有灰烬，也就是土。维持这种平衡是正义的体现。在希腊，正义具有崇高的地位，人与神都服从于正义。

在亚里士多德的记载中，阿那克西曼德认为，已知的元素都是对立的，比如水与火。因此构成世界的那种单一元素不可能是已知元素，因为这种元素是无限的，一种元素无限的话，它对立的元素也就不存在了。元素在宇宙中是独立的。

他还认为世界并不是宗教中的神创造的，而是从一种永恒的运动中演绎出来的。水中的动物被太阳照射从而演化成陆地动物，由此推断出人是由鱼演化而来的。

据说他是第一个绘制地图的人，还曾经推断太阳的体积比地球大二十七八倍。总之，他是一位比泰勒斯还要有趣的哲学家。

阿那克西美尼是米利都学派的第三个哲学家，与前两位并称"米利都学派三杰"。他不像前面两位那样有趣，但是贡献很大。他的生卒年月同样不可考，可以肯定的是他生于阿那克西曼德之后，并且于公元前494年米利都被波斯人毁灭之前成名。

他认为万物都是由气构成的，水、土、石头是气凝练程度不同的不同体现。他还认为，大地的形状像圆桌，并且被气包围。

与近代不同，在古代，阿那克西美尼的名声要比阿那克西曼德响亮。他的思想影响了许多后来的哲学家，包括毕达哥拉斯。

米利都学派的伟大不在于取得的成就，而在于勇于探索的精神。埃及与巴比伦的智慧在这里碰撞出火花。这里经济发达，因而很少有迷信。至于巴克斯与俄耳甫斯的教义，根本没有影响到这里。米利都学派三杰的思想是很纯粹的科学假设，里面不含有神元素。他们对这些假设做出的努力影响了后人。

希腊哲学将进入下一个发展阶段，其中将带有更多的宗教元素，尤其是俄耳甫斯教义。这个阶段中的一切事情都是有趣的，也取得了成就，但是没有米利都学派那样有科学性。

第三章　毕达哥拉斯

本章主要讨论毕达哥拉斯对古代和近代的影响。不可否认的是，毕达哥拉斯是人类思想方面最重要的人物之一。真正意义上的数学是由他开创的，他将数学与自己思想中的神秘部分结合在一起，这也导致后来数学与哲学一直存在一种奇特的关系。

关于他的生平人们知之甚少。他生于爱琴海东部的萨摩斯岛，公元前523年左右是他的辉煌时期。有人认为他的父亲是公民，还有人认为是阿波罗神。当时萨摩斯岛被波吕克拉底统治，他有自己的海军，是一个有钱的恶棍。

同米利都一样，萨摩斯地区的人也经商。从公元前535年到公元前515年，波吕克拉底统治萨摩斯。这个恶棍先是赶走了自己的两个兄弟，后又用海军在海上大肆抢劫。当米利都被波斯消灭之后，他便与埃及结成联盟，以免被波斯吞并。当波斯攻打埃及的时候，波吕克拉底又见风使舵，出兵埃及。最后水兵倒戈。尽管这次兵变被镇压下去，但是不久之后波吕克拉底便因为贪心，中了波斯人的计，被钉在了十字架上。

波吕克拉底喜欢艺术，并建造了不少精美的建筑。但是他的政府不能让毕达哥拉斯感到满意，所以毕达哥拉斯离开了这里。有人说毕达哥拉斯到过埃及，并在那里获得了大部分知识。这个无从考究，但是可以肯定的是他最后定居于意大利南部的克罗顿。

意大利南部的希腊城邦非常富庶，还不用担心受到波斯人的侵犯。当地最大的两个城市是锡巴里斯和克罗顿。两个城市大小相当，主要经济来源是海上运输。当毕达哥拉斯来到克罗顿的时候，克罗顿刚刚被锡巴里斯打败，当时城邦之间经常战斗。不久之后，克罗顿反败为胜，彻底摧毁锡巴里斯。锡巴里斯在商业上有名，克罗顿在医学上有名。

毕达哥拉斯与弟子们在克罗顿成立了一个教团，并最后因为当地公民的反对搬到了他林敦，一直到他死去。

毕达哥拉斯是历史上最让人费解的人物之一。传说太多是一方面，还有他那怪异的理论。他建立了一种宗教，教义主要是灵魂的轮回和吃豆子有罪。他的教徒成立宗教团体，并最终取得了一些地区的统治权，但是最后遭到人民反叛的原因是他们渴望吃豆子。

毕达哥拉斯教派有许多禁忌带有明显的原始观念，比如不能碰白公鸡、不能吃心等。康福德在《从宗教到哲学》中说，毕达哥拉斯是俄耳甫斯教派内部的改良，俄耳甫斯则是对酒神巴克斯崇拜的改良。人类历史中神秘主义与科学、理智是一起发展的，希腊的神也分开明的神和不开明的神。毕达哥拉斯是属于神秘主义一派的，亚里士多德说他一开始研究数学，到后来研究魔法。但是他的神秘主义又透有理性成分。

他创建的宗教社团任何人都可以参加；大家一起生活，财产公有，就连取得的成就也是公有的。社团将这些成就归功于毕达哥拉斯，曾经有人违反此规定后死亡，被看作神的惩罚。

毕达哥拉斯教义认为人的身体不过是灵魂在世上寄托的地方，我们无以逃避，最好的净化灵魂的方式是献身无欲无求的科学事业，当一名旁观者和观察者。投身科学与沉思、观察促使毕达哥拉斯获得数学知识。真正为毕达哥拉斯鼓舞的人们从数学中也会感到那份神秘的沉醉，而仅仅是在学校课堂上听数学课的人很难体会到这一点。真正的数学家是会像享受音乐一样享受数学的。

毕达哥拉斯伦理学中的许多认识与现在的截然相反，他认为观众、旁观者比表演者要重要。就像足球赛中，他认为看球的人要比场上的队员重要。扩大到国家，他认为真正重要的不是政治家，而是大众。这种认识的变化与当时的社会有关，古希腊的哲人因为沉思和当旁观者而获得认可，获得神学的保障。从另一个方面来说，当时的哲人崇尚思考，而不是劳动。

到了后来，沉思的目的不再是单纯的思考，功利性加大。很好的一个例子便是，贵族对新工业文明的厌恶使得真理的定义变得更加倾向于实用主义和工具主义。

纯粹的数学诞生后，因为其是神圣沉思的结果，所以在神学、哲学、伦理学的发展中，数学都得以介入。

毕达哥拉斯在宗教方面和数学方面都做出了巨大贡献，影响深远。在当时，这两方面不像现在这样泾渭分明，而是几乎不分家的。

科学在最开始的时候都是同某些虚幻的东西一起发展的，天文学与占星术、化学与炼丹术都是如此。数学呢？数学一方面非常精准，可以在生活中得到检验，另一方面不是来源于生活，而是来源于纯粹的思考、推断。因此人们认为数学得出的结论是最理想的，如果现实与此不符，便会想方设法改变现实来符合这种理想。这种错误的认识导致了许多形而上学的错误。

毕达哥拉斯曾经说过"万物都是数"，现在看这句话，它是不符合逻辑的。但是在毕达哥拉斯那里，并非没有意义。他最早发现数与音乐之间的关系。他眼中的数是平面的或者立体的，就像扑克牌和骰子上面的数一样。他认为世界是由一小块一小块的数目构成的，它们按照不同的排列构造成不同的物体。

毕达哥拉斯在数学方面最伟大的发现，是直角三角形三条边之间的关系：两条直角边的平方和等于斜边的平方。埃及人最早发现两条直角边边长若为3和4，则斜边边长为5，但是希腊人最早发现了3与4的平方和等于5的平方，并给出了证明。

希腊的几何学是从已知的事物开始演绎、推断，因此推断出的定理尽管只是一个理论，不是我们已知的事物，但仍然被看作是正确的。当时几何学的这种思考方式深深影响了哲学和科学的发展。

数学代表永恒，代表严谨，这是我们追求的信仰和真理的特点。数学来源于现实，但又高于现实。理论上的圆在现实中是绝对不存在的，无论你的圆规多么标准。我们在数学中谈论的圆，都是理论上的圆。数学中的理论高于现实造成了人们对理论的崇拜，理论上有但现实中不存在的东西被归于是上帝所造。这样，无论是宗教性偏浓，还是科学性偏浓的宗教都深受数学的影响。

毕达哥拉斯开启了神学与数学的结合，对宗教和哲学的影响一直持续到近代。毕达哥拉斯之前的俄耳甫斯教义与东方宗教的神秘主义无异，但是数学与神学结合后，西方的宗教带有明显的理性。毕达哥拉斯使得东西方的宗教走向了不同的道路，他对人类思想界的影响很少有人能与之媲美。深刻剖析柏拉图，便会从中发现毕达哥拉斯的影子。理论上存在一个现实无法触及的世界，这个观点使得后世开始相信上帝是不朽的。这些观点对后世的影响愈发明显，下面就会提到。

第四章　赫拉克利特

现在人们对希腊人的看法大体分两种：一种是崇拜，认为他们创造了世界上最初的美好，并且当时的贤哲是现在的人无法企及的；另一种是受到近代科学的影响，认为希腊人最好忘记自己有一群聪明的先人，甩掉包袱。这两种看法各有自己的道理，但都是片面的。我想先谈一下遥远的希腊思想能带给我们什么。

希腊人创造了各种假说。这些假说在当时可能是幼稚的，但是经过这么多年的发展，逐渐发展成了哲学的各种门派，一直影响到近代哲学，恐怕连希腊人自己也没有想到这一点。他们拥有无穷的想象力，对于抽象事物的理解能力现代人无与匹敌。他们的假说在多年之后都变成了说得通的理论。

其次，希腊人发现了数学推理和演绎的方法。他们发明的几何学深深影响了近代科学。但是，几何学也体现了希腊人片面的一面。他们根据现实进行推理、演绎，得出的结论如果与现实不符，就认为现实错了。这是片面的，后世被这种片面的观点引入歧途。因此，不能盲目崇拜希腊人。虽然当时有许多天才，但是不能无视近代思想的进步，只盯着遥远的古希腊时期。

研究一个哲学家，应该抛开偏见，根据假设去论断，并对论断的结果进行批判。但凡是一个哲学家，他的理论中或多或少都会有智慧的成分，因此在研究的时候不能心存蔑视，要公正客观；再者，每一门学问、每一个观点都不可能是十全十美的，因此在批判的时候不能犹豫不决。以这种方法去研究，无论是研究希腊人还是其他地方的人，都能扩展我们的思维，尽可能地消除偏见。

我们本章是要谈赫拉克利特，但是在讲他之前我们要先提一下色诺芬尼。据推断，他生活在毕达哥拉斯与赫拉克利特之间的年代，出生于伊奥尼亚，大部分时间生活在意大利南部。他认为构成世间万物的是水和土。他对神的认识非常自由，认为前人一直在丑化神，将一切罪行强加在神身上，还根据自己的模样想象出神与人一样，这完全是没有理由的杜撰和猜测。他相信，神无论是在形体上还是在思想上都不可能与人一样，人类永远不会理解神的思想。即便是知道了其中一两点，也是纯属巧合。

色诺芬尼受到反神秘主义、反毕达哥拉斯人士的推崇，但他并不是出色的思想家。

尽管毕达哥拉斯生活的年代久远，但是他的影响是哲学家中最大的。他之后的赫拉克利特也非常伟大，创造了流传至今的学说。他的出生年月未知，只知道他是以弗所公民，出身贵族，于公元前500年达到个人的鼎盛时期。他的学说多是形而上学的，其中一个观点是万物都在流变。

赫拉克利特的学说偏重神秘主义，但是又不同于一般的神秘主义。他认为世界万物的本质都是火，火能毁掉一切，也能塑造一切。他还认为世界是对立统一的，一切产生于一，一生万物，一是万物之源，一就是神。

人们对他的认识一部分来源于他残留下来的著作，他在其中的形象很差，而且喜欢讥讽别人。他鄙视周围的人，并恶语相加。他还大肆抨击前人，认为荷马应该遭到驱逐并被施刑，认为毕达哥拉斯、色诺芬尼并不拥有智慧，还声称自己见过的人与智慧都有很大的距离。唯一受他推崇的前人是提达姆斯，可能是因为提达姆斯说过世人中坏人占绝大多数。

他崇尚战争，认为是战争使一部分人成为神，一部分人成为人，一部分人成为奴隶，一切都是通过战争争取来的；认为荷马祈求消除战争是错误的，消除战争会导致宇宙毁灭，因为战争代表着自由、公正、机会平等。

他认为人的灵魂是由水和火两部分组成的，火代表高尚，水代表低贱。因此灵魂应该是干燥的，还认为变湿会使人感到快乐，醉酒便会导致灵魂变湿，如果变成水就代表这个灵魂死掉了。他的这些理论与尼采的类似，都透露着一股高傲。可以看出他认为人应该自己掌握命运，并反对纵欲享乐。

赫拉克利特敌视当时的所有教派，他并非从理性主义、科学的角度去敌视这些宗教，而是有一套自己的宗教。他只承认同自己观点相同的学说，并且厌恶别人说他崇尚巴克斯。他太过激烈、易怒，不然的话他会成为一个很好的宗教改革者。

前人中泰勒斯认为构成世界的元素是水，阿那克西美尼认为构成世界的元素是气，赫拉克利特则认为构成世界的元素是火，最后的恩培多克勒的观点有点儿和解的意思，他认为构成世界的元素有土、气、火、水四种。

赫拉克利特认为火构成了一切，世界就是一团不熄的火焰；火焰转化成为海水与风，世界在永恒地变化。

赫拉克利特还有另外一种学说，那就是对立促成和谐，这也是他崇尚战争的原因。因为有对立就有战争，有战争就有运动，有运动就会有转化和永恒。因为存在对立，人们得以获得和谐和永恒。

对事物对立面的综合考虑，这也是黑格尔哲学的特点。黑格尔身上有赫拉克利特的影子。赫拉克利特受到希腊思想中宇宙正义观的影响，认为宇宙是正义的，不会让对立的任何一方压倒另一方。他反复提到的上帝高于众神，智慧出众，这个上帝就代表着宇宙的正义。

赫拉克利特最有名的学说便是万物随时在变，柏拉图曾经在《泰阿泰德篇》中描绘了他的名言：

你不能两次踏入同一条河流，因为水在不断地流。

每天的太阳都是新的。

赫拉克利特并没有流传下著作，他的言行多出现在柏拉图和亚里士多德等人的著作的引文中，而这些引文大多是为了批判他才引证的。

通过对手的引文才被人们认识的哲学家却是如此伟大,可想而知,在当时他是多么具有影响力。柏拉图与亚里士多德都受到了他的影响。

不断有人投身哲学领域进行研究的目的之一便是追求永恒。这种追求是一种本能,最早是出于对生活的热爱和对灾难的躲避。宗教中最早的时候上帝是永恒的,到了19世纪人们的认识出现了变化,近代的神学开始相信天上的神也是不断进步的。这也包含着一种永恒,那就是万物都在变化。

有的神秘主义者认为永恒并不是指时间上的永久,它是独立于时间之外的,无前无后,无因无果,也没有逻辑可循。不知道赫拉克利特是否承认这种观点,在他的观点中只有永恒如火焰,从古至今,再到未来,这团火永恒燃烧。

不仅宗教和哲学在寻找永恒,科学也在寻找永恒。人们发现了原子,并认为是它们构成了世界。燃烧前与燃烧后的物质只不过是原子换了一种组合方式。直到发现了放射现象,人们才知道原子可以分裂。

还有物理方面,人们发现了原子是由电子和质子构成的,后来又发现它们并不是构成万物的元素,因为电子与质子遇合爆炸后能产生一种能,但是这种能只是一个过程而不是一个物,打比方它就是燃烧的过程,而不是燃烧的东西。

还有天文方面,天体不被看作是永恒的。行星诞生自太阳,太阳诞生自星云。星云已经持续了一段时期,并会在未来的某个时期爆炸,届时一切行星化为灰烬。这是天文学家的观点,不到那一天到来,谁也不知道它是对是错。

赫拉克利特的永恒和万物流变的观念让科学家头疼不已,但是又无力反驳。科学已经否定了哲学上的太多假设,有的哲学家希望它们能起死回生,这其中就包括巴门尼德。

第五章　巴门尼德

巴门尼德反对赫拉克利特"万物流变"的观点，他认为没有事物是变化的。

巴门尼德出生于意大利南部的爱利亚，公元前5世纪上半叶是他的黄金时期。柏拉图的记载中说，苏格拉底年轻的时候曾经拜访过巴门尼德，受益匪浅。意大利南部和西西里的哲学家比希腊本土的哲学家更崇尚神秘主义。最初的数学便是与神秘主义混杂在一起的，巴门尼德受过毕达哥拉斯的影响。有人说是他创造了逻辑，事实是他创造了一种遵循逻辑的形而上学，影响了后人，直至黑格尔。

巴门尼德的学说集中在《论自然》中。他认为我们的感官世界带给我们的都是幻觉，唯一可信的就是"一"。赫拉克利特认为一生万物，一是对立统一的。而巴门尼德则不同，他认为一是无限的、不可分的。比如，赫拉克利特认为"冷"的对立面是"热"，而巴门尼德认为"冷"就是"不热"，"光明"就是"不黑暗"，没什么对立之说。

从巴门尼德流传下来的言论来看，他认为人的思想和言语都有一个载体，如果你在这一时间和另外一个时间想到或者谈到同样一件东西，那就说明这件东西在这段时间内没有变化，如有变化的话，你说的就不是同一件东西。

通过思想与语言进行哲学推断，巴门尼德是最早的一位。让我们来看一下他的这个推论。

在这个论证中，巴门尼德认为：如果你用语言提到某事物，这种事物就一定存在，而且不仅在过去存在，现在也存在，永远都存在。

比如，你提到乔治·华盛顿，如果你没有瞎编乱造，那么就一定存在一个乔治·华盛顿，不仅过去存在，现在也存在。

这种观点是错误的。如果我们提到哈姆雷特和麒麟，你不能说他们是存在的，他们只是人们幻想出来的。有人可能说这原本就是杜撰出来的，不是真实存在的。那么再说说乔治·华盛顿，我们提到这个名字的时候人们自然会想到美国第一任总统，但这只是一种心理作用。如果一个人孤陋寡闻不知道有"乔治·华盛顿"这个名字，那么乔治·华盛顿就不存在了吗？显然巴门尼德是错误的。

巴门尼德对此辩论道：即使这一事物是过去的，我们现在提起它的时候，它在某种意义上讲也是存在于现在的。因此他还是坚持自己的观点，万物是固定的，没有变化这一说。巴门尼德混淆了回想与回想之物、提及与提及之物之间的概念。我们现在回想起某一事物，回想是现在发生的，而回想的对象则不是现在存在的。回想是在大脑中对过去的事物进行重读，而过去的事物依旧在过去，并没有随着重读而来到现在。

巴门尼德从语言和思想中提取了形而上学的逻辑，要避免产生这种错误的唯一办法，就是比这种错误的逻辑走得更远一点儿、看得更远一点儿。

若是巴门尼德起死回生的话，他一定会不服气，还会继续为自己的观点辩解。就算是这样，我也不打算继续论证下去了。这是一个艰难的题目，涉及记忆和时间。我只想借此告诉读者，如果一个观点在哲学上是正确的，那它在被驳倒后，会以其他形式重新站起来。并且被驳倒的次数越多，这个观点将越精炼、越正确。

巴门尼德对哲学的贡献并不是他那万物不变的观点，那种太片面的观点不可能长久流传。真正的贡献是他创造了哲学、神学、心理学等领域一个公用的基本概念——实体。尽管这个词不是他创造的，但是他的思想中已经有了这个概念，意思是不同变化状态的本体。在这里提到这一点只是想公平地来评价巴门尼德，不能只看到他的错误，也要看到他的贡献。

第六章　恩培多克勒

恩培多克勒的身份有很多，哲学家、科学家、预言家、术士，等等。这位全才与巴门尼德是同时代的人，只不过比巴门尼德略为年轻。他出生于西西里的阿克拉加斯，黄金时期是公元前440年左右。他还有一个身份是民主政治家，同时他认为自己是神。当时派别之争的结果就是失败一方的领导人被杀戮或者流放，恩培多克勒作为失败的民主派领袖，他没有像别人一样投靠敌人，而是选择了一项神圣的事业。

历史上流传着许多关于他的传说，有人说他是神，能召唤风。有人认为这是魔术，有人认为他用了科学方法。他曾经救活了一位死去一个月的女人，而他自己最后跳进火山而死。他这样做是为了证明自己是神。

据说他喜欢写诗，并获得了后人的好评。但是，流传至今的关于他的著作只是只言片语，所以他的诗写得如何也就无从判断了。

关于他的科学、哲学和宗教，我们要分开来说。

他在科学方面最大的贡献是发现空气是一种实体，因为装有空气的瓶子倒着放入水中时，水不会进入瓶中。他还发现过离心力，因为他将用绳子拴住的瓶子抡起来的时候，里面的水不会洒出来。他还断定植物也有雌雄之分，并且幻想出进化论和物竞天择的道理。

作为一个天文学家，他知道月亮的光是反射光，并认为太阳也是如此。他知道光线传播也需要时间,并知道日食的成因。

医学方面,他开创了意大利医学学派,并影响到了柏拉图和亚里士多德。

宇宙方面,他认为构成万物的元素有四种:水、火、土、气。这四种元素按照不同比例混合,形成了世间万物。他还认为相爱与争斗也是由这四种元素混合而成的。当爱使得四种元素的混合程度越来越高时,争斗就会出现。争斗与相爱之间不断转换。这种认识与赫拉克利特的有相似之处。

在宗教方面,恩培多克勒与毕达哥拉斯相近。在一段可能是描绘毕达哥拉斯的残篇中,他赞美对方知识渊博,善于思考。

有一次他把自己想象成了一位神,他写道:

> 忙碌的朋友们,你们心地善良,毫无怨言地为外地流浪者提供庇护,我向你们致敬。我是一位神,漫游在你们身边,我接受你们的花环和尊敬。人们追随在我身后,向我祝福或者求赐治病的吉言。

有时候,他会觉得自己是一位罪人,所做的一切都是在赎罪。他究竟犯下了什么罪呢?他曾经有过这样的描述:

> 要完全戒食桂叶……
> 千万不要去碰豆子!

由此可见,他所指的罪行很可能是吃桂叶或者吃豆子,现在看来这并不是什么大事。

柏拉图曾经有个很著名的观点,恩培多克勒也曾经提到过,那就是：世界类似于一个岩洞，我们躲在洞内窥探着外面，只能看到现实世界的各种阴影。

恩培多克勒在宗教方面的观点，比如从地面上上升为神之后就可以免除灾难，就可以与其他神共享供奉，摆脱命运的纠缠。这些在俄耳甫斯和毕达哥拉斯教义中都有所体现。

恩培多克勒对自己从事的各个领域都做出了贡献。他还认识到自然发展是被必然和偶然因素决定的，而不是被目的决定。这种认识在当时来说非常科学。尽管他也有许多谬误，但是在哲学的某些方面甚至强过柏拉图和亚里士多德。

第七章　雅典与文化的关系

在两次波斯战争中取得胜利是雅典伟大的开始。当时希腊各地能人辈出，雅典通过战胜波斯国王大流士一世，以及联合希腊各地舰队组成联合舰队击败大流士一世的继承人薛西斯一世，使得雅典威信大增。对波斯作战取得的胜利，解放了原先被奴役的城邦和小岛。雅典因此成了反波斯同盟中重要的一员。当时的同盟国有两种方式参与抵御波斯入侵的战争，一种是出舰船，一种是出钱。由于大部分城邦选择后者，而雅典选择前者，所以雅典逐渐建立起海上霸权，并变得国富民强。当时的执政者是公民选出来的伯里克利。

伯里克利执政雅典长达三十年，这段时间也是雅典历史上最伟大的时代。当时埃斯库罗斯开始写悲剧，紧接其后的是索福克勒斯，再之后是欧里庇得斯。当时还有写喜剧的阿里斯托芬，他用辛辣的笔锋去讽刺当时的各种主义，尤其是苏格拉底。

当时伯里克利带领大家重建被波斯人烧毁的神殿，至今仍然让我们惊讶的帕特农神殿就是当时修建的。这个时期的雅典是全世界最繁华的城邦之一。

希罗多德被称为历史学之父，尽管他不是雅典人，但是他住在雅典。他在国王的鼓励下写下了《历史》，又名《希腊波斯战争史》。

当时雅典的经历简直就像是神话故事一样。最初在雅典还不富裕的时候，雅典基本上没有产生过名人。当雅典一夜之间变得繁荣和富裕起来之后，大批的建筑家、雕刻家、艺术家相继涌现出来。他们取得的成就，现代人还很难望其项背。雅典人口在最多的时候（公元前430年）不过23万，却产生了如此之多的人才，实属罕见。

哲学方面，雅典产生了苏格拉底和柏拉图。苏格拉底辉煌于伯里克利时期，柏拉图则出现较晚。雅典人，尤其是青年人喜欢哲学，追求理智。伯里克利把阿那克萨戈拉请到了雅典，苏格拉底自称深受其影响。

柏拉图出身贵族，当时的贵族青年无须工作，整日思考哲学、科学、数学问题；他们熟悉历史，几乎人人都能背诵《荷马史诗》。当时演绎、归纳、推理的方法在知识界的各个领域内检验着理论的真伪。当时的人可以凭借知识过上好日子，这在历史上是不多见的。

那时雅典的辉煌是有隐患的，内部有民主派，外部有斯巴达。想要描述雅典后来的命运，应该先介绍一下雅典所在的阿提卡地区的历史。

最开始，阿提卡不过是希腊一个不起眼儿的农业区，都城是雅典。当时人们发现种植葡萄和橄榄更有利可图，于是小农纷纷借债种植葡萄和橄榄。那时的国王只在宗教方面有影响，真正的权力落入贵族手中，贵族则无情地压迫农民与工匠。后来为了得到更多的权力，贵族开始支持民主。但是在伯里克利将雅典城邦打造成一个帝国的同时，也加剧了同斯巴达城邦的摩擦，并最终导致伯罗奔尼撒战争，最终雅典战败。

雅典失去了政治上的地位，但是仍然保持着知识界的权威。后来亚历山大城在科学和数学方面超过了雅典，但是哲学在雅典保持昌盛达一千年之久。柏拉图的讲学园直至罗马帝国皈依基督教后两百年才被关闭，成为黑暗笼罩欧洲之前最后的明灯。

第八章　阿那克萨戈拉

虽然不能与之前的毕达哥拉斯、赫拉克利特以及巴门尼德相比，但是阿那克萨戈拉在历史上也相当重要，是他把哲学带到了希腊。

他出生于公元前500年左右，出生地是伊奥尼亚的克拉佐美尼。伯里克利将他请到了雅典，他在雅典生活了三十年。据柏拉图在《费德罗篇》中的记载，阿那克萨戈拉是一位科学家，伯里克利从他那里获得了提高演讲水平的知识。

当时的雅典人对他抱有偏见，拒绝他的文化入侵。在伯里克利统治后期，有人想将他推翻，于是便开始陷害他的朋友。当时的法律允许检举违反宗教的行为，于是阿那克萨戈拉遭到雅典人的检举，最后不得不离开雅典。人们检举他的理由是他说过太阳是块发热的石头，月亮是土。他回到家乡创办了一个学院，并在遗嘱中将自己的忌日定为学校假日。

阿那克萨戈拉认为每一事物都是由更小的事物组成的，表现在我们面前的是它包含其他事物最多时的状态。他反对虚空论，认为至少空气是无处不在的。

他认为生命的一切都是由心支配的。除了心之外，其他事物都由其他更小的事物组成，只有心是最纯粹的。其他事物中可以包含心，但是心只包含自己。他还认为心有无穷力量，能支配一切生命，包括自己。他说，心不但支配生命，还操纵一切。它策动了万物的运动，并最终将轻浮的事物展现在表面，而将沉重的事物藏在心底。在善良方面，人的心与动物的心是一样的。人类最大的优势在于长了一双灵巧的手，得以将心中的智慧展现。

亚里士多德认为心只是事物的一种因，但并不是唯一的。阿那克萨戈拉则偏执地认为它是唯一的，于是很多解释也就显得牵强。他几乎是一个无神论者，不相信有天意。几乎每一个前人都对他有影响，除了毕达哥拉斯，巴门尼德对他的影响最大。

科学方面，他发现了月亮的光是反射光，还正确地揭示了月食的成因，并且知道月亮与太阳之间的位置关系。他认为太阳和星星都是炽热的石头，人们感受不到热是因为相距太远。他甚至还推断月亮上有居民。

他的学说中充满了科学和理智，没有受到宗教元素的影响。这一点上他不像毕达哥拉斯，毕达哥拉斯影响了苏格拉底，苏格拉底又影响了柏拉图，把大量的宗教元素掺入了希腊哲学中。尽管阿那克萨戈拉不是水平最高的人，但就将哲学带到雅典这一点来说，他还是十分伟大的。

第九章　原子论者

人们经常将留基伯与德谟克利特相提并论，也经常将他们混淆。两人是原子论的创始者。

留基伯出生于米利都，黄金时期大约在公元前 440 年，哲学上他受巴门尼德和芝诺的影响最大。人们对他知之甚少，甚至有人怀疑他是否真的存在。但是亚里士多德的书中有众多关于他言论的引文，于是人们相信确有其人。

德谟克利特是色雷斯阿布德拉地方的人，据推测黄金时期大约在公元前420年。他曾经周游列国，据说还到过埃及和波斯，最后回到阿布德拉，死在了家乡。策勒[1]就十分称赞他的学识和思想，认为他强过大多数哲学家。

按照哲学的编年史来说，德谟克利特应该放在后面介绍，但是鉴于他与留基伯之间密不可分的关系，我将他提到了前面。他的哲学当时在雅典不被人了解，亚里士多德对他却很熟悉，因为他们是老乡。柏拉图的书中从来没有提起过他，有人认为柏拉图不了解他，更有人认为柏拉图恨他。希斯很崇拜他，不过是以数学家的身份。

留基伯与德谟克利特两人在哲学上的共同成就的出发点来自留基伯，但是在这个学说的发展过程中两人的作用是相当的。在这之前，关于世界万物的构成有巴门尼德的一元论，还有恩培多克勒的多元论。留基伯在研究这两派的过程中得出了原子论。这种极具科学性的观点避免了希腊哲学走入歧途。

关于原子论，他们两人是这样认为的：世间万物由原子构成；原子是最小单位，不可分割；原子从古至今再到未来都在不停运动；原子的数目是无限的，形状也有无限种。

亚里士多德认为，依据原子论者的观点，原子按照不同热度也可以分为无限种，构成火的便是其中最热的一种。至于原子有没有重量，则一直存在着争议。

原子被认为是永远处于运动状态的，但具体是怎样运动的则存在着争议。有人认为原子只有一种运动状态，那就是下落。下落过程中，

---

[1] 策勒（1814—1908）：德国著名古希腊哲学史家。

那些较重的原子就会赶上较轻的,并发生碰撞,然后被反弹回去。但是在留基伯和德谟克利特看来,原子是在做一种杂乱无章的运动,重量不是决定因素。

由于冲撞,众多的原子便汇成一个旋涡。在当时,用科学而不是神学来解释这种旋涡,是一个相当大的进步。

在古代,原子论者相信世间万物都遵循自然规律。留基伯有一句名言说:"世界上没有无缘无故的事情,万事万物总有一个因,都是必然的。"他认为世界自建立之日起,就在遵循规律发展,这些规律是上天注定的。亚里士多德等人曾经指责过原子论者臆想太过,但是事实证明他们的学说在当时是最科学的。

原子论者与他人不同,没有用"目的论"来解释世界。面包师为什么要做面包?是因为人会饿,这就是"目的论",也就是一件事情未来的目的是它发生的原因。但是这个概念多适用于人为事件。当我们问"为什么"的时候,可能是问"这件事情的目的是什么",还可能是问"是什么导致了现在的局面"。前一种可能就是目的论,后一种是很机械的问题。原子论者所问的是机械性的问题,并给出了机械性的回答,这种做法是科学的。后人却误入歧途,到文艺复兴为止,他们一直在用目的论看待这个问题,科学因此被误导。

原子论者当初提出原子论并不是基于实验的基础上的,原子论在近代化学领域开始被重新提及,而当初的原子论者并不懂化学。在古代,理论往往来自实践与推理的结合。用这种方式建立起来的理论其中有很多的假设,并且是形而上学的,但是很少有人会怀疑,直到近代。原子论在提出的最开始是缺乏证据的,是典型的先提出理论后发现证据。

当时的哲学家都认为盈满的状态中不能有运动,这是一种错误的认识。盈满状态中可以有循环运动,但是这种运动必须从一开始就存在。事物的运动需要从自己的位置跑到另一个位置,而盈满状态中没有多余的位置,因此这种运动只能是循环运动。

关于盈满状态中是否存在"虚空"的空间,当时人们争论很大。巴门尼德认为存在,原子论者并没有否认存在,而是避开了这个问题。这个问题的讨论一直持续到后来。为了弄清楚这个问题,我们首先要将物质同它所占据的空间分离。这样看来,空间就类似于容器,而虚空就可以被理解为一种没有被物质占据的空间。牛顿坚持这种观点,肯定存在一个绝对空间,并提出了绝对运动与相对运动的概念。

笛卡儿的理论与古希腊哲学家类似,认为物质无处不在,充斥于任何空间。莱布尼茨也认为物质充满空间,但是他认为空间只是种种关系中的一个体系。为了这个问题,他与牛顿展开了一场著名的争论。最终这个争论止于爱因斯坦,爱因斯坦认同莱布尼茨的观点。

近代物理学家认为物质是由原子构成的,不相信没有物质的空间存在其他东西,比如光波。在人们眼中,物质不是如巴门尼德所说的是一成不变的,不同的物质是原子不同排列方式的集合。爱因斯坦与量子论产生之前,当时的人们都是站在巴门尼德那一边的。

近代人对于空间的认识是站在莱布尼茨这一边的,空间既不是牛顿、留基伯、德谟克利特认为的那种实体,也不是笛卡儿眼中的形容词,而是一个体系。两种事物之间存在着距离,但是这个距离中又不包括任何事物。人们的这种认识不能被物理学证实。爱因斯坦改变了其中的概念,他认为距离只存在于事件之间,这种距离是一种综合,既包括时间,又包括空间。这种概念只能以微分方程式的形式表现,因此古希腊哲学家是不会懂的。

我们知道德谟克利特是一位唯物主义者,他不相信神学的谎言,认为人的灵魂由原子构成,宇宙不是谁创立的,宇宙的存在也没有什么目的。他认为世间只有机械运动着的原子。他认为生活的目的是获得快乐。他仇恨女人，重视友谊，还喜欢民主。

德谟克利特的学说影响了他之后的所有哲学家。哲学家们总是想要了解这个世界，并乐观地认为这并不难，是这种乐观让他们大胆地去假设、论证。他们的态度使得他们充满朝气，并敢于冒险，对自己好奇的一切东西都勇往直前。

德谟克利特之后的哲学，失败之处就在于把人看作最重要的，而不是宇宙。当时的哲学家研究的问题是"我们是如何知道这些知识的"，而不是"如何去知道更多的知识"。后来的苏格拉底突出了伦理的重要性；接着柏拉图又否定现实，沉溺于自己创造出来的理想世界；再之后的亚里士多德把目的论引入科学，认为科学研究必有一个目的。尽管这些人都是天才，但是他们的思想结出的都是虚幻的、迷信的、唯心的果实。天主教神学是他们学说的最大受益者，直到文艺复兴，哲学才恢复到苏格拉底之前的那种状态。

第十章　普罗泰戈拉

早在公元前5世纪，就有人反对希腊当时的哲学体系。这些体系在我们后人眼中是伟大的。在这场怀疑运动中，普罗泰戈拉是最重要的人物。他还是智者派的领袖，智者就相当于今天的老师。当时没有学校，所以青年就交给智者学费，跟他们学习知识。这种教学方式注定了传授的知识是主观的、带有偏见的。还有当时希腊的政治局面，在许多大城市，民主制获得了胜利，但是并没有触动富人的利益。在雅典这样的大城市里，穷人都仇视富人。人们认为富人在信仰方面不虔诚，在政治方面又阻碍民主制。

雅典的民主虽然具有局限性，但有的地方比今天还要合理。人们抽签选举法官和行政官,并且任期很短。每个公民都可能当选法官,因为他们不是职业的,所以难免有偏见。当时没有律师,原告和被告都是亲自出庭,一群法官在下面认真地听案子。当时胜诉者大多为能言善道、演说有感染力的人。当时可以花钱雇人写法庭上的演说词,还可以花钱学习法庭上的演说技巧,教他们的人就是智者。

伯里克利时代雅典国富民强,没有战争,贵族执行民主宪法。到了阿那克萨戈拉时期,反对伯里克利的民主反动派开始行动,一个个攻击伯里克利身边的朋友。公元前431年爆发了伯罗奔尼撒战争,并发生大瘟疫,雅典人口剧减。伯里克利也于公元前430年下台,他被150名法官组成的审判团判定私吞公有财产。

在这样一种社会环境中,容易被贵族攻击的人都希望掌握辩论术。当时被指控道德败坏的人可以为自己进行辩护,这一点比今天做得都好。

这样就很容易理解,为什么智者受到一些人的欢迎,却受到另外一些人的仇视,以及为什么这些智者中有许多人从事哲学。柏拉图竭尽全力诋毁这些智者,这无疑是片面的。柏拉图的书中有智者戏弄别人的故事——两个智者用简单、幼稚的逻辑和文字游戏去戏弄一个头脑简单的人。他认为智者是在无中生有地想象出矛盾,并喜欢花言巧语和玩弄文字。

普罗泰戈拉于公元前500年左右生于阿布德拉。曾经两次到过雅典,还曾为徒利城编订过一部法典。

柏拉图曾经在书中略带讽刺地描写过他第二次到访雅典时的情景,还讨论了他的学说。普罗泰戈拉最出名的观点是:"人是衡量万物的尺度,存在的事物以人为尺度,不存在的事物不存在尺度。"人们对此的理解是,每个人都以自己为标准,因此出现矛盾时很难说谁对谁错。这是一种怀疑主义。

普罗泰戈拉在一本《神学》中怀疑神是否真的存在，但是这并不影响他崇拜神，因此他走上了捍卫道德、保护法律的道路。他是彻底的怀疑主义者，同时又很讲逻辑。

普罗泰戈拉在希腊各国游历，并且教人知识。他教人如何提高效率和修养，并以此为生。柏拉图不屑于智者传授知识还要收费。当然了，柏拉图本身很富有，体会不到没钱的痛苦。可笑的是当下的教授，一边拿着薪水，一边像柏拉图那样去讽刺别人。

当时的智者与哲学家是不同的。哲学家会创办一所学校，学校里实行的是类似于僧侣院的规矩，并且学校各自都有自己的神秘学说。对智者来说，根本没有这个必要，他们传授的知识都是法庭上的辩论技巧，类似今天的律师培训。这与道德和宗教是不相干的。这也引起了那些认为宗教与哲学有密切关系的人的指责。

从某种程度上说，智者引人指责是出于人们的嫉妒，因为智者太聪明了。他们不顾道德约束，大胆追求真理。无论是否有用，智者总是锲而不舍地根据论证推导出真理。他们逻辑能力超强，这让对手感到害怕。柏拉图总是企图让别人按照他定下的标准去生活，但是他一点儿都不诚实、不客观，他不是根据论证推导真理，而是歪曲论据，然后推导到自己事先想好的结论上去。这个坏习惯也被他带到哲学研究方面，之后的哲学家在伦理学的研究方面，也是根据假设进行推导，这是错误的。

公元前5世纪，那时雅典城内的学说即使拿到今天也不能说是道德的。柏拉图书中记载，当时有人论证强者的利益是最正当的，法律是为政府服务的。这些学说经过几千年的发展，得到了更多人的赞同。但在当时，智者并不教授这些知识。

那时雅典的地位经历了大起大落。先是在世纪初领导诸城邦打败波斯，取得盟主地位，世纪末又被斯巴达打败。之后在政治上地位尽失，但是在文化方面，雅典的重要地位一直持续到基督教广泛传播时期。

公元前5世纪对雅典来说至关重要。世纪初打败波斯，十年后第二次希腊波斯战争中，雅典仍旧是海上霸主，但是陆上战功主要归功于斯巴达人。斯巴达代替雅典成为希腊的首领。斯巴达人非常狭隘，他们只肯消灭欧洲的波斯人。最终解放亚洲部分以及被波斯人占领的岛屿的，还是雅典。雅典迅速繁荣昌盛起来，财富和贸易增加了，道德和信仰必然就衰退了。

这个时期的雅典人才辈出，诞生了三大戏剧家——埃斯库罗斯、索福克勒斯与欧里庇得斯，每一个都个性鲜明。还有喜剧诗人阿里斯托芬、雕刻家菲狄亚斯，等等。当时雅典的人才主要集中于艺术领域，知识领域则只有苏格拉底。

公元前431年伯罗奔尼撒战争开始，雅典从此由盛转衰。斯巴达人一度攻到雅典城外，加之瘟疫，雅典人损失惨重。公元前414年雅典远征西西里失败。公元前406年雅典征服梅洛斯岛，实施了一场大屠杀。

最后的征战中斯巴达人打败雅典人，在雅典建立寡头政府。后来斯巴达在雅典又恢复了以前的民主制，但这个民主制与以前的民主制大相径庭，政治家由于大赦无法直接攻击对手，于是在政治之外找借口对对手进行控诉。公元前399年苏格拉底被判死刑就是基于这种情况。

第二篇
苏格拉底、柏拉图和亚里士多德

第十一章　苏格拉底

我们熟知一些历史人物，也对一些人物知之甚少，对于苏格拉底，我们对他的了解是多是少不敢肯定。苏格拉底是个很复杂的人物。他出生于雅典，一生都在辩论，还教授青年知识，但不是为了钱。70岁左右的时候被判死刑，死于公元前399年。他在当时就是一个著名人物。他的弟子色诺芬和柏拉图都写过大量关于他的记述，但是内容大相径庭。有人信色诺芬，有人信柏拉图，还有人谁都不信。我并不支持某一方，只是记录下他们的主要观点。

色诺芬观点保守，当苏格拉底被起诉道德败坏和误导青年的时候，他很痛苦；他坚称苏格拉底道德高尚，不会误导人。他为苏格拉底所做的辩护太过普通，也没有提及苏格拉底为什么会招人嫉恨。

正是因为色诺芬的保守和平凡，才会有人相信他，人们认为他不会说谎。这种想法是不可靠的，愚蠢的人在复述听来的事情的时候，可能按照自己的错误理解来复述。色诺芬有可能并不了解苏格拉底，所以他的话不可全信。

不过，色诺芬的回忆中也有让人信服之处。他与柏拉图都讲过苏格拉底思考的一个问题，那就是如何才能使人才当政。当时斯巴达已经占领了雅典，当局不允许他教授年轻人这类问题，但是苏格拉底习惯了雅典的民主，总是在指出问题。最终当局决定将他毒死，并认为这样做问题就不存在了。

柏拉图笔下的苏格拉底更难把握，我们不知道柏拉图描述的有几分真实，也不知道他是否在借苏格拉底之口表达自己的观点。柏拉图非常会想象，以至于自己都认为自己编造的对话录是真的。因此，人们怀疑他笔下的苏格拉底的真实性。

柏拉图关于苏格拉底的记述中被认为最真实的一篇是《申辩篇》。据说这是苏格拉底行刑前最后的对话，当时柏拉图也在场。尽管真假难辨，但是它所刻画的苏格拉底的形象非常准确。

苏格拉底最后被判决的罪名是：邪恶、怪异、颠倒是非、误人子弟。真正的原因是他与贵族走得太近，他的学生，包括几个当权者都是贵族。由于大赦，当局只能用另外的罪名对他进行审判。最终他不愿意做出让步，没有为了活命而承认有罪。

当时还有人说苏格拉底犯下的真正的罪是不敬奉国家的神明，而另立新神，并以此教坏青年。

对于检察官提出的罪名，苏格拉底为自己展开辩护。最终他为自己辩护成功，当然了，检察官是不会承认自己输的。

《申辩篇》中还有关于宗教的叙述。他认为他研究和传播哲学是神的指示，如果要他放弃，就如战斗中的逃兵一样可耻。死亡并不可怕，没人知道死亡那边是什么。他说自己爱雅典人，但是更爱神。他要将哲学的研究和传播坚持下去，并认为自己是全雅典最虔诚的人。

他还说杀死他是大家的损失，并认为没有什么能损害他。杀害他所犯下的罪过，比安在他头上的罪名还要大。

他认为自己是上帝派来的，如果他被处死，人们也不会得到安宁，而且会感到后悔，因为再也找不到像他一样被上帝派到人间的人。

他还指出，法庭在场的人中有许多是他的学生和学生的父亲，但是没有一个人有证据证明他教坏过年轻人。他没有像别人一样将儿女带上法庭哭诉，以求打动法官们的心；他认为这样很可笑，他要说服法官，而不是求法官怜悯。

在对他进行了死刑判决后，苏格拉底做了最后一次演讲。

他预言那些决定将他杀死的人将面临更可悲的下场，杀人并不能阻止别人进行谴责，这样做是在逃避，正确的做法是改正自己。

他对那些支持释放他的法官说，死亡并不是一件坏事，那将是一场没有梦的睡眠，灵魂可能转移到另外一个世界去。还有可能有机会与俄耳甫斯、荷马等人相处，何乐而不为。在另外一个世界里有遭遇相同的人，最重要的是可以继续钻研知识。他还说，在另外一个世界里，没有人会因为提出自己的想法而被处死。

他被处死前留下了这样一句话："时间到了，我们各走各的路，是活在这个世上好，还是死了去另一个世界更好，只有神知道答案。"

柏拉图在《申辩篇》里塑造了这样一个苏格拉底：自信、洒脱、崇尚理智。从他对死亡的看法来看，他相信灵魂不死，并坚信在另外一个世界中会有更好的生活。

有人认为苏格拉底举止奇怪是因为患有癫痫。《筵话篇》中记载他为了想通一个问题，一动不动地站了一整天，结果人们围着他看热闹。这种故事还有很多，就是苏格拉底会无缘无故地发呆、出神。

苏格拉底相貌丑陋，并且总是衣衫褴褛，赤着脚走路，毫不在乎别人怎么看。他很少喝酒，但是酒量奇大，从不喝醉。他用灵魂控制着自己的肉体，抵制着欲望，就算是爱情也是"柏拉图式"的。

苏格拉底身上有未来斯多葛派和犬儒学派的影子。斯多葛派认为品德是最重要的，犬儒学派则鄙视富人们的生活。苏格拉底整日衣衫褴褛正好符合这一点。

苏格拉底从事的领域是在伦理方面而非科学，他自己也承认对物理学一窍不通。柏拉图早期的对话录中，苏格拉底都是在谈论伦理，关于性格、友谊、勇敢，等等。他认为这些问题非常重要。他认为没人会明知故犯，所以犯罪的根源就是无知，因此人们的品德离不开知识的滋养。

苏格拉底的这个看法贯穿在希腊哲学思想内，与基督教相对立。基督教认为品德与知识没有关系，无知的人也可以心灵纯洁。这一区别延续至今。

辩证法并不是苏格拉底发明的，这种用一问一答的对话方式推导真理和知识的方法，据柏拉图记载是芝诺最先使用的。苏格拉底也采用这种方法，并将它推广开来。就连他死的时候想的都是到另一个世界中可以无忧无虑地提问题。

但是辩证法并不适合所有问题，比如说科学问题。柏拉图解决的大部分问题用的都是辩证法，后来的哲学家多被这种方法的局限性束缚。苏格拉底用辩证法引出的知识看上去都是对话者自身拥有的，只是以前没有被发掘出来而已。他因此称自己为"知识的助产士"。

但并不是所有的知识都适用辩证法。比如"正义是什么"这个问题适用于辩证法，因为答案是我们或多或少知道的，只不过没有理顺而已。几何学方面则不适合，不能把推导出的定理说成是对方已知但是没有被唤醒的。

于是我们看到，辩证法更适合逻辑性问题的探讨，而不是新事物的发现。柏拉图广泛使用这种方法去探究问题，对后世影响很大。

第十二章　斯巴达的影响

要想了解柏拉图以及柏拉图之后的哲学家,就一定要了解斯巴达。无论是在现实中,还是在神话传说方面,斯巴达都深深影响了柏拉图以及后来的卢梭、尼采等人。我们将从现实和神话方面来介绍一下斯巴达。

斯巴达城邦位于中拉哥尼亚平原南部,据有伯罗奔尼撒东南部地区,首都为斯巴达城。他们是外来人,占领并统治了当地,当地的居民沦为奴隶,被称为希洛特。斯巴达人的法律禁止他们从事农耕,认为这是一件可耻的事情。斯巴达的每个男子都会分得一块土地,分给普通斯巴达人的份地是国有的,但是可以继承。贵族则有自己的领地。农奴不许买卖,他们依附于土地。地主每年从农奴也就是希洛特那里收取一定的粮食作为地租。希洛特不甘心被奴役,总是伺机反抗,斯巴达人则残暴镇压。有时希洛特会因为作战勇敢而被释放,但这种机会少之又少。

战争是斯巴达人的职业,他们从一出生就接受训练,柔弱的婴孩会被抛弃。男孩子直到 20 岁前,都是在学校中接受训练。训练内容包括如何作战、纪律和如何更加坚强,他们认为文化和科学没有用处。

20 岁之后就要服兵役,并且可以结婚。在斯巴达,男子不结婚是犯法的。男子 30 岁前过着集体生活,之后才算是成熟公民。斯巴达实行集体主义,没有穷人,也没有富人,大家都一样。斯巴达不允许个人有生活必备品以外的资产,土地可以赠予,但不能买卖。

斯巴达的女人也接受训练,为的是下一代有更强壮的体魄,也是为了减轻分娩的疼痛。她们赤身裸体地同男子一起训练，她们充满激情，但不会有淫乱的事发生。

斯巴达的妇女可以鄙视懦夫，即使是自己的儿子。当她们的儿子一出生就被抛弃或者战死沙场，她们不可以悲伤。结婚后如果没有生孩子，国家便会安排别的男子给她。总之，斯巴达崇尚生育。

斯巴达有两个分别来自不同家族的世袭国王，还有包括两个国王在内的30人组成的长老议会。长老会成员是全体公民选举出来的，必须来自贵族。公民大会由全体公民参加，议程由长老会安排，公民只享有通过或者否决的权利。任何法律必须经过全体表决，否则无效。

除了上述以外，还有斯巴达独有的检察官制。斯巴达设有5个检察官，全部来自公民选举；这种选举很幼稚，不过就是抽签。检察官是用来约制王权的，他们随时监视国王，即使在出征的时候也要贴身跟随。检察官有处理民事诉讼的职责，但也有权审判国王。

斯巴达的宪法有人说是公元前855年莱库格斯所立，这个人其实根本不存在，是个神话人物。斯巴达的宪法是一步步发展起来的。

斯巴达最开始的时候和其他民族没什么不同，也产生过诗人和艺术家。但是到了公元前7世纪左右，他们的宪法把他们变成了后来的样子。一切都为了战争胜利，至此他们不再对世界的文化发展有任何贡献。在我们眼中，尚武的斯巴达如同纳粹一般。但当时的希腊人不这么认为。正如柏里[1]的描述：公元前5世纪的斯巴达，城邦朴素，市民善良。[2] 当时还有希腊人赞叹斯巴达的政局稳定，不像别的希腊城邦动荡不安。

---

[1] 伯里（1861—1927）：英国著名历史学家、古典学家和文献学家。

[2] 详见柏里的《希腊史》卷一。

很长一段时间以内,斯巴达确实是非常伟大的。即使是作为战争机器,也是如此。公元前480年的温泉关之战即是如此。300个斯巴达战士在这里阻挡成千上万的波斯士兵,虽败犹荣。最后300人中只活下来一个,他因为患有眼病没有在战场上厮杀,后来遭到了斯巴达人的唾弃,被称为懦夫。这个人在一年之后的另一场大战中英勇战死,洗掉了耻辱。

很长一段时间内,他们都用实际行动证明,斯巴达人是陆地上的霸主。直到公元前371年他们被底比斯人打败,才失去了陆地上的霸权。

然而现实中的斯巴达人远没有理论上那么高尚。理论上他们嫌弃财富,实际上很少有人拒绝贿赂;理论上他们的女子非常自爱,实际上有好几个王位继承人因为不是父亲的亲生儿子而被废黜;理论上他们非常爱国,实际上最后的大败,就是因为其中一个王被波斯人收买。他们还心胸狭隘,只顾保全自己的土地,冷眼旁观雅典与波斯战斗。同样也因为斯巴达的狭隘,希腊各城邦没有完成统一。

亚里士多德曾经对斯巴达做过一番描述,这番描述与大家心中的斯巴达大相径庭。他认为斯巴达是独裁政府,妇女淫荡,人人爱财如命。他还说斯巴达人因为财产分配不均而变得吝啬。

亚里士多德对斯巴达宪法体系的评论是:检察官很穷,所以容易被贿赂;检察官对公民非常严厉,以致人们不得不通过肉欲来逃避烦恼。

亚里士多德的话说得非常坚决,很难让人不信,但是人们对斯巴达的印象更多的是如柏拉图笔下的那样。

中世纪和近代的读者对于斯巴达的印象多来自普鲁塔克,但是当时距离斯巴达的时代太久远了,所以历史学家要谨慎看待普鲁塔克笔下的斯巴达。希腊对全世界都有深远的影响,但这种影响是通过文化,而不是军队达成的。罗马时期铺设的大道和罗马的法典都影响深远，但是他们用的是军队。传播希腊文化的不是希腊人，直到亚历山大占领希腊，才将希腊文化传播出去。

城邦内的党派之争和城邦间的频繁征战并不是关键，关键是之后留下了什么，带给我们什么记忆。就像你可能忘了整夜与风雪的搏斗，但是你不会忘记黎明时的那丝曙光。在基督教的初创时期，人们想起希腊就会想到柏拉图，中世纪则是亚里士多德，文艺复兴时期是普鲁塔克。普鲁塔克对西方和美国的思想以及政治的影响一直延续到今天。这些影响有好有坏，普鲁塔克笔下关于莱库格斯改造斯巴达的描述就带有坏的影响。下面将简单介绍一下莱库格斯是如何改造斯巴达的。

据普鲁塔克记载，莱库格斯为了给斯巴达立法，周游各地。他发现埃及在制度上将士兵同农民区别对待，于是便在斯巴达效仿。他规范了各行各业，将土地分给公民，并将一切由金钱引发的陋习和不公赶出斯巴达。他规定用铁铸币，而不是金银，就是为了让人们不贪婪。铁币的廉价与不流通性终止了斯巴达与其他城邦间的贸易，商人纷纷离开斯巴达。他还制定了斯巴达的集体主义，规定大家要在一起吃饭。

莱库格斯同样认为儿童教育是改革的关键。为了作战的需要，他鼓励生育。在当时，丈夫同别人的妻子，妻子同别人的丈夫都可以发生关系，只要能促进生育，一切都会被鼓励。莱库格斯认为孩子不仅属于父母，更属于国家，因此生育是在为国家做贡献。

孩子出生后要接受族里长老的检查，体质虚弱的将被溺死。孩子到了7岁就要进学校，并在那里生活。

斯巴达人是没有自由的，任何时候都要服从纪律。斯巴达本身就像是一座军营，每个人都有自己的岗位，都清楚什么能干，什么不能干。他们被这样教育：自己来到这个世上不是为了父母，也不是为了自己，而是为了国家。要说莱库格斯给他们带来了什么欢乐，那就是不用劳动。那里的人们不重视财富，并且有希洛特向他们交租，供养他们。

莱库格斯的教育使得斯巴达人不可能单独生活，也不会想去单独生活，这样就将他们团结在了一起。斯巴达还被封闭起来，被禁止出入，原因是担心外人会败坏他们的风气。

根据普鲁塔克的记载，斯巴达人杀死希洛特并不犯法。但是普鲁塔克不认为这是莱库格斯的错，他通过其他法律证明莱库格斯为人善良、正直、温和。他还对斯巴达时期的法律大加赞赏。

斯巴达对于柏拉图的影响，下章我们就会提到。

第十三章　柏拉图思想的根源

柏拉图与亚里士多德都对后代影响深远，其中柏拉图的影响更大。因为，第一，亚里士多德师出柏拉图；第二，后来统治欧洲十几个世纪的基督教的神学和哲学都受柏拉图的影响，而非亚里士多德。

柏拉图在哲学方面的学说概括起来有以下几个部分：一是乌托邦，最早的乌托邦；二是理念论，用来解决各种问题的；三是灵魂不死论；四是宇宙起源论；五是他的知识观。在介绍这些学说之前，先介绍一下他的生活环境。

柏拉图于公元前428年至公元前427年出生于一个贵族家庭，当时正逢伯罗奔尼撒战争爆发。雅典战败后他已经是一个青年，他把战败的原因归结于民主制。除了因为他是贵族，还因为他的老师苏格拉底死于民主制的法庭。于是他对斯巴达产生了兴趣。他花言巧语地将斯巴达的集权主义和狭隘的个人主义美化；后人因为柏拉图是伟大的，所以相信他说的一切，被他蒙骗。人们大多不了解他，却很崇拜他，我则相反，我想去了解他，但是不崇拜他。

前人对柏拉图的影响也必然会使他偏向斯巴达。他从毕达哥拉斯的学说中汲取了俄耳甫斯的成分，这一点在他的宗教论、灵魂不死论中都有体现。

巴门尼德的学说中，柏拉图汲取了永恒和万物不变的思想。后来他又从赫拉克利特那里学到了世间没有什么是不变的。他将这两种思想合在一起，得出了自己的结论：知识来自理智，而非感官。

苏格拉底对他最重要的影响是在伦理方面，其中"善"是主导思想。

柏拉图从前人那里汲取的思想是如何影响他在政治上的观点的呢？

一、巴门尼德的"万物不变"与苏格拉底的"善"都是永恒的，国家也应该如此，因此国家的统治者需要理解"永恒"与"善"。

二、柏拉图继承了俄耳甫斯的神秘主义，他的信仰中有一种无法与人沟通的核心。他认为唯有学习知识才能到达那里，因此他把知识看得十分重要，认为当政者必须接受知识与道德的培训。

三、柏拉图认为教育对于领导人至关重要，受毕达哥拉斯影响，他把数学看得十分重要。

四、同当时大多数哲学家一样，柏拉图认为掌握知识的先决条件是有闲暇时间，因此哲学家不可能是劳动者，最有可能是贵族。

对比柏拉图思想与近代思想，很容易会想到两个问题：一、存不存在"智慧"这样一个东西？二、如果存在，能不能立法使它在政治上享有权利？

这里所谓的"智慧"不是鞋匠、铁匠的那种技能，而是更普遍的能力。掌握这种能力便能管理国家。柏拉图可能会说"智慧"隐藏在"善"中,追求"善"的人的所作所为便是"智慧"。这种认识有点儿抽象。我们通俗的观点是,因为利益存在分歧,所以政治家之间存在矛盾。有时阶级与民族的利益被看作共同利益,政治家之间会暂时妥协。但归根结底,只要还存在主权国家,矛盾就一定存在。

假设我们真的掌握了"智慧",那么有没有可能用立法的形式将政府交给掌握了"智慧"的人去管理呢?很明显,人们没有办法决定将"智慧"交到哪一类人手中。全民议会之类的集体不合适;贵族阶级和君主天天犯错,也不合适;没人会说教皇犯错,但事实上他们确实犯了很多严重错误,因此教皇不行;刚毕业的大学生、神学博士、暴发户也都不行。

有人提议让一部分人去接受特殊训练得到治理国家的"智慧"。问题是,如何训练?因此,把国家交到有"智慧"的人手中是一件不可能的事情。这也是为什么要赞成民主制的根本原因。

第十四章　柏拉图的乌托邦

《理想国》是柏拉图最重要的一篇对话,这篇对话由三部分组成。第一部分中他提到一个理想国,这也是最早的乌托邦。第二部分是讨论哲学家的定义,因为他认为统治者必须是哲学家。第三部分主要讨论各种体制的利弊。

《理想国》在最开始讨论什么是正义,最后由于从大处往小处看更容易,所以转向讨论什么是国家的正义。这里他先假设出有这么一个美好的国家,然后再去讨论它身上哪些美属于正义。

下面就是柏拉图描绘的乌托邦的大致轮廓。

他认为这个理想国中应该有三种人：普通公民、士兵、卫国者。卫国者的人数要比另外两种少得多，但是只有他们有政治权力。其他两种人中特别优秀的孩子可以得到提拔，卫国者中非常差的人会被降级。

柏拉图主要讨论了卫国者这一阶级，他从教育、经济、宗教等各个方面考虑了如何才能使卫国者更好地为国家服务。无论哪个方面，他都提出了许多建议。

第一个方面便是教育。理想国的教育分两部分：音乐和体育。在当时音乐和体育的含义比今天广泛，相当于现在的文化和运动。

文化教育的目的是把人培养成绅士，类似于19世纪的英国，当时的雅典也存在着一群想要获得更多政治权力的贵族。绅士风度不过是获得更多权力的工具罢了。理想国中的贵族是权力的拥有者，无须争取。

教育主要是培养人的品质，既要勇敢，又要有礼。青年们被允许接触的音乐和书籍都是经过严格挑选的，就连给孩子讲故事也只能讲官方规定的故事。像《荷马史诗》这样说神坏话的故事是不允许讲的。此外，荷马对死亡的描述太过可怕，而理想国中的青年必须不怕死，并且要乐于战死沙场。另外，《荷马史诗》中描写神放声大笑和举办奢侈的宴会也不符合礼仪和节俭的风气。

为了好坏分明，柏拉图建议戏剧中的正面形象必须由好人扮演，负面形象则由罪犯扮演，不能颠倒，并且好人不得扮演女人和奴隶。这明显不符合戏剧本身的特点，最后柏拉图干脆将戏剧从理想国中取缔。

音乐方面严禁吕底亚和伊奥尼亚的乐曲，因为这些乐曲中含有让人消极的成分。被允许的只有表现勇敢与和谐的音乐。

在个人体质方面训练比较严，只允许吃鱼和肉，而且必须是烤的，还不能加作料。柏拉图声称这种饮食能让人永不生病。

到了一定年龄后，青年人被有组织地安排接触各种诱惑，例如恐怖、情欲等。接触的目的是让他们经得起诱惑，只有这样才能做一个合格的卫国者。

经济方面实行共产主义，每一名卫国者只有一处小房子和简单的食物，没有其余个人财产。人们之间没有贫富之分。这一切都是为了理想国中的全体人民，而不是某一个阶级。

甚至，柏拉图认为朋友之间也要实现共产主义，包括妻子、孩子。他认为男女是平等的，女孩子也应该接受同样的教育，并且同样能成为优秀的卫国者，也同样可能成为优秀的战士。

被选定当卫国者的男女需要住进同一间房屋，一起吃饭，一起睡觉。在一个节日中，他们需要抽签互相配对，然后进行生育。这种配对不是固定的，还会根据生育能力进行调节，总之生育是第一位的。孩子一出生就将被带走，没人知道哪个孩子是自己的。生孩子需要国家批准，否则违法。男人25岁至55岁，女人20岁至40岁，上述年龄段内的性生活是受管制的，不在这个年龄段内不受管制，但是不能怀孕。在理想国，婚姻是个人对国家尽的一项义务。

每个人都不知道自己的父母是谁，便称每一个长辈为父母，这仿佛又回到了原始社会。父母与子女间禁止结婚，兄弟姐妹间禁止通婚。但是没人知道谁是自己的父母和兄弟姐妹。

柏拉图这么做是为了淡化私情，以求从精神上消灭私有，彻底实行共产的精神。出家人之所以不能结婚可能也是出于这个缘故。

神学方面，理想国的政府制造出神话是为了蒙骗公民。柏拉图说过，撒谎是政府的特权。比如他们用抽签的迷信方式安排婚姻，欺骗公民。柏拉图希望有一些神话能蒙蔽欺骗所有人，包括统治者和被统治者。其中有一个神话是最重要的，在这个神话中神用金子制造了卫国者，用银子制造了士兵，用铜和铁制造了普通公民。金子造的人管理国家，银子造的人待命作战，铜和铁造的人从事劳作。而且阶级是继承来的，这样才有条理。这种神话被世世代代灌输给青年，直到被人接受。

柏拉图认为用两个世纪的传承教育就能使人们相信这个神话，这是完全有可能的。但是，柏拉图应该认识到这种强制灌输知识的方式与哲学的精神相违背。

前面全部的讨论都是以"什么是正义"为目标，最终在第四卷中得出了结论。柏拉图的结论是，人人做好符合自己身份的本职工作，不插手别人的事务，这样整个国家就是正义的。干好本职工作固然重要，但是这与我们今天对正义的定义有很大差距。

一开始希腊人就认为宇宙安排好了一切，每个人、每件事都有固定的位置。这里的宇宙不是指神，因为就连宙斯的神位也是宇宙安排好的。这种认识使他们认为一切都是天定，都是必然，都应该遵守秩序，这就是正义。任何想突破秩序的行为都会受到惩罚。这些思想后来影响到了哲学，出现了万物不变和无物不变的争论。这便是柏拉图笔下的正义的根源。

现在我们提到正义就会想到平等，因为它们同属民主的特征。但是柏拉图笔下的正义与平等没有关系，当时的正义主要在于财产权方面。柏拉图曾经在《理想国》的一开始就说正义在于偿还债务，虽然他放弃了这种说法，但是这种思想一直贯穿全篇。

我们来分析一下柏拉图对正义的定义。

首先，它为权力的不平等（也可以称为正义）提供了依据。他认为卫国者的继承制加上独享的良好教育能使他们一直保持智慧上的优势。当其他阶级出现了更有智慧的人便是不正义的。他也提出了解决办法，那就是把这些人提升为卫国者。让足球运动员去踢球，让铁匠去打铁,这都是最合适的,但是在执政方面则不能说哪些人是专业的。即使将国家政权交给特定人群,比如让卫国者去管理国家,也不能保证他们不会有私心,不会为自己的小集团谋私利。

其次,柏拉图所描述的"正义"都是基于国家而言,而这个国家是假设出来的。他认为正义就是每个人各司其职,干好本职工作。但是怎么给每个人分配工作呢?古埃及和印加人都是子承父业,但是在理想国内每个人都不知道自己的父母是谁,于是工作只能由国家来分配。某些职业对于专业技术要求很高,但统治者可能会认为它是有害的,比如柏拉图对于诗歌的认识,因此国家就会带有统治者的色彩,变得片面了。

这样的国家是僵硬的,没有生气的,它会在城邦之战中取得胜利,但不会在科学和艺术上取得成就。这一点类似于斯巴达。柏拉图曾经见识过雅典被斯巴达打败,建立起一个比斯巴达还要强大的国家可能就是他的目标。

在乌托邦的身上,寄托着创造者的理想。什么是理想呢?它不同于吃喝方面的欲望,并且与个人以及现状没有关系。可以说,理想就是理论上的,是与现状没有关系的一种愿望。并且这种愿望不是个人的,而是希望大家共有的。比如人人有饭吃、人人待人友善,等等。

每个人的想法都是存在差异的,存在差异就会产生矛盾。解决这种矛盾,轻则由个人根据感情决定,严重的则发动战争解决。科学的事情可以以事实说话,但是伦理上的事情则不可能,只能化身为最原始的争论。

这种观点在《理想国》中被特拉西马库斯提出。特拉西马库斯,历史上确有其人。他听到苏格拉底同别人谈论正义后,表示反对,认为苏格拉底很幼稚,并说"所谓正义,不过是强者的利益而已"。

苏格拉底对此进行了辩驳,他提出了一个新问题:伦理上有没有关于"什么是好的,什么是坏的"统一标准?我们可以说雪是白的,恺撒死于刺杀,这都是毫无争议的,但是我们说"快乐是好的",这句话对不对呢?伦理上讲的快乐是什么?它是好的还是坏的?这样的问题有统一答案吗?如果有的话,这个标准就可以作为个人行为和政治行为的理论基础。但是如果没有的话,只要存在利益分歧,就会有不同的标准,并且不同标准之间会发生冲突。

对此柏拉图持不同意见,他认为伦理上的好坏也是有标准的,比如他就确信存在"善"。他还认为,在这个问题上如果有争议,并不是因为没有统一的标准,而是肯定有一方是错误的。在他看来,伦理问题与科学问题一样,非对即错。

柏拉图认为自己能证明国家是好的;但是有一些民主主义者认为国家是坏的;还有一些人认为,你觉得它是好的它就是好的,你觉得它是坏的它就是坏的。如果既有人觉得好,又有人觉得坏,那它就是存在争议的,它的好坏由双方斗争的结果来定。关于这个问题的争论一直没有停止,双方的代表都有许多著名的哲学家。但是在当时,大家都相信柏拉图的观点。

人们经常用统一的标准代替真理,这是错误的。伽利略那个年代,很多东西都是被大家统一接受的,但都被伽利略证明是错误的。这说明在大家的认识之外,还存在着一个标准,宗教方面也是如此。不过这些标准与科学上的事实不同,并不是非对即错。

柏拉图的理想国并不是我们今天认为的是一个幻想,当时柏拉图也许真的想要去实现它。他的许多规章制度是经过斯巴达验证过的,当时哲学家从政是完全可行的,毕达哥拉斯就是一个证明。当时殖民地非常自由,柏拉图及其追随者要是想去西班牙沿海地区建立起一个理想国是完全可行的。可惜当时柏拉图没有这样做,他去了科林斯人在意大利南部建立的殖民地商业城邦叙拉古,而当时的叙拉古正处于战争状态，忙于与迦太基人争夺海上贸易霸权，他的政治抱负也随之破灭。再之后马其顿兴起，诸城邦衰落，这种政治实验也变得彻底不可能了。

第十五章　理念论

《理想国》中间部分讨论的是纯粹的哲学问题。柏拉图认为，只有让哲学家来当王，城邦才会获得安宁。

这就让人思考，哲学家的构成要素是什么，什么是哲学？柏拉图在《理想国》中做了著名的讨论，正确与否不论，光是其中华美的辞藻就令人十分感动。

柏拉图的讨论中有许多词句是巴门尼德式的，其中的宗教元素是毕达哥拉斯式的；巴门尼德与毕达哥拉斯相结合，使得柏拉图的讨论既有逻辑、理智，又有宗教激情。这种结合还影响了后世许多哲学家。

下面我们大体概括一下柏拉图的理念论。

首先，什么是哲学家？哲学家是喜欢智慧，但不同于仅仅是有好奇心的那种人。也就是说，哲学家是喜欢探究真理的人。如何探究呢？他们并不是沉浸在新事物中，而是清醒地去认识新事物背后的道理。沉浸在其中的人的认识只是一些看法、意见，而后者的认识才是真正的知识。

柏拉图认为，事物都存在着正反两面，美的事物身上有丑的成分，好人有时候也会做坏事。这样看的话，一切事物都介于存在与不存在之间。比如你认为他是一个好人，但是他做过坏事，那他理论上讲就不是好人。理论上讲谁都做过坏事，那好人存不存在呢？这就是我们说的介于存在和不存在之间。只看到表象这些矛盾的认识便是意见，而能看出表象背后那些永恒不变的东西的认识则是知识。

我们得出一个结论：感官能感触到的表象问题属于意见，而背后隐含的永恒的问题属于知识。例如，你看到好看的花、漂亮的衣服、精彩的歌舞，这都属于意见；如果你能看到其背后的美，那它就是知识。

既存在又不存在的说法是矛盾的、不真实的，但是现实中的事物又符合这种矛盾，因此现实中的事物是不真实的。所以赫拉克利特会说："我们踏入的既是同一条河流，又不是同一条河流。"柏拉图的认识论也受到前人的影响。

柏拉图的学说并不是全部源自前人，比如他的"理念论"。这个理念论中既有逻辑成分，又有形而上学的成分。逻辑成分最重要的是关于文字背后的永恒，例如，每一只猫都是不同的，但是这些不同的个体可以用同一个"猫"字来指代。无论个体猫是生是死，这一点都不会改变。这说明这个字包含着不同个体的共性。这是逻辑部分，与形而上学的部分没有关联。

如果按照理念论中形而上学的部分来讲，"猫"是上帝创造出来的唯一，只有上帝创造出来的那只猫是猫，世间每一只个体猫都有一部分它的特征，都是这只猫的表象。

《理想国》中柏拉图非常详细地阐述了这种"理念论"学说。他认为，拥有同一个名字的不同个体之间肯定存在着同一种"理念"或"形式"。例如，"床"这个概念就是"理念"，各式各样的床则都是表象。从这些表象身上只能得出意见，从概念身上得出的则是知识。哲学家关心的是能得出知识的那张床，而非世间各式各样的床。这也看得出，哲学家对日常生活缺少热情。哲学家身上集中了众多优点，最适合做国家的管理者。

苏格拉底认为相对于哲学家的聪明，社会环境更重要。近朱者赤，近墨者黑。人人聪明的社会中，哲学家就不会显得很傻；人人愚蠢的社会中，人们也不会觉得哲学家有多聪明。

按照柏拉图和苏格拉底的认识，理想国要想让哲学家领导可以有两种办法：一种是让一位哲学家当国王，第二种是把领导者培养成哲学家。前一种做法显然不合适，至于后一种做法，柏拉图在叙拉古的领袖身上做过一次实验，结果失败了。

《理想国》第六卷和第七卷中，柏拉图还谈到了什么是哲学和如何成为哲学家。

柏拉图认为哲学是对知识的认识，不仅仅是懂得辨别，还要懂得认识和发掘。从事创造性工作的人应该有所体会，那就是经过一段时间的认真工作后，事物背后的知识会自己体现出来。这可能是经验的原因，事后可能会有所怀疑，但在知识浮现出来的那一刹那，你是非常有把握的。无论是文学、艺术、音乐，还是哲学方面，伟大的成就大多是这一刹那得出来的。我不知道别人是不是也是这样认为的。

这种刹那的灵感是很重要的，但仅有灵感是不够的。这种灵感是主观上的，它除了带来启发以外，还会引人误入歧途。

写《理想国》的时候，柏拉图非常相信自己的灵感，为了将自己的灵感传达给大家，他做了一个洞穴的比喻。在谈到这个比喻之前，他还做了大量引导性的工作。

首先，柏拉图将理智的世界和感觉的世界划分开来，然后又将理智世界分为两种：理性与悟性。理性高于悟性，理性是用辩证方法得来的纯粹理论的知识。悟性不是纯理论的，就像数学证明题中，一切证明都是基于假设的条件之上，这些假设的条件是无法证明的。例如，几何题中会有："假设有一个直线三角形。"现实中我们画不出绝对直的直线，所以只好是假设。悟性需要假设条件，但理性不需要。理性本身就是纯理论的问题，在它的范围内，直线绝对是直的，不需要假设。

柏拉图还用视觉与知觉两种感觉来比喻理性与混乱的不同。眼睛看到物体的条件不仅要有眼睛与物体，还要有光。太阳下看得清楚，朦胧中看得模糊，漆黑中看不见东西。理念便是太阳，眼睛便是灵魂。在理念的照耀下，我们用灵魂去发现知识。

接下来，柏拉图提出了著名的洞穴比喻。他将不懂哲学的人比喻为被关在洞穴中的囚犯，这些囚犯因为被锁着，所以只能看着眼前的墙壁，不能转头。他们的背后生着一堆火，他们只能看到墙上自己和其他东西的影子。他们无法回头，不知道有火，便以为墙上的影子是实物。某一天，一位囚犯逃离了洞穴，并发现了真相，发现自己以前被影子骗了。如果是哲学家，他定会回到洞中将真相告诉大家。但是在别人眼中，他肯定是傻了。

在柏拉图的学说中，"善"占有特别重要的地位，甚至比科学和真理还要重要。哲学方面，柏拉图与毕达哥拉斯都结合了理智与神秘主义，但是到了最后，神秘主义占了上风。

尽管有许多错误，但是柏拉图的理念学说仍旧是哲学上一个非常大的进步。其中最核心的部分是：在生活中，用于表达的语言不可能全是理论性的词汇，必须用到"人""狗""猫"之类的一般词汇；如果人们语言中只有理论性的词汇，那它们将是没有意义的。

无论我们怎么假设，采取何种论证方法，都得不出柏拉图的理论，都与柏拉图所说的相违背。原因是，首先柏拉图没有弄清哲学上语法的用法。比如说，我们可以说花是美的，蝴蝶是美的，衣服是美的。这里美是它们的共性，我们不会说美是美的。柏拉图犯的错误就是认为"美是美的"；理念原本应该是个体之间的共性，但是柏拉图把这些共性又当成了个体。到后来，他自己也认识到这个问题，并在《巴门尼德篇》中进行了自我批判。这也是历史上哲学家进行自我批判的先例。

《巴门尼德篇》的叙述者据说是柏拉图同母异父的兄弟安提丰，人们好不容易才请他回忆了当时的对话。当时参加对话的有年老的巴门尼德、中年的芝诺和年轻的苏格拉底。苏格拉底先说了自己对理念的认识，他承认正义、善、人这些理念，反对灰尘、泥土、头发这些东西也有理念。巴门尼德首先赞扬了苏格拉底，认为他将来在哲学上肯定会有出息，并认为到那时苏格拉底就不会瞧不上头发、灰尘之类的卑微的东西了。接着，巴门尼德提出关于理念论的一些难点。

苏格拉底同意巴门尼德的看法。他认为没有理念，推理就进行不下去，心灵就失去了依靠。

柏拉图在论述个体实在性的时候经常犯一些幼稚的毛病。他认为凡是美的事物同时也是丑的，成倍的事务也是一半的。前一个还好理解，例如一件工艺品，一些方面是美的，一些方面不成熟，是丑的；但是后面的说法则是错误的，成倍和对半都是相对而言的。例如，2是1的一倍，2是4的一半。如果A比B大，同时A比C小，柏拉图就会认为A既是大的又是小的。

柏拉图犯的错误还包括，他认为知识和意见肯定是从不同事物上得来的。例如，我们看到阴天，预测快要下雪了，这便是意见；如果被我们预测对了，天果真下雪了，刚才的预测就是知识；在这里，意见和知识的题材是相同的。而柏拉图认为，能得出意见的事物，就永远得不出知识；能得出知识的事物，就永远得不出意见。意见肯定是错误的，而知识肯定是对的。柏拉图的这些认识是错误的。

按照柏拉图的意思，哲学家要想成为一个卫国者，就得回到岩洞，同那些没见过实物的人在一起。照这个道理也可以解释耶稣为何来到世间，世间就是洞穴，世人就是等待启蒙、解救的罪人。但是人们又发现一个问题，既然世间万物是上帝创造的话，那么他为什么要建造一个洞穴呢？为什么不让世人直接见到阳光呢？

这是我们从基督教创世的传说中提出的矛盾，与柏拉图没有关系；并且柏拉图并没有承认上帝创造世间万物，他只承认上帝创造了美好的事物。

柏拉图接下来的描述很有意思，内容是要想成为卫国者必须接受哪些教育。他认为一个年轻人最终被选中必须在理智和道德方面都要优秀，要为人正直，勤奋好学，记忆出众。被选中的青年在20岁至30岁之间，要学习毕达哥拉斯派学说，包括数学、几何、天文、声学。学习的时候不能抱有功利性的目的，而是为了净化心灵，以便发现万物背后的永恒。

在当时，没有人去深刻分析星星的运动规律。希腊人认为天体运动中体现着数学的美，尤其是行星的运行轨道如果是一个圆的话。柏拉图总是强调善、强调美好，这就让人产生一种想法，能不能用一种假说将看似无规律的行星运动转化为有秩序的、美的、善的呢？如果能做到的话，就证明这个假说是对的。当时确实有人提出了这样的假说，这个人是来自萨摩斯的阿利斯塔克，他提出假说——包括地球在内的行星都是以圆形的轨迹绕着太阳运动。这种观点后来被亚里士多德否定了，他将这个假说归于毕达哥拉斯学派，因为他们也有类似的假说。再后来，这个假说又被哥白尼恢复了。哥白尼的成功间接证明了柏拉图学说在天文方面的假设是正确的。不过，后来开普勒发现行星的运行轨迹是椭圆的，而不是正圆；再后来牛顿发现这种椭圆也不是正规的椭圆。至此，柏拉图关于行星运行轨迹是圆形的假说彻底破灭。

这件事情给我们以启示：一个假说，只要它能推动人们对某一事物的认识，无论事后被证明有多荒谬，它都是有用的，但是，推动人们认识这一事物之后,这个假说便成了这一事物继续前进的障碍。出于对善、完美、信仰的追求所做出的假设,曾经对科学的发展做出了很大的贡献,尤其是在当时那个年代。不过,在后来成了一种障碍。苏格拉底与柏拉图——前者尤甚——的一些伦理方面的观念便严重阻碍了古希腊科学的发展。

有意思的是,柏拉图学说中将数学与几何看得很重,而且数学与几何也推动了柏拉图学说的发展;但是,近代的柏拉图主义者几乎没人懂数学。这是专业化罪恶的一个很有说服力的体现。

第十六章 柏拉图的"不朽"论

柏拉图有一篇对话名为《斐多篇》,内容非常有意思,描写的是苏格拉底在临死前的谈话。柏拉图在这篇对话中表达了自己最崇敬的人应有的优点:睿智、善良、藐视死亡。《斐多篇》对于自由思想家的重要性不亚于十字架对于基督教徒。《斐多篇》中的谈话后来发展为基督教的一些重要学说,成为神学的一部分;要是没有柏拉图,这部分神学将无人能解。

从《克里托篇》我们得知,苏格拉底的一些弟子和友人曾经计划帮他逃亡到特萨里亚。但是苏格拉底没有逃走,他认为无论判决公平与否,他都不能逃避。他提出了一个后来成为基督教教训的言论:"无论别人如何待我们,我们都不能抱怨。"苏格拉底还设想了自己同雅典法律之间的一场对话,最后雅典法律说雅典人民应该尊敬雅典法律,比儿子对父亲,奴隶对主人还要尊敬,如果你不喜欢雅典,你应该离开。苏格拉底决定留下来接受死刑。

临死之前苏格拉底被允许同亲友进行谈话,他支开哭哭啼啼的妻子，以免谈话被打乱。

苏格拉底同朋友和学生们说，具有哲学精神的人不惧怕死亡，但是不能自杀，因为自杀是违法的。他还解释了原因，他说人就好比是囚犯，时间就好比是牢狱，囚犯不能私自逃出牢狱。他还把人比作牛马，把神比作牧人，没有牧人愿意自己的牛马死去。这些解释带有明显的基督教思想。

苏格拉底认为死亡不过是将灵魂同肉体分离开来。这正契合柏拉图的观点，就是美与丑、善与恶、理智与感觉、灵魂同肉体都是一一对应的。基督教也应用了这个学说，但是并没有完全应用，因为那样就承认了上帝不但制造了善，还制造了恶。

认识到思想与实物之间的区别是从宗教上开始的，这一认识最早发端于认识到灵魂与肉体的分离。柏拉图想说明的也是这一点。

《斐多篇》中苏格拉底还宣扬了他的苦行主义。他的苦行主义的主旨不是提倡禁欲，尽管他也认为应该节制，但是他的主旨是哲学家不能成为欲望的奴隶。他平时不饮酒，但是比谁都能喝，且从来不醉。他提倡的是不要沉溺于酒中，而不是禁酒。同样，他认为哲学家不要沉溺于肉体的快乐，应该注重灵魂。

这种学说后来被歪曲了，变成了禁欲主义；哲学家应该做的其实不是禁欲，而是将兴趣转移到别的事情上。看来哲学家对待结婚生子也是抱着这样的态度，这就能解释为什么苏格拉底的妻子是位悍妇了。

苏格拉底继续说，哲学家将肉体同灵魂分离开来，但是其他人认为肉体快乐是人活着的唯一目的。这些人认为如果不追求肉体快乐，就会有德行。这是错误的。很多教士摒弃了肉体快乐，但是他们迷恋上了权势，打着教会的名义满足私欲；希特勒对感官上的享乐基本上不再感兴趣，而他心里的统治欲望却是最大的魔鬼。

柏拉图将许多后来影响基督教的知识都归于苏格拉底名下。苏格拉底说，眼睛看到的，耳朵听到的都不是真实的，身体是获取知识的障碍，真正的知识是通过思想体现的，而不是感官。这段话中，苏格拉底抛弃了所见所闻，抛弃了经验主义。当时的哲学家都不注重记录见闻，所以只能流传下来逻辑、数学之类的知识。但是逻辑与数学并不是实物，看不见、摸不着。接下来的一步，也是关键的一步，便是从看不见的数学、逻辑中提取理念，然后将理念等同于善，并认为善就是实在，因而推导出这个世界是真实的。后世一直有人试图证明善等同于实在，也就是真。但是，苏格拉底认为这是不言自明的。了解柏拉图的前提就是承认这一点。

苏格拉底还说，心灵摒弃肉体的欢乐，才能发现最好的思想，才能发现真、善、美、正义和事物的本质。这些都是眼睛看不到的，只有心灵能看到。因此，当我们沉溺于肉体的欢快之中时，是不会得到真理的。这种观点否定了科学上的观察和实验能获取知识。

肉体是我们同这个社会联系的媒介，柏拉图认为我们的肉体带有罪恶：一是阻碍我们看清这个世界，二是欲望的根源影响我们获取知识。

他认为人类的进食、生病、肉欲等都是肉体给我们带来的烦恼，这些烦恼阻碍了我们思想；还有战争、杀戮、党阀之争也是为了肉体的享乐，这让人不能安心从事哲学研究；肉体的种种麻烦会打断我们的思考和研究，使我们不能获得知识和真理。要想获得知识，就必须摆脱肉体，让灵魂独立；只有死后才能摆脱肉体，也就是只有死后我们才能获得知识和真理。因此，真正的哲学家永远在追求灵魂的独立。

柏拉图认为钱是引起战争的原因，而争夺钱则是为了肉体的享乐。这个观点的前半部分同马克思的观点一样。柏拉图认为一个人只要放低自己对生活质量的要求，完全可以不靠钱生活。他还认为哲学家不应该从事体力劳动。不从事劳动，哲学家只能靠别人生活。因此，在穷困的国家不可能存在哲学家，雅典则可以。看来，思想和知识的得来也少不了经济条件。

在这一点上，神秘主义的观点不同。苏格拉底认为智慧的得来需要依靠经济条件，但是印度或者西藏的圣人什么都不需要，只需苦坐参悟，便被认为是有智慧的圣人。

在《斐多篇》中，有人怀疑苏格拉底灵魂不死的说法，苏格拉底便对此进行了论证，但是我认为这次论证非常勉强。

首先，苏格拉底认为万物都有对立面，万物都产生于对立面。生与死是对立的，身体死去便将隐藏在身体中的灵魂激活。像种子一样，种子死去，生出一株植物。

接着，苏格拉底认为知识不是得来的，而是本身就有的，发现知识的过程就是不断回忆的过程。只有灵魂能得到知识，知识又是潜伏在人身上的，因此灵魂也就是一直存在的。

在《美诺篇》中，苏格拉底坚持知识就是记忆的说法，并进行了证明。苏格拉底问一个奴隶关于几何的问题，结论是奴隶掌握几何知识，但是自己并不知道。他因此得出，智慧一直潜伏在人身上的灵魂中。

但是，从奴隶口中得到的知识是片面的。奴隶不可能知道关于金字塔建造和特洛伊战争的问题，只知道那种人人皆知的逻辑和数学问题。而柏拉图把这些片面的问题等同于知识。

让我们举一个数学的例子来看一下这种说法对不对。数学中有相等这个概念，但是在现实中没有东西是绝对相等的，只能是大致相等。我们说一根棍子的长度是一米，这只不过是一种表述，现实中它绝对不可能正好是一米。因此奴隶知道的知识是错误的。即使假设有绝对相等这个概念，奴隶知道一根棍子的长度是一米也是基于经验的积累，年龄太小的奴隶可能就不知道，或者给出的答案差距很大。

还有，苏格拉底认为，只有我们生前是灵魂的状态存在，这样我们才能得到知识；但是，如果我们生前是灵魂状态存在，我们的今生又是来世的前生，那我们现在也应该是灵魂状态存在。这就产生了矛盾。因此，苏格拉底和柏拉图的知识就是回忆，生前已经具备的说法是错误的。

《斐多篇》中，听完苏格拉底的论证，西比斯说："你已经证明了生前存在灵魂，但是你还没有证明死后灵魂照样存在，同生前一样。"苏格拉底说："对立面之间互相产生，问题可以被拆分，这些都是发生在复杂的事物上。哲学上的理念是最单纯的、不可分解的，灵魂便是一个理念，是单一的，始终保持一个状态，因此是永恒的。好比美好的事物在不停地变，而美好是不变的。"

他还认为，灵魂借助肉体对这个世界进行感知的时候，就会陷入迷乱。肉体会将灵魂误导。而当灵魂摆脱肉体，他便变得睿智、纯洁。

哲学家的灵魂从出生起便脱离了肉欲的享乐，这样在他死后就可以同众神在一起。如果灵魂贪恋肉体的享乐，死后灵魂便会根据生前的所为进入动物的体内，来生变作牛马之类的动物。

只有真正的哲学家和爱知识的人的灵魂死后才能与神同在。这就是哲学家不贪图享乐的原因，因为身体不过是灵魂的暂住地，是一个牢狱。如果贪图享乐，那就是在牢狱中犯错，罪上加罪。为什么要节制呢？因为快乐和痛苦的感情会让灵魂和肉体结合到一起，灵魂终将被肉体误导。

有人说毕达哥拉斯认为身体是琴，灵魂是乐曲，琴碎了还会有乐曲吗？苏格拉底否定了这种说法，认为灵魂是单一的，乐曲是复杂的，灵魂不是乐曲。

苏格拉底进一步描述了自己对于灵魂的见解。他认为人死后,善者灵魂升天,恶者灵魂下地狱,普通人灵魂入炼狱。

在这篇对话最后的总结中,斐多说:"这个时代中,苏格拉底是最睿智、善良、正直的人。"

通过柏拉图的描写,我们认识了苏格拉底,他也成为哲学家眼中的典范。在伦理学方面,他的优点是胸襟宽广,临死前都不忘开玩笑。还有就是他坚持自己的真理。他的缺点也非常明显,那就是喜欢诡辩,并且有时候会有小人心态,比如沾沾自喜。他不惧怕死亡,因为他认为死亡是为了去与众神一起享福,这一点让人对他的勇敢表示怀疑。他不用科学的方式证明真理,而是自己建立起一套伦理学标准,并想尽方法证明宇宙符合他的标准,这是对真理的背叛。

第十七章　柏拉图的宇宙生成论

《蒂迈欧篇》中柏拉图提出了宇宙生成论。一件非常奇怪的事是,这篇对话中有很多错误,对哲学影响很小,但它是柏拉图作品中最有影响力的一篇。下面我们便仔细分析一下其中的原因。

在这篇对话中,主角已经不再是苏格拉底,而是蒂迈欧,一个毕达哥拉斯主义者。柏拉图继承了大多数毕达哥拉斯学说的观点。对话中蒂迈欧描述了从世界产生到人类诞生之间的历史。大致如下:

能产生理智的事物都是永恒的,能产生意见的事物都是可变的。世界是可以被肉体感觉到的,从中得到的是意见,因此世界不是永恒的,而是为神所造的。神是善的,他按照自己的要求来创造世界,使世界充满善和秩序。神将理智寄托于灵魂,将灵魂寄托于肉体,造出了人。世界只有一个，不可能有多个。世界是一个旋转的球，因为圆形是最美好的形状。

神用火、气、水、土四种元素创造了世间万物。因为是按照一定的比例创造，所以万物是和谐的、美好的，只有神能将这种美好收回。

神先创造了灵魂，后创造了身体，并将灵魂安于身体之中。

这是关于神创造世界的解说，接下来蒂迈欧又解说了行星以及时间的起源。大致如下：

造物主看到自己创造出来的生物，满怀欣喜。他决定让这些临摹出来的生物像原本一样永恒，但是世间的生物是有生命的，不可能永恒不朽，于是他决定制造一种影像，这种影像本身是永恒的，它还包含着世间万物，它便是时间。

在有时间之前，世界上不分昼夜。昼夜更替让我们认识到时间，时间让我们认识到数目，数目让我们认识到哲学。这就是神创造时间最大的作用。

造物主还创造了四种动物：神、鸟、鱼、陆上动物。造物主声称可以毁灭神，但是他不会这样做。造物主创造的都是不朽的东西，他让神去创造其他可朽的东西。这些说法不能太信。

蒂迈欧继续说，造物主创造的灵魂有各种欲望，懂得高兴、愤怒和爱情；只有摆脱这些欲望，人死后才能获得幸福。如果生前作恶多端，来世则会变成女人或者畜生。神不仅在地球上塑造灵魂，还在月亮和其他星球上塑造。

推动万物发展的是因，因分两种。第一种是理智的，是美好事物的推动者。第二种是被别的因推动产生，并将推动别的因；这种因是无序、混乱的推动者。这两种因往往一起作用，因此蒂迈欧又对其进行了探讨。

蒂迈欧接着又说，构成世间万物的元素并不是土、气、火、水，而是两种直角三角形。这两种三角形被认为是最美的形状，因此神按照它们的形状来排列元素，塑造万物。用这两种直角三角形能构成多面体，每一种多面体都相对代表一种元素。

后来欧几里得曾经详细描述过多面体，但在柏拉图那个年代，这还属于新鲜发现。最早由一个叫泰阿泰德的年轻人发现了正五面体，后来他又发现了正八面体和正二十面体。

由于这三种多面体的表面都是直角三角形，而正十二面体的表面是五边形，所以没法儿与土、气、火、水四种元素联系起来。因此柏拉图称正十二面体为"神创造世界的第五种方式"。也正因为如此，五边形被毕达哥拉斯学派看得非常重要，并将其作为社团符号。五边形的重要性还延续到后来的巫术中。将五边形看作宇宙中的特殊形状，在现在看来是没有什么意义的。

接下来，蒂迈欧将人的灵魂分为两类：不朽的和可变的。造物主造出的灵魂是不朽的，众神造出的灵魂是可变的。众神造出的灵魂要经受感情的折磨，快乐、痛苦、恐惧、愤怒，等等，它们会让人分不清善恶，变得愚蠢，失去希望。众神将这些感情同一些必然性掺和到一块，造就了人类的灵魂，这些灵魂会在人死后腐朽。

《蒂迈欧篇》中还有关于生理方面的论述，非常有意思。例如，吃下去的食物进入大肠，食物被储藏在那里，免得人变得贪婪。如果今生懦弱，来世将变为女人。不相信数学，认为不学数学也能懂天文的话，就会变成鸟。不懂哲学的人将变为野兽，愚蠢的人将变为鱼。

《蒂迈欧篇》结束了，其中所讲的内容有的非常有意义，应该仔细研究，有的则只是一些神话和幻想。但是将它们分开是很难的。我认为应该得到重视的有：造物主创造世间万物的秩序；四种元素之间的比例，及其对应的多面形构成的世间万物；人的灵魂中既有必然性的成分，也有被神添加进的感情成分。其中关于人与动物之间关系的内容也有道理，但是详细地去说变为鸟、鱼则没有意义。

这篇对话是柏拉图对话中对中世纪影响最大的一篇，全篇中的每一个细节都值得研究，无论是严肃的部分还是幻想的部分。

第十八章　柏拉图哲学中的知识与知觉

现在来看，知识来自知觉是天经地义的，但是柏拉图以及当时的哲学家并不这样认为。他们认为通过感官得出的不能称为知识，知识必须是一个概念。比如，"2+2=4"是知识，而"雪是白的"则不是。

之前的巴门尼德也持这种观点，但是真正将其用形式确定下来的还是柏拉图。这一章中主要讨论柏拉图对知识和知觉的认识。他对两者的看法主要集中在《泰阿泰德篇》前半部分中。

《泰阿泰德篇》中的谈话原本是想给"知识"下一个明确的定义，但是最后没有做到。

泰阿泰德首先提出，他认为感知了事物，便拥有了关于这个事物的知识，知觉就是知识。苏格拉底引用普罗泰戈拉"人是衡量万物的尺度"的观点，认为按照这种说法，每个人对同一事物的知觉不一样，则得到的知识也不一样。

接下来的一大段对话都是在讨论知觉的特点，最后得出的结论是，知觉给人带来的信息不是知识。

苏格拉底运用了赫拉克利特的观点，那就是万物都是变化的。如果真是这样的话，事物不断在变，感官也不断在变，那么知觉也会随之而变。苏格拉底举例说，他身体好的时候觉得酒是甜的，有病的时候觉得酒是酸的。按照赫拉克利特的说法，知识也是不断变化的，这样知识就成了实物而非概念了。实际上知识应该是不变的。

一些人质疑普罗泰戈拉的"人是衡量万物的尺度",他们说为什么不把猪和狒狒当作衡量万物的尺度呢?做梦和陷入疯狂时的感觉作为衡量万物的尺度有效吗?如果每个人都有自己的标准,每个标准都是对的,那么世人将同样聪明,也同样愚蠢。

对这些质疑,苏格拉底为普罗泰戈拉进行了辩护。对于猪和狒狒的问题他认为是胡闹,不予回答;他认为人在梦中的认识是有效的。对于每个人都同样聪明,同时同样愚蠢的问题,苏格拉底回答:标准之间没有真假之分,但是从后果上可以判断出好坏。其中暗示了实用主义。

尽管给普罗泰戈拉辩解,但是苏格拉底自己对此也产生了怀疑。因为当医生给他看病的时候能预知他的病情,聪明的人比愚蠢的人更能预测到国家将要颁布什么法令。最后他与泰阿泰德的结论便是,睿智的人能更准确地衡量万物。

由"知觉就是知识"推出"人是衡量万物的尺度",现在后者被否定了,前者也被提出了质疑。

其次,要批评一下赫拉克利特的学说。事物的变化表现在两个方面:一种是事物运动,另一种是性质的变化。但是赫拉克利特的弟子们认为,事物在这两方面永远在变,不停地在变,全部性质都在变。按照这种说法,我们不能说"这张纸是白的",因为在说的过程中纸可能就不是纸了,也不是白的了。按照这种说法,知觉随时在变,就不能说"知觉就是知识"了。

按照上述论证,无论事物怎样变,至少应该保证在一定时间内,一部分性质是不变的。不然的话,将没有一个判断是正确的。我们讨论知识的前提就是事物的某一部分必须是稳定的。

下面是柏拉图反对"知觉就是知识"的最后论据。柏拉图认为眼和耳朵只是知觉的工具，但不是思考的工具。感官不能对一件事物的好与坏做出判断，感官只能感觉到事物，做出判断的是心灵。知识在于思索而不是印象，所以能获取知识的是心灵，而非感官。因此知觉不等于知识，更不等于真理。

柏拉图一共提出了三个论据来反对"知觉就是知识"，下面我们一一来分析这三个论据：

（1）知觉就是知识；

（2）人是衡量万物的尺度；

（3）一切事物都在流变。

第一个论据是柏拉图的主要论据。柏拉图通过比较法、存在说和对数的了解来论证，上述三点都是知识最基本的特性，但它们不是来自感官。下面是一些具体的例子。

先来比较一下相似与不相似。我眼前有两种颜色，不管它们是否相似，我感受到的是知觉，而不是根据知觉做出的判断。因此，知觉就是我们感受到的实在的事物，不等同于知识。知觉包括物理上的和心理上的两层含义。例如，"我看见一张桌子"中，"我"与"桌子"都是客体，两者之间的关系是逻辑的、物理的。我们对桌子的第一反应和呈现的影像形成了一种判断，是大还是小，是黄色还是红色。这种判断被称为"知觉判断"，是心理上的。说"知觉就是知识"是不对的，可以说"知识就是知觉判断"。

还是说两种颜色的例子，柏拉图认为我们只能感觉颜色，但是不能感觉两种颜色是否相似。柏拉图误以为所有感官都是在人体表面，而忽视了大脑皮质。

接下来谈的是存在，这也是柏拉图强调的一点。他认为有一种思想可以同时包括声音和颜色，那就是存在。所有事物都含有存在，存在也是心灵能够把握的事物之一。只有认识到存在，才能认识真理。

柏拉图对存在的认识犯了语法错误，下面就是我提出的反驳。假设你对一个孩子说"狮子存在，而麒麟不存在"，并把他带到动物园指着狮子说"看，这就是狮子"，以此来证明自己的话；如果你是一个哲学家，说"看，这就是存在"，那就毫无意义了。柏拉图犯的就是这种错误，存在只用来描述事物，没有事物就没有存在。

再假设，我们看着眼前的颜色，可以说"这是我的知觉"或者"我的知觉现在存在"，但是不能说"这存在"。存在必须有客体。

下面谈一下数。数分两种：一种是算学，一种是经验。"2+2=4"属于前者，"我有10个指头"则属于后者。

柏拉图认为算学不是来自知觉，同理适用于其他纯粹理论。数学命题正确与否关键在于符号，这些符号的意义大概是"相等""不相等""全部""一部分"，等等，这与现实世界没有关系，并不指代具体事物。纯粹数学范围内，无须知道世间万物，依旧可以研究数学。由此可知，数学的真理与知觉无关。

经验命题，如"我有10个指头"，就不同了，它显然是需要知觉的。"指头"就是来自知觉；不过，"10"这个概念是抽象的，并不来自知觉。这是我们给它的定义。我们可以用别的数目来代替"10"，如果我们最开始把太阳的颜色定义为绿色，那今天所有红色的东西都会被改称为绿色，但是这并不影响它们的本质，太阳依旧会刺眼。

我们有10个指头，但是我们的指头中不包括"10"这个元素，这个"10"是我们人为地给指头数目下的一个定义。

严格来讲，数是一种形式，一种逻辑。我们说的"两个""相等"之类的关于数的概念，远比"自由神像""乔治·华盛顿"之类的命题复杂得多。后者都是涉及特定时期、特定主体或者特定事件。但是前者是抽象的，只是一种形式，或者一种符号，它没有特定对象。由此我们也可以说，数是永恒的。但无论如何，数并非实物，是虚构的。

还有，柏拉图曾经说过，声音与颜色在一起就称为"两"，单独拿出其中一个就是"一"。这其中也有语法错误，我们可以说"地球有一个卫星，那就是月亮"，但是不能说"月亮就是一"。这个一，可以指数量，也可以指一个类别，但是不能用于事物。"一"是个单纯的数，是用来表量的，而不是表质，我们可以说月亮是圆的，不能说月亮是一。

以上证明了逻辑与数这类知识不是来自知觉，柏拉图也证明了这一点。但是他的证明过程是错误的，尽管他的结论是正确的。

第二个论据是"人是衡量万物的尺度"，还有人认为应该是"每个人都是衡量万物的尺度"。这里必须要区分知觉与推论，自己感受到的属于知觉，你知道的别人的知觉是推论来的。

推论同知觉一样属于个人行为，凡是我所信的，必有相信的理由。比如法官在听取他人证词的时候，如果仔细听，会发现证词中的判断比自己主观的推论更准确，这样法官就会以证词为依据，而不是自己主观的判断。这说明他承认别人比自己在这件事情上更有智慧。从这个角度上来看，普罗泰戈拉的论点中并没有否认自己会犯错。柏拉图从普罗泰戈拉那里推论出的知识将进入无政府状态，如果我的上述推论正确的话，柏拉图也将是正确的。但是经验主义者不承认这一点，他们坚信知觉可以判断推论正确与否。

一切事物都在流变，柏拉图歪曲了这个学说。事物是不断发展变化的，但是我们在看见某一事物，并说出它的特质的时候，就不能说在说的过程中这一特质就已经变了。我们说这个苹果是红的，不可能等我们说完，这个苹果就已经变成不是红的了。事物是不断发展的，但是在观察发展的时候应该有参照和标准。

同时，要想进行讨论，就要先给讨论用的文字明确一个定义。但是这样做容易导致绝对化。文字的含义是在不断变化的，含义的变化是依照它描述的事物的变化而变化。上述这些不适合数学和逻辑领域，这些领域不要求规定文字的含义。柏拉图受毕达哥拉斯的影响，将数学领域的知识视作其他领域的知识的根本，所以会犯下错误。

第十九章　亚里士多德的形而上学

对待亚里士多德，我们应该从两个方面来看。和前人比，他取得了伟大的成就；但是参照后人，他也犯下了巨大的错误。在他的错误方面，后人也负有责任。亚里士多德死后一千多年间，没有出现与他匹敌的哲学家，因此这段时期内他是绝对的权威，包括在科学方面。这样，他就成了思想和科学发展的障碍。从17世纪至今，每种新学说的提出都是从推翻亚里士多德开始的。我们在介绍他的时候，必须将他身后的荣誉和错误放到一边。

亚里士多德于公元前384年左右生于色雷斯的斯塔吉拉。他的父亲是马其顿王的御医。他18岁到雅典拜柏拉图为师，在雅典待了二十年，直至柏拉图去世。此后他开始游历，相传他做了亚历山大的老师，当时亚历山大13岁，已经被指定为马其顿王位继承人。关于两人之间是否是师徒关系，一直有争议。黑格尔就认为，亚历山大在事业中表现的哲学思想可能师承亚里士多德。

尽管亚历山大酗酒、残暴、迷信，等等，但是不能抹杀他的功绩，他保全了希腊文化的传统。我在亚历山大身上看不出亚里士多德的影子，亚历山大任性且冲动，不像是受过教育的人。即使亚里士多德做过他的老师，他也不把这位父王派来的老师放在眼里。亚历山大对希腊文明的敬意是当时外来人的通病，不能看作亚里士多德的功劳。

在政治方面，亚里士多德与亚历山大几乎没有交集，亚里士多德的学说中国家是城邦制,但是在亚历山大那里国家是帝国制。

从公元前335年开始,亚里士多德在雅典创立学园,专心著作。至公元前323年,亚历山大去世,雅典人开始报复亚里士多德,并以不敬神之罪判处他死刑。但是他逃到了外地,并在第二年死去。

作为哲学家,亚里士多德是独特的。他的教学方式是教授式的,他的著作是系统且有条理的。他的著作中没有激情主义,淡化了宗教成分,语气平凡但是富有内涵。他最擅长的是描写细节与进行批判。前人犯的错误大多是因为年轻而自高自大,而他则是因为年老依然没有摆脱世俗和偏见。

想要描述亚里士多德的形而上学,最好的切入点应该是他对理念论的批评以及他自己的共相学说。他反对理念论,并提出了许多论据。他举例说,人是动物,理想的人就是理想的动物,那么有多少种人就有多少种理想的动物。他的意思很明确,当个体共享一个谓语的时候,并不是因为这些个体之间有关系,而是因为这些个体都与某种理想中的事物有关系。这一点虽然得到明确,但是亚里士多德没有说清楚,这也导致了后来无谓的争论。

亚里士多德之所以难以理解,是因为他的学说将柏拉图学说与常识感学说掺到了一块。这两者本身是很难融合的。因此,我们要想搞明白亚里士多德,最好的办法是先分析其中的常识感学说,再分析另一半,即柏拉图学说。

从某种角度来说,共相论很简单。他认为语言中有专名词和形容词之分。专名词又分为两类:一类是特指的,如太阳、月亮、法国等;另一类是泛指的,如人、狗、猫等。共相论要讨论的则是泛指的这一类,以及形容词的意义。他认为,"共相"的意思就是可以用于描述许多个主体的东西,不能被这样描述的就是"个体"。

专名词所指的东西是"实体",而形容词所指的东西称为"共相"。

共相与实体的区别举例来说,"这个"是指实体,"这类"指的则是共相。亚里士多德认为共相名词与实体名词是不可能转换的,因为实体是特有的存在,共相是共同的品质,两者没有交集。

亚里士多德的学说非常通俗。因为有许多东西是红的,所以我们才说有红;因为许多事情是美好的,所以我们才说有美好。这两者之间的关系不是相互的,红的脸蛋有时也会变得苍白,美丽的花也会枯萎,但是脸和花的本质没变。由此得出,形容词是依赖于专名词存在的,专名词的存在与形容词无关。这就是亚里士多德的观点,不过其中有偏见。

如果再把这个理论细究下去,则有些困难。我们可以说红不能脱离主体独自存在,但是可以说它脱离红脸蛋和红苹果上的存在,它还可以体现在红太阳、红花上。这样,主体与性质之间的关系就变得非常虚幻了。

这些矛盾其实源自哲学语言与现实语法之间的区别。语法中,语言可以被分为专名词、形容词以及关系字。我们说:"约翰很聪明,詹姆士很傻,约翰比詹姆士更高。"其中的专名词是"约翰"与"詹姆士",形容词是"聪明"与"傻",而"更高"则是关系字。在亚里士多德以及后来的哲学家那里,他们只看到专名词和形容词也就是共相,而忽略了关系字。如果将现实语法改造成哲学语言,那就不会有矛盾了,不过那样问题也就变了。

共相论是非常重要的一个进步,不过当时亚里士多德并没有将它阐述清楚。

亚里士多德和他的学派还创造了一个非常重要的名词——本质。"本质"不等同于"共相",本质是指"你之所以是你的本性"。没有了这样的本性,你就不再是你。个体与品类都有本质,这个名词在后面还要讲到。

关于亚里士多德的形而上学,还有很重要的一点是"形式"与

"质料"的区别("质料"不同于与"心灵"相对立的"物质")。例如，大理石雕像中，大理石是质料，塑造的形状是形式；铜球中铜是质料，球形是形式。

他继续说，事物的实质是凭借形式使得质料成为某种东西。他认为东西肯定有界限，这种界限构成了东西的形式。如大理石雕像的形式是它的形状，如果不把大理石从山中开采出来进行雕刻，把它同山中乱石区分开来，那它的实质就是石头，而不是大理石雕像。是形式让质料有了实质，是事物的界限让它有了形式。

亚里士多德还有一个观点，那就是人的心灵是形式，身体是质料。这里的形式不同于形状。是心灵让一个人成为人。眼睛的目的是看东西，脱离了身体便不能看，其实真正在看东西的是灵魂。形式无论体现在物上，还是人身上，看似都有目的，在这一问题上是统一的。这是我们能认识到的形式，它的其他方面则非常复杂，很难理解。

亚里士多德还说，形式是一种事物的原始实质。在一个人制作出铜球之前，铜已经存在了，球形也存在，他需要做的不过是将两者结合起来。质料同形式都非他所造。也并不是每件事物都有质料，有形式的质料变成了实物，没有形式的质料是一种潜能。

亚里士多德认为形式是实质，与质料没有关系。他认为形式与共相不同，但又有很多相似之处。他认为形式的实在性强于质料。策勒在评价这个问题时说，尽管亚里士多德坚定地追求真理，但是他的"形式"同柏拉图的"理念"一样，都是形而上学的。

如果他承认同一形式可以体现在不同事物上，例如某人制造的两个铜球都是圆的，则两个铜球具有同一的形式，但他应该不会有这样的主张。他应该会说两种事物不可能拥有同一的形式，那么我们不得不说，这两个铜球都有其特殊的球性，这一特殊球性既是实在的也是个别的，既是一般"球性"的例子，但又并不等同于它。不过根据上文所述，我想这种解释很难被接受，而且还有可能遇到另一种反驳，即在亚里士多德的观念里，特殊的球性应该是不可知的。按照他形而上学的观点，事物的形式越多，质料越少，本质就越可知。因此想要知道更多，就得让事物体现出更多的形式。这就与他前面的观点产生了矛盾，即事物的形式便是它的实质。

在亚里士多德看来，形式与现实、质料与潜能是对应的关系。拥有的形式越多，事物则越现实；形式会在质料的基础上变幻出更多形式，因此质料是一种潜能。这种不断的变化被称为演化。按照这种学说整个宇宙都在朝着好的方向发展。

亚里士多德对"潜能"这一概念应用不当，我们可以说"一块大理石是一座雕塑的潜能"，但是将"潜能"当作一个不能再简化的、单纯的概念是不对的，它包含着太多混乱的思想。

在神学方面，亚里士多德的学说与其他领域的学说一脉相承。他思想中的"神学"其实与我们现在说的"形而上学"是一个意思。

他将实质分为三种：第一种是既可以感觉又可以毁灭的，如动植物；第二种是可感觉但是不可毁灭的，如日月；第三种是感觉不到也不会毁灭的，如灵魂、神。

他认为思想是美好的东西，所以神拥有纯粹的思想。思想是形式，它的体现是生命，所以神也有生命，并且是永恒的生命。神是最美好的、永恒的生物，他的生命延续不断。

他口中的神与基督教中的神有区别，前者不如后者神通广大。他口中的神是完美的，不能再在他们身上寄托任何东西，那样就会破坏他们的完美。神在思想方面是纯粹的，他不考虑世间的俗事，只对思想进行思考。

当时除了神之外，天文方面的研究还发现了其余的"不动推动者"。这是一个令人费解的概念，我们会在下面讲到。其余的"不动推动者"估计有47个或者55个。亚里士多德也谈到了这一点。

我们来解释一下什么是"不动推动者"。原因被亚里士多德分为四类：质料因、形式因、动力因、目的因。举例：大理石是雕像的质料因，雕像的本质是形式因，锤子、凿子、石头之间的碰撞是动力因，为什么要制作雕像是目的因。"不动推动者"是一种目的因，为变化提供目的。

亚里士多德的学说中宗教气氛很淡，但是在这里有所涉及，我们顺便说一下他在宗教方面的思想。

神拥有最为完美的纯粹思想，他没有任何目的，且唯有神只包含形式，不含有任何质料。世间到处充满了不完美，他们能感觉到神的存在，并被神推动向前发展。所以神是目的因。推动的手段是将形式与质料结合，整个世界都在朝着偏重形式的方向发展，也就是朝着神的方向发展。这是一种演化论，尽管质料不可能被消灭的特点使得这种变化过程不可能完成，但是我们可以发现其中包含着生物学知识。

上面对亚里士多德的理解有片面性，其实希腊人的思想喜欢静态，不喜欢变化。亚里士多德也是如此。

关于亚里士多德是否赞成"灵魂不朽说"有很大的争议。阿维罗伊和伊壁鸠鲁派都认为亚里士多德不曾赞成过。亚里士多德的学说复杂而不明晰，容易被误解。《论灵魂》中亚里士多德认为灵魂与身体是合二为一的，看似灵魂将随着身体一起腐烂掉。但是他又认为灵魂是形式，肉体是质料，两者比较是没有意义的，并认为灵魂是身体的目的因。

《论灵魂》中，亚里士多德将"灵魂"与"心灵"两种概念区分开来，他认为心灵比灵魂还要高，将心灵看得更重。他认为心灵出于灵魂，高于灵魂，是一种不可毁灭的独立实质。心灵能理解数学与哲学，数学与哲学是不受时间限制的；灵魂对感觉进行思考，心灵的思考与感觉无关，思维能力更强。因此，心灵是不朽的。

为了更好地理解亚里士多德关于灵魂的学说，我们有必要先理顺前面的知识：他认为灵魂是形式，身体是质料。形式只是空间中的形状的一种，两者之间的共同点体现在都与质料结合。灵魂的本质是使人体成为整体，并且行动有目的性。离开身体眼睛就看不见东西，因为它同时离开了灵魂。看来形式就是事物的实质，能赋予实质的便是灵魂。心灵与身体联系不大，它不考虑实际问题，没有目的。

　　这样的观点在《尼各马可伦理学》中也有体现。灵魂中有理性的和不理性的成分，不理性的成分又分为两类：一类是单纯的生物发育，一类是邪恶的欲念。理性的部分便是沉思。人之所以为人是因为体内有神圣的东西，人的生活、理性都是神圣的。有人说人应该随遇而安，但是我们应该努力将体内神圣、美好的部分发挥到极致。

　　从上述话中可以看出，个人的理性是神圣的，不是简单的个人私事。真正属于个人的、个性的事情，是体内不理性的部分。有人喜欢吃肉，有人喜欢吃水果，这就将人与人区分开来。但是到了理性方面，每个人背出的乘法表都是一样的，没有个性。不理性将人区分，理性将人结合。之所以说理性是不朽的，是说人体内的神圣部分是不朽的，是神不朽，并不是人不朽。

　　我们从上面亚里士多德的观点中没有发现他承认"灵魂不朽论"。他的意思是人的灵魂中理性的部分是不朽的，因为理性分享神圣，神圣是不朽的。灵魂中的理性部分可以增加，也就是现实中的德行可以增加。

第二十章　亚里士多德的伦理学

　　亚里士多德著作中关于伦理学的部分，大多被证明出自其学生之手。即使少数被认为出自亚里士多德的部分也存在争议。我们在这里不考虑这些问题，将它们当成一个整体来研究。

在伦理学方面，亚里士多德的观点是当时社会中通行的观点。这些观点非常正派，没有柏拉图的神秘主义与颠覆传统的内容。但是将当时的行为准则应用于后世就比较不合适了，其中的很多行为规范后来被人用来压制青年的热情，这也是人们憎恨这种伦理的原因。

亚里士多德认为善是灵魂的活动，是美好的。他赞同柏拉图将灵魂分为理性与不理性两部分。他还在此基础上将不理性分为两类。在我们追求善的过程中，从某个角度讲，不理性的部分也变得理性。

灵魂分两个部分，道德也分两种：理智的与道德的。理智的道德源自数学，而道德的道德源自生活。要想获得道德，立法者应该在平时的行为中入手，行为道德了灵魂便会道德。刚开始使人行为道德要用逼迫手段，直到人们在其中发现快乐。

亚里士多德有一种关于德行的中庸之说，即每种德行都有两个极端，每种极端都是罪恶。例如，懦弱与莽撞是勇敢的极端，傲慢与下贱是谦逊的极端，唯唯诺诺与放浪形骸是光明磊落的极端。真理性原则不适合这种说法。

亚里士多德在道德问题上的看法，大多是当时贵族社会的世俗观念，与今天有很大差异。在现代，正义包括平等，亚里士多德则认为正义不包括平等。

他所说的正义是有区分的，父亲有父亲的一套正义，儿子有儿子的一套正义。奴隶能否成为主人的朋友？亚里士多德从正义的两个角度进行了分析。作为工具来说，奴隶不过是活工具，工具不可能与人成为朋友；作为人来讲，人与人之间可以交友，因此奴隶可以与主人交朋友。

父亲可以不认儿子，但是儿子不能不认父亲，因为他欠父亲的永远偿还不完；每个人做出的贡献不同，应该接受的爱也不同；丈夫、父亲、国王应该比妻子、儿子、百姓受到更多的爱。美满的婚姻应该是男女各主其事，互不干涉。

亚里士多德按照自己的标准认为，最好的人应该可以骄傲，但是不能太过。不能看不起自己，可以鄙视该鄙视的人。这与基督教中完人的标准大不相同，也反映了教内教外的伦理差异。

拥有善最多的人，就是价值最高的人。这种人在社会中非常少见。之所以少见并不是拥有德行太困难，而是拥有德行靠的是权势和特殊身份。在亚里士多德的学说中，伦理学从来都是和政治学联系在一起的。他认为君主制是最好的政府形式，其次是贵族制。他认为君主和贵族是价值最高的，拥有德行最多，但这也是普通老百姓学不来的。

这引发了一个问题，这个问题可以说是伦理的，也可以说是政治的。如果一个社会根据自己的政治体制，只将最好的资源供给少数人享用，这是否是道德的？柏拉图与亚里士多德都认为这是道德的，民主主义者、基督教徒、斯多葛派认为这是不道德的。基督教徒与斯多葛派注重德行，认为德行是最美好的事物，正义在他们眼中影响很小。民主主义者注重权利和财产，最起码在政治领域内应该公平，要不然就是不正义的。

斯多葛派与基督徒认为德行是不分身份的，而亚里士多德认为奴隶和奴隶主的德行不应该一样；前者认为骄傲是一种缺点，亚里士多德则提倡骄傲；前者赞赏谦卑，亚里士多德则认为谦卑有罪。柏拉图与亚里士多德认为德行有高低之分，理智德行最高。基督教则不承认德行有高低之分，为的是让所有世人，包括最底层的人也能拥有德行。

亚里士多德将伦理学与政治学联系到了一块，认为只有少数几个人能享有最高的德行。如果他的想法是为了有一个更好的社会，而非只为少数几个人着想，那么这种社会中的民众之间就少不了高低之分。

管弦乐队中的小提琴要比双簧管重要得多，尽管谁都不能缺。这也体现在近代的政府体制中，近代的民主国家中无论是哪个国家，无论它多么民主，都会将权力集中在总统或者首相一个人身上。他们身上必须有不同于凡人的品质。人们对他的尊敬肯定多于普通工人，这种更多的尊敬其实就是亚里士多德所说的"伦理"享有更多的德行。

基督教将德行与其他优点区分开来，更像我们今天这样。你会写诗、画画，并不代表你是有德的；才能不是道德，并不是有才能就更容易进天堂。道德更重要的体现是如何选择，当面临事情的时候，往往有两个选择——一善一恶，或者有一个相对更善，做对了选择便是有道德的。道德的重点在于避免邪恶，而不在于选择积极。因此，并不是聪明的人就比愚蠢的人更有道德。这也使得很多优点被排斥在道德伦理之外。

这种观点在近代遭到了一些哲学家的反对，他们认为应该先给"善"明确定义，然后再考虑如何实现。

伦理学中，德行有时被看作目的，有时被看作手段。亚里士多德将德行看作手段，获得幸福的手段。但是又将德行包括在目的之内，灵魂以德行为目的进行追求，就能得到善。我认为亚里士多德的意思是：实际行动中德行是手段，作为最高的理智的德行，它是目的。基督教认为，道德本身比作为手段获得的结果更好，人们喜欢道德是因为它本身，而不是以它为手段产生的结果。好心有时候会办坏事，不管事成与否人们都喜欢"好心"，对结果则不然。除非将善定义为德行，不然所有的德行都是追求善的手段。亚里士多德大体同意这一点。

亚里士多德还在《伦理学》中拿出不少篇幅来谈论友谊及其他感情问题。他认为完美的友谊只存在于德行高的人之间。人不应该同比自己地位高的人做朋友，因为身份有高低，付出与得到的爱便有高低。

也不能同神交朋友，因为神不爱我们。他还说善人会爱自己，恶人会恨自己，因此善人能同自己交朋友，恶人则不能。他还认为人需要同类，无论是好事坏事，人都愿意同朋友分享。

在亚里士多德的观念中，快乐不同于幸福。他列举出当时流行的三个关于快乐的观点：(1) 快乐一直都是不好的；(2) 个别快乐是好的，大多数是不好的；(3) 快乐是好的，但不是最好的。他用痛苦来反驳第一点：痛苦是不好的，那快乐就应该是好的。他还认为快乐不单是来自肉体。无论是什么动物，都会感到快乐，但只有人的快乐来自理智。他还认为神享受的快乐是单纯的。

到此为止，亚里士多德的观点都是常识性的，下面这一观点是唯一一个非常识性的。他认为有德的行为造就幸福，越有德越幸福。最好的幸福是静观状态的，战争、动乱都是动态的。静观导致悠闲，悠闲是幸福的本质。次等的幸福是作为手段的德行。人不可能处于静态，但是动态中的生活依然分享着理智的神圣；哲学家最理智，因此是最幸福的。

谈到这里，《伦理学》便结束了，剩下几段是向下一章的过渡而已。

最后，让我们探讨一下《伦理学》的优点和缺点。与其他学说不同，伦理学没有对错之分；我们可以在天文学方面说亚里士多德错了，但是不能在伦理学上这样说。这里总结的三个问题既是关于亚里士多德的伦理学的，也可以放到其他研究伦理学的哲学家身上。问题是：(1) 亚里士多德的伦理学是否存在内在一致性？(2) 他在伦理学上的观点是否与他在其他学说上的观点一致？(3) 他的伦理学观点符不符合我们个人的伦理观念？

下面我们依次来考虑这三个问题，依据是《尼各马可伦理学》中的伦理理论。

（1）亚里士多德的伦理学大体是一致的。其中善就是幸福，幸福的体现是成功。这一学说非常好。"德行有两个极端"这一中庸说则不太好，它不符合亚里士多德的理智静观论；不过可以辩解说，德行的中庸之道与实践的德行有关，而与理智的德行无关。立法者应该引导青少年从生活中发现快乐，他同样可以引导青少年走入歧途，因此就有必要要求立法者拥有更高的智慧。这跟柏拉图的观点相似，领导者必须更有智慧。这是一个政治问题，而非伦理学问题。

（2）亚里士多德的学说是形而上学的，伦理学也不例外。他认为目的因在引导科学发展，这就暗含着他相信宇宙发展的目的论，即宇宙为了某一个目的而发展。他认为变化体现在"形式"的变化中，追求德行会增加"形式"变化，从而推动变化。他有一部分伦理学不是形而上学的，但是并没有与其他部分相违背。

（3）亚里士多德的伦理学中强调不平等，这会让近代人感到别扭和不适，但是我们将其拿到自己身上来看的时候，发现这种不平等是存在的。他不但说不同地位的人享有不同的正义标准，还主张将最好的资源供少数人享用。

康德受基督教的观点影响，认为每个人都是平等的。如果是这样的话，两个人发生争斗，怎样决定谁对谁错呢？没有地位之分，谁又该做出让步呢？边沁和功利主义者认为正义就是平等：如果两人发生冲突，应该让正义的一方获胜，也就是让持有更多幸福的人、好人获胜，应该将幸福更多地分配给更有德行的人。按照这个观点，正义与否只与拥有的幸福量的高低有关，与阶级、地位无关。这与柏拉图和亚里士多德对正义的观点不同。

柏拉图与亚里士多德对正义的观点流传至今，他们认为人或物都有界限，越界就是非正义的表现。人的能力、地位不同，界限也不同，或大或小。界限越大享有的幸福越多，天经地义。

亚里士多德学说中感情色彩很淡，他谈到了许多人的苦难，但是并没有表现出仁慈。他很理性，也很铁血，将这些苦难归为罪恶。

也可以说《伦理学》是冷冰冰的，缺乏人类的温情，当时的哲学氛围便是如此。他的阐述中透露着一股傲慢，没有一丝对他人的关怀。在道德描述上可以看出，他没有经历过多少苦难。他的学说适用于那些闲适的人，或者是无欲无求的人。但是对于苦难、对于宗教，他没有提出什么建议。因此，《伦理学》终究是一本存在内在缺陷的书，作用不大。

第二十一章　亚里士多德的政治学

亚里士多德的政治学反映了当时人们的集体偏见，但是其地位非同一般，是此后至中世纪末许多规范制度的来源。这些政治学说对当代影响甚微，但是能作为史料辅助今人了解当时的政治情况。他在这些学说中很少提到国外的政治制度，有也只是顺口提及，甚至连亚历山大的帝国也没有提及。他完全沉浸在城邦制当中，并没有意识到城邦制已经走到了尽头，将成为历史。希腊境内有众多城邦，这也为他的研究提供了实验基地。

在讲到正文之前亚里士多德说了很多有意思的事情，比如最佳的受孕时间应该是冬天刮北风的时候；下流的话会引导人做下流的事情，因此不能说下流的话；太早结婚的话，容易生下体弱多病的女儿，妻子变得淫荡，自己停止发育；最佳结婚年龄应该是女子18岁，男子37岁。

开场白结束后，进入正题。一开始，他就点明了国家的重要性：国家是最高层的集体，国家存在的目的是至善。夫妻组建家庭，家庭结合为乡，乡结合为国家。人、家庭、国家中，国家性质最优，因为全体优于部分。例如，手被砍下来就不能称为手了，因为它失去了手的功能，只有依附于身体上才能发挥作用。同样，人脱离了国家也不能成事。他还认为人是最坏的动物，有了法律才得以纠正，国家是法律存在的根本；建立国家不仅仅是为了聚在一起生活，更重要的是追求善。

国家是由家庭组成的，要讨论国家就要先讨论家庭。当时奴隶是家庭的一部分，家庭中的主要关系便是夫妻、父子、主奴。当时主奴地位上的差别被认为是天经地义的，奴隶生来就是奴隶。并且，奴隶不能是希腊人，必须是外族人。当时还可以将战俘作为奴隶，战争总是由被奴役的人发动的，任何不甘心被奴役的人发动战争总被看作是正义的，没有人认为自己天生就该被奴役，那究竟谁该被奴役呢？战争的结果被看作上天的旨意。于是，胜利的一方便是主人，失败的一方便是奴隶。

贸易方面的讨论引发了争议。事物都有正反两面，例如，鞋子用来穿是正当的，用来卖钱则是不正当的。亚里士多德认为一切应该顺应自然，贸易也不例外。交换地产、房产被认为是自然的，其余生意都是不自然的，因为它们不可控。高利贷是最不自然的，因为钱的用途是交换，而那种钱生钱的高利贷则违背了钱的自然用途。

R.H. 托尼在《宗教与资本主义的兴起》一书中为资本主义辩护的时候，解释了亚里士多德的这一观点。

高利贷的定义古今有所不同，现在是指高利息贷款，古时候则指一切收利息的贷款。从古希腊一直到今天，有一部分人扮演债务人的角色，有一部分人扮演债权人的角色。每一部分人都为自己的利益着想，债权人赞成收利息，而债务人则反对。一般而言，地主都是债务人，商人则是债权人。以亚里士多德为代表的贵族阶级，以及后来的教会，其资产主要是土地，所以他们反对收利息；以犹太人为代表的商人的主要资产便是资金，所以他们赞成收利息。

之后随着教会人员开始经商，哲学家以学校工资为收入，摆脱了与土地的关系，所以关于高利贷的争论现已不复存在。

对于柏拉图的理想国，亚里士多德认为很糟糕。他反对柏拉图将家庭取消，大家一起过集体主义生活。柏拉图觉得让孩子不知道谁是自己的父母，便会像对待父母般对待所有人。反之父母也一样。亚里士多德则认为，共同的爱便是共同的忽视，对每一个人都好，其实便是对每一个人都不好。他还反对集体主义，我也赞成这一点，我在一篇文章中就指出，消除家庭，过集体主义生活，使整个国家看上去更像是僧院，只不过不用单身。

亚里士多德认为，柏拉图所说的集体主义会导致人懒惰。相对来说，私有制更好一些。如果私心太重也是不行的，这就需要号召人们有同情心和学会慷慨。甘于奉献的前提必须是私有制。

亚里士多德一直说地位有高低之分是天经地义的，那么地位不同的人能否平等参政呢？有人认为可以，他则反对。

政府的好坏体现在它是为了谁的利益，若是为了全体利益则是好政府，为了少数人的利益则是坏政府。好政府有三种：君主制、贵族制、共和制。坏政府也有三种：僭主制、寡头制、民主制。他认为，统治者道德水平的高低决定了政府的好坏。贵族有德，而寡头有钱，有钱不一定有德。按照德行中庸说，他认为最有德的人，同时还需要有适量的资产，才能成为最幸福、最善的人。民主制与共和制的区别就在于，共和制中有寡头制的成分。而君主制与僭主制只存在伦理上的差别。

当统治者是富人且不考虑穷人利益时便是寡头政府，而当穷人有权力，但是不考虑富人利益时便是民主政府。

君主制好于贵族制，贵族制又好于共和制；民主制好于寡头制，寡头制又好于僭主制。这样，亚里士多德变相地赞扬了民主制。

我们应该理解为什么亚里士多德批评民主制，因为当时的民主与现在的民主含义不同。民主选举行政官的方式是抽签，法庭成员也是抽签选出的公民，公民大会高于法律。因此公民很容易被误导做出错误的决定。

亚里士多德曾经花很大篇幅讨论革命。当时的革命主要是寡头制与民主制的冲突，民主制代表人人平等的理想，寡头制代表有才能的人享有更多权力的现实。两边代表了两种正义，寡头制精力更旺盛，比民主制更容易掀起革命。

社会的不平等，归根结底是收入的不平等。寡头制的拥护者便坚信财富与德行是成正比的，财富越多德行越多，财富越少德行越少。他们的例子是真正正直的人不可能去乞讨。亚里士多德认为善人的收入应该是适量的，不能太多也不能太少。这些观点都是错误的。

亚里士多德还讽刺了僭主制。他认为要想维持这种制度就必须使出一切卑鄙手段对付百姓，或者让全民信仰并沉迷于一种宗教，这些方法被历史证明无一奏效。

亚里士多德认为国家不应该追求对外扩张，因为那不是国家的目的。但是征讨野蛮人是可以的。希腊人之间不应该征战，因为希腊人不是野蛮人，也不应该是奴隶。尽管战争有时是达到和平的手段，但是国家的目的是和平而不是战争。

既然不赞成扩张，那一个城邦的面积多大才算是合理呢？他认为国家太大则无法管理，能满足自己的需求，公民间互相认识以保证诉讼和选举的公正，这样即可。

亚里士多德认为国家不能太大，这是错误的。国家若是太小就不能在战争中保护自己。国家的大小应该取决于自我保护能力和工业技术的高低。亚里士多德推崇的城邦制，根本不能抵御敌人的进攻。今天一个小城邦想独立是根本不可能的事情，真正的独立需要具备击败一切敌人的能力。

亚里士多德对公民的定义也非常有意思，他认为公民不应该从商，也不应该当农民。因为公民必须有足够的时间进行思考。进行耕种的应该是奴隶。北方人蛮横，南方人聪慧，所以北方人应该做奴隶。希腊人智勇双全，团结起来的话足以统治全世界。

《政治学》在最后部分讨论的是教育，这种教育只面向公民的孩子，奴隶们则是学习技术。制度不同，教育则不同，亚里士多德在这里假设制度给每一个公民以平等的权利。孩子们学习各种知识，但也有很多禁忌，比如不许学做生意；可以锻炼身体，但是不能达到专业标准；可以学习绘画、音乐，目的是欣赏美，而不是表现自己。总之，教育的目的是有"德行"，而不是有用。

教育应该造就什么样的人呢？亚里士多德认为是德才兼备的人。这种人不会存在于普通人中间，而是存在于条件优越的贵族中。雅典的伯里克利统治时代这种人很多，后来他们被没有文化的人打败，再之后这些贵族用一切下流手段迫害对方，以保全富人阶级。苏格拉底之后，雅典仍旧是文化中心，而政权则落到野蛮的军人政权手中。这种情况一直延续到文艺复兴，其中罗马帝国时期尤甚。

随着雅典的伯里克利时代的结束，有文化的富人阶级开始与穷人对抗，对抗过程中前者变得越来越与后者相似，没有文化可言。加之后来科学技术发展和教育的普及，古时候那种有文化的富人阶级逐渐消失了。

第二十二章　亚里士多德的逻辑学

亚里士多德在他研究过的每一个领域都有着巨大影响，其中影响最大的是逻辑学领域。逻辑学领域中，亚里士多德的权威地位一直保持着，整个中世纪是如此，文艺复兴之后还是如此。直至今天，还有许多人坚持着旧的体系，不肯承认近代逻辑学的发展。从其备受后人推崇这一点可以看出，他在这一领域较前人有了巨大的进步。亚里士多德的逻辑学生命力顽强，至今仍然被人们争论来争论去。

亚里士多德在逻辑学领域最重要的贡献便是提出了三段论学说。三段论就是将一个论证分成三部分：大前提、小前提、结论。例如，

（大前提）人都会死。
（小前提）苏格拉底是人。
（结论）苏格拉底会死。

三段论有多种形式，比如上面的话还可以用另外的形式说：没有人能逃脱死亡，苏格拉底是人，苏格拉底不能逃脱死亡。

亚里士多德认为一切推论都可以归结为三段论的形式，这一点得到他后来的崇拜者的认可。如果把所有论证都以三段论的形式列出，是对是错一眼便知。

三段论学说开创了形式逻辑，从这一点来看他是伟大的。但是三段论本身也有问题，下面是我总结的三个问题：

（1）三段论形式的问题。

（2）论证还有其他形式，对三段论给予的评价太高。

（3）对演绎法这种论证形式，给予的评价过高。

下面是关于这三个问题的解释。

（1）三段论这种论证形式存在缺点。举例来说："所有人都会死，苏格拉底是人，所以苏格拉底会死。"这句话中，"苏格拉底会死"是正确的，因为有人亲眼见证了他的死，见到了他的尸体。那"所有人都会死"是否正确呢？很多人认为是正确的，但在逻辑上是说不通的，有的人已经死了，有的人还活着，所以说所有人都会死是没有根据的。因此三段论的论证形式是有缺陷的。

（2）三段论仅仅是论证形式中的一种。数学中有大量的推断、论证部分，但是几乎用不到三段论。如果强行运用，将会让论证结果没有说服力。例如你去买东西别人找钱这样的算术题就不适合用三段论。逻辑中也有不能转化为三段论的论证，例如："马是动物，所以马头是动物的头。"由此可知，三段论不是唯一的论证形式，也不是论证形式中最权威的。很多人由于崇拜亚里士多德，而被他引入歧途。

（3）过高地估计了演绎法这种论证形式。演绎法是帮助人们获得知识的一种推断方法，希腊人偏爱这种方法，并给予了过高的、不适当的评价。柏拉图便是如此，亚里士多德更客观一点，多次承认归纳法也很重要。但是对演绎法的评价还是过高。

举例来说，在"所有人都会死，苏格拉底是人，所以苏格拉底会死"这句话中，说"苏格拉底会死"的原因是"所有人都会死"，这是不严谨的。我们不能说所有人都会死，只可以说"一百五十年前出生的人都已经死了"之类的。所以"所有人都会死，苏格拉底是人，所以苏格拉底会死"这种说法，其实不是演绎法，而是归纳法。

大多数推论运用的其实是归纳法,但被当时的希腊人误认为是演绎法。真正的演绎法只出现在法律和神学中,因为它们中的前提都是规定死的,没有疑问的。

对三段论的探讨出现在《前分析篇》中,此外的《范畴篇》虽然篇幅很短,但也是非常重要的。

"范畴"这个词我不懂它的含义,亚里士多德、康德、黑格尔都提到过它。亚里士多德将范畴分为十类:实体、数量、性质、关系、地点、时间、形态、状况、活动、遭遇。并给范畴下了定义,大意是:一个字的意义,不能再进行拆分,只包含一种意义,它便代表了十种范畴中的一种。

"实体"是一个人或物的个体。某一类人或物也可以被称作实体,但是这种实体容易造成歧义,引人走向形而上学。

《后分析篇》中探讨了一个难题,那就是演绎法、三段论中的前提是如何得来的。这个前提是未经证明的,但又必须是为我们所知的。亚里士多德认为这种认识来自事物的本质。他认为定义便是对事物本质的描述,这种认识影响至今。我认为这种认识有问题。

事物的"本质"是一些若是失去就会使事物性质改变的东西。无论是高兴的、苦恼的,还是健康的、虚弱的苏格拉底都是苏格拉底,看来这些不是本质的东西。真正的本质是"苏格拉底是人"。"本质"不过是一个语言游戏,很多时候,在不同情况下,我们会对略有不同的事物用同一种称呼。这都是为了语言表达上的方便,但是对这些事物来说并没有什么本质可言。

亚里士多德对"实体"这个概念的解释也是形而上学。我们把苏格拉底一生发生的事情安到一个叫史密斯的人身上照样成立。他认为实体是性质的主体,各种性质都必须依附于主体而存在。比如人的各种性质都是依附于人本身的,人便是主体。但是,当我们把各种性质都从主体上撤离以后便会发现，什么都没有剩下。好比我们剥开层层装饰，却发现里面空无一物。

进一步说，"实体"是把一堆事件集合到一起的方式。我们一提起史密斯先生，就想到他的穿着、他的声音、他的相貌，等等。如果没有了这些事件，那史密斯先生便什么也不是了。再比如，"法兰西"也是一个集合，一提到它我们便会想到法国国旗、法国地图、法语、巴黎，等等。没有一件确切的实物就叫法兰西。

总的来说，把语言学上的主语、谓语的关系硬套在现实中，其中的主语便称为实体。这是一种形而上学的错误。

关于亚里士多德逻辑学的讨论到此为止，我们得出的结论是：除了三段论之外，其他知识点都是错误的。就连三段论，也被亚里士多德高估了。亚里士多德的逻辑学知识在今天已经过时了，但是它在历史上起的作用是无法估量的。可惜这些学说没有产生在希腊思想鼎盛时期，没有经受大家的讨论、思考。它出现在希腊思想创造期的末期，未经检验便被奉为权威。等到两千年后人们试图寻找真理的时候，才发现亚里士多德的地位已经难以撼动。不仅仅是逻辑学，在科学、哲学方面也是如此。

第二十三章　亚里士多德的物理学

这一章要讨论的是亚里士多德的《物理学》与《论天》两本书。这两本书中的内容到伽利略之前，一直是科学领域的权威。虽然今天看来这些内容已经过时，但是研究哲学史的人不能将其忽略。

古时候人的想象力同今天不一样，亚里士多德小时候不会像今天的小孩子一样，学习力学。如今一说到力学，孩子们便会想到机械，想到飞机大炮。而当时由于科学知识少，人们的想象更宽广。

古代的希腊人在对运动的研究中，没有想到要从运动中提炼出纯粹的力学知识。他们想到的只是研究动物和天体的运动。现代人将动物本身的结构看作一架机器，而希腊人则把所有运动都看作同动物运动一样。他们将能否运动作为识别动物是死是活的标准。

天体运动同动物运动的区别在于它们具有规律性，这种规律性运动被认为是完美的。当时的希腊人将日月看作神，是神按照精确的几何轨道在推动天体运动。因此运动的根源被认为是"意志"。动物运动是动物的意志，天体运动是神的意志。

上面这些便是亚里士多德时代的人们从事自然科学研究的时代背景。下面谈的是亚里士多德的具体观点。

亚里士多德书中的"物理"被翻译成"自然"，这个"自然"与我们平时说的自然略有不同。这是一个很含糊的字眼，亚里士多德认为，一个事物的"自然"性便是它存在的目的。例如，一个橡子的自然性就是指它将来要长成一棵橡树。这其中就蕴含着目的论，有的事物是自然存在的，比如动植物，有的则因为其他原因而存在。

有人认为自然是含有目的论的，还有人认为自然没有目的性，只不过是事物发展的一种必然性。亚里士多德反对恩培多克勒有关进化的学说，他认为一件事情结束后，最后的结果便是之前所有运动的目的，这就是这一事物的自然性。

这种对"自然"的认识阻碍了科学的发展，甚至误导了伦理学的发展方向，错误的影响一直延续至今。

亚里士多德认为运动便是一事物正在向另一事物发展。这一点是不对的，事物的运动是相对的，A 向 B 运动的同时，B 也在向 A 运动。把其中一方看作静止的，这种看法是没有意义的。

亚里士多德还讨论了时间，当时有人认为时间是不存在的，因为时间包括两部分：一部分是在我们之前流逝走的，另一部分是还没有到来的。亚里士多德不同意这种看法，他认为时间是存在的，因为时间可以被计数。在这里，亚里士多德可能把时间当成了岁月或者日子一类的概念。

只有柏拉图认为时间是被创造出来的，亚里士多德在这一点上也反对柏拉图。但是，后来的基督教站在了柏拉图这一边，因为他们认为宇宙是有起点的。

《物理学》中最后谈到了"不动推动者"，这一点在上文第十九章"亚里士多德的形而上学"中已经谈过了。接下来要谈的是《论天》中的天体运动。

《论天》中的观点奇特而有趣：以月亮为分界线，月亮以下的东西是有生死的，以上的东西是永恒的。大地位于月亮以下，由土、水、气、火四种元素构成；月亮以上的部分由第五种元素构成。地面的四种元素的自然运动是直线运动，而第五种元素是做绕圆运动。月亮以上的天体，越往上越神圣。

这些理论同样为后来的发展设置了障碍。例如，可以燃尽的彗星应该属于月亮以下吗？地面上的运动是直线的，那么平行发射出去的物体是如何落地的呢？伽利略发现它们不是之前认为的垂直落地，而是抛物线落地，这个发现吓坏了当时的亚里士多德学派的人。再后来，伽利略同开普勒和哥白尼逐步论证了地球不是宇宙中心，而是绕着太阳旋转，这个观点当时不仅与教会神学违背，也遭到了亚里士多德学派的抵制。

他认为天体是永恒的，这一点在后来也被证明是错误的。包括太阳在内的天体都是有生有灭的，至今发现的所有事物中，没有什么是永恒的。亚里士多德的天体永恒论，归根结底来自对日月的宗教崇拜。

第二十四章　希腊早期的数学与天文学

这一章中要讨论的是数学，数学与哲学关系亲密。相对于艺术、哲学、文学方面，希腊人在数学和天文学方面的成就更令人信服。他们的天文观察从很早就开始了，而几乎所有的数学证明方法都是源自希腊。

从一些有趣的历史传说中我们可以看出为什么希腊的数学如此发达。传说泰勒斯在埃及的时候，奉命测量金字塔的高度。他在身高同影子相等时，去测量金字塔的影子，从而得知金字塔的高度。传说祭司们接收到神的旨意，要求他们将神像体积增大一倍。祭司们试图将原神像边长增加一倍，结果神像体积增大了八倍。一筹莫展的他们只好将这个问题交给柏拉图解决。这个问题被几何学家研究了几个世纪，而这便是给2开平方的问题。

关于求2的平方根的问题，早在毕达哥拉斯时期就存在，毕达哥拉斯学派还通过各种方法去求它的近似值。

很多人都认为毕达哥拉斯在数学上做出了很多贡献，例如直角三角形中两条直角边的平方和等于斜边的平方，直角三角形的内角和等于两个直角，等等。

2的平方根是最早被研究的无理数，之后狄奥多罗斯、泰阿泰德都曾经研究过其他无理数。德谟克利特甚至还写过一篇关于无理数的论文，柏拉图在《泰阿泰德篇》曾经提及这篇论文，只可惜现在已经没人知道论文的内容了。

对无理数的研究推动了欧多克索斯在数学方面的发现。在他之前已经有了关于比例的算数理论，即 a 乘 d 等于 b 乘 c，则 a 比 b 等于

c 比 d。他发明了关于比例的几何理论，打破了在算数理论中只能是有理数的界定。

欧多克索斯在积分学上也有研究成果，这个成果后来被阿基米德推广开来，得到了阿基米德公理。

欧几里得，约公元前 300 年生活在亚历山大港。《几何原本》中的多数内容虽不是他所创，但是其中的框架都是来源于他。他在证明平行线的平行定理中显现了高超的智慧。他在无理数、立体几何、正多面体方面都有研究。

《几何原本》被看作是欧几里得的著作，它是希腊数学的里程碑，是人类史上最伟大的著作之一。它的缺点是运用的方法都是演绎法，有局限性；并且根据假设进行推论，假设的正确与否没有保证。

在欧几里得所处的时代，数学研究只是在理论阶段，没有实用价值。直到 17 世纪伽利略发现抛物线运动，才发现古希腊人研究的圆锥曲线的实际用处。当今各个领域所用到的许多数学知识，都是出自古希腊人凭借兴趣进行的研究。

阿拉伯人比罗马人更懂得欣赏欧几里得的几何学，欧几里得的《几何原本》最早的拉丁文译本就是从阿拉伯语译本翻译过来的，当时是公元 1120 年。之后西方才逐渐恢复了对几何学的研究，到文艺复兴时才取得较大的进步。

除了数学以外，希腊人在天文学上取得的成就也很辉煌。希腊之前，埃及与巴比伦在天文学上都有所成就，为希腊天文学的发展打下了基础。他们记录行星轨迹，能预测月食发生的时间；巴比伦人还将直角规定为 90 度，每一度规定为 60 分。

首先，我们要了解一下当时希腊的一些成就。有人认为我们脚下的大地是浮动的，就像海上的船一样。亚里士多德反对这种说法，他的理由是如果大地真是浮动的，那它没有理由只向一边浮动而不向另一边浮动。这就像那头被饿死的蠢驴，左右两边是一样的草，它没有理由吃一边的而不去吃另一边的。

毕达哥拉斯根据审美的需求假设地球是球形的，科学的理由不久后也被发现。毕达哥拉斯学派根据月食时地影的形状，判断地球是球形的。阿那克萨戈拉则认为地球是平的，他最早发现了月亮的光是反射光。他们认为包括地球在内的星球都是在做圆形运动，但不是围绕太阳，而是"中心的火"，太阳的光是反射自"中心的火"。

这些学说虽然不科学，有许多幻想成分，但是十分重要。它们是后来哥白尼进行假设的基础条件。他们认为地球不是宇宙中心，只是一颗普通星球。这些说法将人类从地球中心说中解放出来，使人类更客观地看待问题，为发展科学创造了环境。

后来，恩诺皮德斯根据黄道斜角得知太阳与地球之间的大小关系，赫拉克利德斯[1]发现了金星和水星的运行轨道，那就是绕太阳运动。他还提出了地球每二十四小时自转一周的说法。

阿利斯塔克的生活年代大约是公元前310年至公元前230年。古代天文学家中他的人气最高，因为他最早提出包括地球在内的星球都围绕太阳旋转，同时地球每二十四小时自转一周。这个观点可能是他较晚时期的认识，因为在他唯一流传下来的书中没有提及这一点。无论如何，他提出过太阳中心说的事实是没有疑问的。阿基米德为此提供了最好的证据。

阿基米德比阿利斯塔克年轻二十五岁，他在给叙拉古国王的一封信中提到了阿利斯塔克的太阳中心说。在普鲁塔克、艾修斯和塞克斯都·恩披里柯的书中都提到了阿利斯塔克提出太阳中心说这件事。

---

[1] 赫拉克利德斯（前388—前315）：古希腊哲学家、天文学家，柏拉图的学生。

当时阿利斯塔克提出的太阳中心说只是一种假说，后来塞琉古将这种假说明确下来，但在当时没有被广泛接受。希巴古就明确表示反对，希巴古被希斯称为古代最伟大的天文学家。他最早发现了三角学，发现了岁差，还计算过日月的大小和间距，并记录下了580颗恒星的经纬度。他改进周转圆的理论就是为了反对太阳中心说，这种理论后来成了托勒密体系的基础。

在哥白尼提出太阳中心说的时候，人们几乎已经忘记了阿利斯塔克。哥白尼认为他是自己学说的有力支持者。

古人们在进行有关天体的运算时，方法上没有问题，但是缺乏精密仪器。不过，这使得他们取得的成就更让人惊叹。埃拉托斯特尼计算的地球直径只比实际少50英里[1]，托勒密推算的月亮与地球的平均距离与实际距离相差无几。只是他们之中没有人能大体推算出地球到太阳的距离。离正确答案最接近的是波希多尼，他认为地球到太阳的距离是地球直径的6546倍，而正确答案是11726倍。

古希腊的天文学知识中全是几何学因素，没有力的因素。牛顿将力的因素引入天文学当中。不过，后来爱因斯坦在普遍相对论中又摒弃了力的因素。

在天文学上，阿基米德和亚婆罗尼是两位伟大的人物。阿基米德是伟大的数学家、物理学家、流体静力学家。亚婆罗尼的主要贡献是对圆锥曲线的研究。他们对哲学的影响不是太大，所以不再多作说明。

这两人处于当时时代的末期，之后随着罗马入侵，希腊思想随着政治上的沦陷停滞下来。后人开始无限制地崇拜前人的学说，停止了继续钻研。

---

[1] 英里：英美制长度单位。一英里等于5280英尺，合1.6093千米。

第三篇
亚里士多德之后的古代哲学

第二十五章 希腊化世界

古代希腊语地区的历史发展可以分为三个阶段：第一个阶段是自由城邦时期，第二个阶段是马其顿统治时期，第三个阶段是罗马统治时期。其中，马其顿统治时期又被称为希腊化时代。

希腊化时代期间，希腊的科学与数学迅猛发展；哲学上产生了伊壁鸠鲁学派、斯多葛学派以及怀疑主义，尽管哲学的黄金时期已过，但此时的哲学依旧重要。

公元前334年至公元前324年的十年间，亚历山大消灭波斯帝国，建立起了当时世界上最大的帝国——亚历山大帝国。帝国各地的学问与宗教都传入希腊，而希腊的城邦制度也传遍了帝国各处。到处都建立起了希腊城邦，城邦制度被纷纷效仿。亚历山大的征战极力传播了希腊文化。希腊人除了他们自己，谁也看不上，认为其他人都是野蛮人，亚历山大采取政策逐渐使希腊人与他们所谓的野蛮人相互友好。

他之所以这样做，是因为他知道武力不是维持统治的最有效的手段，友好相处才是最好的方法。东方的政府大都信奉神明，于是亚历山大将自己装扮成神。在埃及，人们将他看作法老；在波斯，人们将他看作大王；而自己的部下，马其顿军官，则将他看作立宪君主。到底是政治原因使亚历山大把自己封为神，还是他从心里就认为自己是神，这个问题存在争议。

希腊人有很强的优越感，亚里士多德说希腊人是智勇双全的，柏拉图和亚里士多德认为希腊人不能做奴隶。亚历山大不是希腊人，是希腊人口中的北方野蛮人。他想打破希腊人的优越感，便命令马其顿军官与当地妇女通婚，从而瓦解了希腊人在城邦制以及种族上的优越感。亚历山大希望希腊同外国在各方面能互相交流、互相影响。结果是希腊文明随着亚历山大的征战四处传播，同时也变得不纯粹。

希腊的文明完全是建立在城市的基础之上，农业对希腊的思想几乎没有什么影响。无论是科学、哲学，还是文学、艺术，有成就的人都是住在富庶的城市内的。城邦四周往往住着野蛮人。这种文明模式之前就有，并一直延续下来。最近的例子便是外国人在新加坡、中国香港、中国上海等通商口岸作威作福，不从事劳动，依靠当地人来供养。北美一些地方由于人迹罕至，白人殖民者只能自己从事劳作。最后的结果是，在远东的白人殖民者节节败退，而在北美的殖民者生活平稳。

亚历山大对亚洲的影响，至今仍保存在一些神话传说中。《马加比书》诞生时亚历山大已经死了几百年，但它还是在其中描述了关于亚历山大征战的传说。

亚历山大死了之后，他的两个儿子年龄尚小，最终都被废黜。马其顿帝国分裂成三部分：欧洲部分由安提帕特的后人统领；埃及被托勒密占有；亚洲部分经过纷繁的战乱，塞琉古最终称王。

埃及的托勒密王朝与亚洲的塞琉古王朝建立起了军事专制，并放弃了当初亚历山大想要将希腊人同外族人相互融合的想法。托勒密王朝在埃及的政权相对稳定，亚洲的塞琉古王朝则连年征战，最终被罗马人消灭。

在亚洲，公元前2世纪印度—希腊王国的国王米南德一世是一个伟大的王，他是印度帝国的王。他与佛教圣人的两篇对话以巴利文的形式保存至今，其中第一篇便有可能是依据希腊文译出的。可见当时希腊人的影响力。

当时的佛教蓬勃发展，阿育王甚至还派遣使者出使各国，其中便包括"托勒密、安提帕特、马迦斯和亚历山大四个王的地方"。可惜关于这次出使，西方没有留下记载。

受希腊影响最深远的是巴比伦地区，阿利斯塔克太阳中心说的唯一追随者塞琉古便是这里的人。据记载，直到1世纪，这里还保留着古希腊的城邦制。人们选举出有财富或者有智慧的人组成元老院，后来这些制度才被推翻。

那时叙利亚的城市已经同希腊的城市没有什么区别，尤其是在语言与文学方面。本身它们就受着小亚细亚邻居的影响，亚历山大的征伐更加剧了这种影响。叙利亚地区内的犹太地区则是个例外，他们不但不接受反而强烈抵制希腊思想。这些将在后面谈论基督教时谈到。

公元前3世纪，由于受战乱影响很小，再加上商业发达，埃及的亚历山大港成为文化中心。当时许多领域的人才都被吸引到这里。当时的科学和数学是亚历山大港的优势学科，这种优势一直保持到罗马帝国灭亡为止。而且这些数学家与科学家非常专业，不像前人一样从事多领域研究，像欧几里得、阿利斯塔克、阿基米德、亚婆罗尼都只研究数学。

公元前3世纪之前，希腊城邦中的人才都是综合性人才，没有专业化这一说。苏格拉底年轻时是个士兵，还参过政，研究过物理；普罗泰戈拉在教授怀疑主义的同时，还起草过法典；柏拉图除了涉猎各领域学科以外，也参过政；色诺芬还当过将军，毕达哥拉斯学派的数学家还想过控制政府。直到3世纪，政治舞台已经不是谁都可以登上时，各种人才被军政府雇佣，从事各行业的研究，之后便成为专家，那种横跨各领域的通才不见了。

身处那个时代，如果你对权势没有兴趣，并且非常富有，你就能过上舒适的生活。前提是没有外敌入侵，没有政变。当时战乱频繁，人们命运无常，这就使得人们开始崇拜幸运女神。当人们很难从某处找到真理的时候就会转为去心里寻找。亚历山大在陆地上横扫一番之后，由于没有及时建立一个稳定的政权，希腊便陷入了混乱。希腊哲人的理智根本解决不了这种混乱，虽然罗马人更笨，但是他们能建立起秩序。希腊被马其顿帝国以及后来的罗马帝国统治时都是混乱的，但是马其顿帝国更加让人无法容忍。

人们对社会越来越不满，但同时又害怕革命。随着东方帝国的廉价奴隶进入希腊，希腊本地自由劳动者的工钱也越来越少。工资下降的同时，物价却在飞涨，人们生活得越来越艰难。当时的神庙履行今天银行的职责，负责放高利贷。

这种环境下的自由劳动者难以维持生计，便纷纷去当雇佣兵。当雇佣兵有生命危险，不过也有很多发财的机会，比如掠夺一座富庶的城市。

当时一些新城市的建立完全依赖于旧城市的移民，移民们会将旧城市的精神和思想带到新的城市。古希腊旧城中的居民还多少保留了一些希腊思想与精神，但是亚历山大新建的城市中，完全见不到这种思想和精神的影子，其中就包括亚历山大港。

在希腊本土的旧城邦，居民希望拥有一些像过去一样的权利，比如建立民主政府、不用纳贡、不被入侵。这些旧城市经济富裕，还可以提供大量雇佣兵，如果不答应他们的要求，便可能导致他们加入敌营，反戈一击。于是王朝对他们的统治格外宽松。

移民们建立起的新城市缺少了旧城市的传统，他们是由来自希腊各地的冒险家建立起来的，无法形成一个坚固的政治共同体。这对统治者来说是有利的，但对希腊文化的传播则是个障碍。

马其顿帝国的建立，使得希腊传统文化以外的宗教和迷信大量传入。无论是犹太人、波斯人，还是东方的佛教徒，他们的宗教都要比在希腊流传的各种神教优秀。但是，希腊人没有接受这些宗教，反而接受了巴比伦人的占星学与巫术。后来有人认为，占星学与巫术传入希腊，就像是一种传染病传入了小岛。占星学在希腊得到了传播，影响很大，欧吉曼迪亚斯与安提阿古一世的陵墓中都刻满了占星学符号。

后来，竟然连许多哲学家都开始研究占星学。他们认为未来是可以预测的、必然的。这与当时信仰幸运女神相违背，但是可笑的是很多人既信占星术，又信仰幸运女神，并没有发现其中的矛盾。

那是一个混乱的年代，人们道德败坏，各种学说几乎没有前进。整体的败坏使得生活在其中的人也变得卑鄙。是呀！大家都在骗人的时候，你的诚实就失去了价值；当随时可能有一把火将一切烧毁的时候，辛苦的积攒也变得没有价值；当低声下气才能苟活于世的时候，追求真理便成了一件多余的事情。正如米南德一世所说：很多人原本不是无赖，但生活的不幸，让他不得不成为一个无赖。

公元前3世纪的道德就是如此。少数幸免的人，他们活着的目的也由积善变成了逃避。此时的哲学已经不能再引导人们前进，而是退到幕后。

第二十六章　犬儒派与怀疑派

身处的时代不同，知识分子与社会的关系也会不同。幸运的时代里，人们重视他们的提议；混乱的时代里，他们可能是改革者；还有一种时代，他们生活在其中看不到未来，知道理想绝不可能实现，于是变得绝望，最后只能将精力转移到一些宗教和迷信之上，期待着产生奇迹。

这些知识分子在不同时代的不同态度可能会集中出现于一个时代中，如19世纪中，歌德是乐观的，李奥巴第是悲观的，边沁推崇改革，雪莱推崇革命。但大多时候，同一时代中知识分子之间的态度是统一的。

5世纪之后的十个世纪内，教会统治着整个欧洲。按照基督教的理论，生命过程是受难之旅，应该是悲观的。但实际上，当时的知识分子大多是教士，他们大多因为拥有权力而感到高兴。这是统治阶级的心理。这是很奇怪的矛盾，原因是教会既代表宗教，又是无可争议的制度。

基督教中的出世精神与希腊末期的衰落有关系。当时的哲学家面临着政治上的失败，并没有绝望，他们依然认为自己是对的，认为导致自己失败的原因是意外的冲突，与自己的判断力和能力没有关系。当城邦的政权旁落他手的时候，这些哲学家退出了政治，开始进入个人研究领域。以前，他们会讨论怎样建设好一个国家，现在他们讨论的则是怎样让一个人更有德。除了后来的斯多葛派关心过罗马的政治以外，其余人都变得愈发狭隘和自私。后来，宣扬拯救个人的基督教会成立，这些哲学家便都栖身于教会。这就使得当时的哲学比希腊城邦制时期要狭隘得多，他们的思想影响力也要小得多。

亚历山大统治时代哲学上诞生了四个有名的学派，它们是犬儒派、怀疑派、斯多葛派和伊壁鸠鲁派。本章先讨论前两派。

犬儒派的创始人是安提西尼，他的老师是苏格拉底。他原本循规蹈矩，后来放弃了自己以前的认识，原因可能是雅典的灭亡或者苏格拉底的去世让他受了刺激。

他崇尚返璞归真，他的穿着同普通工人一样，他的演讲没有受过教育的人也能听懂，学术的、深奥的东西在他眼中一文不值。他还认为人应该重返自然状态，废除政府、婚姻、宗教、奴隶制。他不是苦行主义者，但是鄙视奢侈和对感官的享乐。

第欧根尼是安提西尼的弟子，但是他的名声更大。因为他的父亲入过狱，所以安提西尼起初不愿收他为徒。但是第欧根尼下定决心要跟安提西尼学习智慧。

"犬儒"这个词就是由他而来，意思是像狗一样生活。他对世上的一切风俗说不，他像苦行僧一样以乞讨为生，住在安葬死人用的瓮中。他唯一信仰的就是友爱，这种友爱不仅是人之间的，也包括人与动物之间。传说亚历山大问他想要什么赏赐，他只求对方别挡住他的阳光。

第欧根尼追求道德的解放，他认为重要的是要做到对财富熟视无睹。斯多葛派借鉴了他解放道德的学说，但是没有继承他摒弃文明的那一部分。他认为普罗米修斯被惩罚是咎由自取，因为他传授给人类的技术将人类生活变得复杂。

当时的哲学家都有厌世、逃避的心态，他们否定一切身外之物，想要将个人独立起来。第欧根尼的学说也是如此，像是极度疲惫、极度绝望的人所做的最后打算。这种充满绝望的学说，不能指望它们对科学、艺术或政治有任何推动作用。

公元前3世纪早期,犬儒派的学说得到推广普及,风行一时。这些人认为没有财富会很轻松,简单的饮食和衣物便可以让人衣食无忧,没有必要为死去的亲人感到悲伤。此时的犬儒派已经简单得有点儿幼稚,更像是穷人在自我安慰,在幻想建立一种没有富人的生活,在给自己找理由缩小与富人间的差距。德勒斯曾经说:"富人施之于我,我取之于富人,天经地义,我不会卑躬屈膝,也不会感激。"犬儒学派并不禁欲,只是让人们不要去在意那些有诱惑力的东西。

后来的斯多葛派继承了犬儒派学说中好的一部分,并将自身发展成一种更完备的哲学。

皮浪是最早提倡怀疑主义的人,他年轻时曾经跟随亚历山大的征伐大军到过印度,并在故乡度过晚年。在他之前怀疑主义就已经存在,他只是将其整理汇合,并没有创立新的学说。最早困扰希腊哲学家的是感官上的怀疑主义,他们通过感官获得的知识与理论知识有矛盾。所以当时巴门尼德与柏拉图才会认为感官获得的只是意见,而不是知识。除了感官怀疑主义之外,皮浪又加入了道德怀疑主义与逻辑怀疑主义。

怀疑主义俘获了一群不懂哲学的人,他们看到各派的争斗没有结果,便认为永远不可能有结果。他们怀疑一切,认为人永远不可能得到正确的知识。既然如此,何不享受眼前的美好?怀疑主义与其说是一种学说,不如说更像是一种解除烦恼的自我安慰。

怀疑主义非常武断,它不问青红皂白就否定一切。这也成了它的一个缺点,那就是不能让人信服。

直到蒂孟出现。他是皮浪的弟子,他为怀疑主义找到了一种难以推翻的根据。希腊当时的逻辑都是演绎的逻辑,演绎的出发点必须是无可争议的普遍原则。但是蒂孟提出,没有任何证据能证明这些原则是无可争议的。这个根据正好击中了亚里士多德哲学体系的软肋。

同今天的某些怀疑主义不同，古时候的怀疑主义不怀疑现象，也不怀疑最直接的感受。例如，蒂孟承认蜜是甜的，但是他不会说"蜜肯定是甜的"，他会说"蜜看来是甜的"。后一种说法是概括的，而前一种说法是绝对的，怀疑主义不相信绝对的事情。

公元前235年蒂孟死于雅典，他的死标志着怀疑主义学派告一段落。奇怪的是，他的一些学说被代表柏拉图学说的学园接受。

柏拉图之所以被人接受，大多是因为他的理智，他信仰灵魂不死，灵魂优于肉体。但是柏拉图也有怀疑主义的一面，这一点很隐蔽。柏拉图笔下的苏格拉底认为自己一无所知，这可以看作一种谦虚，也可以理解为他认为自己所学的知识都是不确定的、值得怀疑的。这也可以理解柏拉图为什么在许多对话篇的最后并没有得出结论。

在学园中，阿塞西劳斯对于怀疑主义的传播至关重要。他的教学方式非常独特，总能给学生的论点提出反驳，教学生如何证明互相矛盾的命题。他的学生从他那里学不到任何真理。他使得学园被怀疑主义笼罩了大约两百年。

怀疑主义风行的时候还发生了一些趣事。公元前156年，卡尔内亚德作为哲学家跟随外交使团来到罗马，他是阿塞西劳斯在学园的继任者。他来到罗马后便公开授课，当时罗马青年都崇尚希腊思想，很多人来听他讲课。他第一次讲的是亚里士多德与柏拉图学说中的正义与道德。几天后，他第二次演讲的内容却是驳斥自己第一次演讲的内容，驳斥正义与道德。这样做的目的是证明没有什么结论是绝对正确的。苏格拉底说过，对别人不公道比忍受别人对自己不公道犯的罪过更大。卡尔内亚德却不这样认为，他认为大国对弱邻入侵天经地义，沉船时踩着别人逃生是聪明的选择，溃败而逃时抢走战友的马是理智的选择。

罗马青年对这些新奇的说法很喜欢，但是老卡托不高兴。老卡托崇尚简朴与道德，并以身作则。他简朴、忠诚、清廉。他要求罗马人都要具有德行，并认为与坏人作战是正直的人分内的事情。卡托不仅严格要求自己，他当政期间同样严格要求别人。

卡托代表了道德和传统，而卡尔内亚德代表了开放与放纵。前者过分后导致暴虐，而后者过分后则导致卑贱。

卡托不希望罗马的青年学习知识与辩论，他担心这会使罗马青年忘记战斗与为国家争得荣耀。于是他在元老院提议，让雅典的外交使团回到雅典，别让他们教坏了罗马的青年，罗马青年应该服从罗马的元老院和法律。总而言之，他是痛恨哲学的。

卡托认为雅典人都是下人，因为他们没有法律，所以经常被知识分子的诡辩欺骗。罗马青年必须要有纪律、有道德、遵守法律、为国效劳。后来的罗马人同时接受了卡托同卡尔内亚德的优点以及缺点。

哈斯德鲁巴是卡尔内亚德在学园的接班人，他是迦太基人。他不仅善于演讲，还写了400多部书。他与卡尔内亚德同样反对当时的占星术、巫术。他们认为，虽然人们永远得不到真理，但是有一些东西是比其他东西更可信的。这些相对更可信、更真实的东西便是我们的追求。可惜关于这些学说的著作都已经失传。

怀疑主义在之后消失了很长一段时间，直到艾奈西狄姆将其复兴。艾奈西狄姆是来自诺索斯的克里特人，他否定了怀疑主义后来的发展，将其拉回它最初的形式。他的影响力非常大，追随者中有2世纪的诗人鲁西安以及哲学家塞克斯都·恩披里柯。后者流传下来的著作是古代怀疑学派流传下来的唯一著作。据说，其中一篇名为《反对信仰神的论证》的短文出自卡尔内亚德之口。

怀疑主义的影响力一直持续到3世纪，它能使人们怀疑一切，包括国家和宗教。但是它不能提供更好的意见，不能提供积极的替代品，这些怀疑就被人们选择忽视和回避。最终，基督教的得救学说战胜了奥林匹克的诸神和东方流传进来的宗教，基督教神学开始笼罩欧洲大地。

第二十七章　伊壁鸠鲁派

斯多葛派与伊壁鸠鲁派几乎是同时创立的，前者的创始人是芝诺，后者的创始人是伊壁鸠鲁。这两派先讲哪一派完全出于个人兴趣，我之所以先讲伊壁鸠鲁派是因为他们的学说从一开始就确立了，而斯多葛派则是经过漫长发展之后才确立的。

关于伊壁鸠鲁的生平第欧根尼·拉尔修最清楚，他生活在3世纪。但是他所知道的伊壁鸠鲁的情况很多来自传说，他笔下还有很多关于伊壁鸠鲁的诽谤，其中一些来自斯多葛派。古时候人们对对手的诽谤可谓是信手拈来，所以我们搞不清他笔下关于伊壁鸠鲁的事情哪些是真，哪些是假。

不过，伊壁鸠鲁的主要生平我们还是可以确定的。他出生于公元前342年或者公元前341年，父亲是一位殖民者，出生地是萨摩斯或者阿提卡。他18岁来到雅典，之后又逃到小亚细亚。他曾经跟随德谟克利特的弟子学习哲学，所以他的哲学学说受德谟克利特影响很大。

公元前311年伊壁鸠鲁在小亚细亚创建学校，后来学校搬至雅典。他于公元前270年或者271年死于雅典。

他在雅典讲学的地点是自己的花园，来听讲的学员越来越多。除了学员、朋友以外，他们的妻子、孩子、奴隶，甚至妓女都可以来听讲。这也成了对手们诽谤他的借口。他珍惜同所有人的友谊。他行事自然，为人坦率，不像之前的哲学家那样严肃。

他们过着团体生活，非常简朴，但是也非常快乐。他们的食物往往只有面包和水。团体的运转资金大多是别人捐助的，在他的信中经常见到一些要求别人捐助的话，不过他所要求捐助的只是一些生活必需品。

病痛始终伴随着伊壁鸠鲁，他学会了忍受，不去抱怨。他曾经说过，一个人在受到鞭挞的时候也会感到快乐。临死前他写了两封信，在信中他说自己身上的病痛这些年一直没有减轻，他一直在承受着痛苦，但是他不去抱怨。他一想到与弟子们、朋友们的谈话就会感到快乐。最后他还嘱托别人照顾自己已故弟子的孩子。

伊壁鸠鲁并非没有缺点，他对之前的哲学家都没什么好印象，甚至提到他们就会发火。他不仅给自己的老师起外号，还给几乎所有之前的哲学家起外号。他不承认德谟克利特，甚至否认留基伯是一位哲学家。除此之外，他还非常专断。他的弟子必须学习他的所有学说，并且不准提出异议。两百年后的卢克莱修将伊壁鸠鲁的学说写成了诗，这也弥补了伊壁鸠鲁300卷著作失传的遗憾。他流传下来的只有几封信和一些学说的片段而已。

同当时大多数的哲学家一样，伊壁鸠鲁想要获得的也是恬静。他认为善就是快乐。他在书中说过，没有了爱好上、爱情上、感觉上的快乐，善还能剩下些什么？他还认为心灵上的快乐是建立在肉体的快乐之上的，区别便是心灵上的快乐可以控制。

在伊壁鸠鲁之前，快乐被快乐主义者分为两类，即动态快乐与静态快乐。动态快乐是解除痛苦的过程，静态快乐则是一种没有痛苦的平衡状态。例如，很饿的时候吃东西的过程便是动态快乐，吃饱了之后的状态便是静态快乐。静态快乐不用伴随痛苦，又是一种平静的状态，因此伊壁鸠鲁选择这种快乐作为追求。这也是他只选择面包和水作为食物的原因。

最激烈的动态快乐莫过于性爱了，这自然也是被禁止的。伊壁鸠鲁认为性交有害，并且认为婚姻和子女会让人对哲学的追求变得不严肃。但是他非常喜欢孩子。后来，他的追随者卢克莱修也认为爱情和婚姻有消极作用，但是他认为性交没有害处。

在伊壁鸠鲁心中，友谊是最可靠的快乐。他原本认为快乐是自己的私人追求，是自己的事情。直到发现了友谊，他认为友谊同快乐就像是同义词。因此他提倡多交朋友，多培养友谊。没有友谊我们的生活将会充满恐惧，将不会有快乐。不过他还说过一些自相矛盾的话，他说我们需要友谊是因为友谊能给我们提供帮助。这里他没有提到友谊带来快乐。

尽管伊壁鸠鲁的学说被认为缺乏道德，但他是非常真诚的。他对人世间的苦难非常同情和怜悯，所以才让大家都来信仰他的哲学。不要贪图吃喝，以免肠胃出现问题；不要在政治和感情上纠缠；不要结婚生子，这样就没有亲人去世的痛苦了；学会欣赏快乐，忽略痛苦；如果痛苦很深或者时间很长，就得依靠心灵的训练只去想那些让人快乐的事情。这一切都透露着伊壁鸠鲁对解除世间苦难的宗教般的热情。

为了让人们从苦难和恐惧中走出来，伊壁鸠鲁发展了一套自己的伦理哲学。他认为人类恐惧的根本原因有两个，一是宗教宣扬的受罪，二是对死亡的恐惧。于是，他创立的伦理哲学宣称神对人世间的事情没有管辖权，并且人死后灵魂会一起消失。神对人的干预，以及人死后灵魂不死，这些都阻止了人们对解除痛苦的追求。所以，伊壁鸠鲁要打破这些学说。

伊壁鸠鲁相信德谟克利特的原子论，认为世界是由原子构成的。

不同的是，他是唯物论者，不相信原子如德谟克利特所说是被自然控制的。德谟克利特的说法是必然论，必然论出自宗教，要想反宗教就要反必然论。不然的话，反宗教就会反得不彻底。伊壁鸠鲁认为灵魂也是由原子构成，布满全身。人死后，灵魂也就消失了。不过，构成灵魂的原子还在，只是我们再也感受不到它们了。

他承认神的存在，但是认为神不干涉人世间的事情。快乐主义者不应该去参加公共生活，政府和权势对他们来说没有吸引力。占星术、巫术、占卜在他眼中都是迷信。

按照伊壁鸠鲁的理论，我们没有必要害怕神，也不用担心死后会受罪。我们掌握着自己的命运，尽管死亡不可避免，但是死亡并不可怕。这些学说能够减轻人的一部分痛苦，尤其是当人处于极度痛苦中时，作用会更大。

伊壁鸠鲁在科学上没有什么成就，因为科学能破解迷信，所以他才选择科学。如果对同一种现象有好几种科学解释，他不会辨别正确与否，而是全盘接受。所以，尽管他热衷于科学，但是他的动机使得他对科学发展没有做出任何贡献。同时，他非常教条，不允许学生对他的学说提出异议。这也使得伊壁鸠鲁学派的人不懂得创新，思考有局限性。

伊壁鸠鲁的弟子中最有名的便是诗人卢克莱修，当时的思想氛围比较自由，伊壁鸠鲁的学说风行一时。但是奥古斯都皇帝想恢复以前追求德行的哲学和古代宗教，因此卢克莱修的才华便被湮没。直到文艺复兴之后，他的诗作手稿才得以被世人瞩目。他的名声也日渐高涨，他还是雪莱最喜爱的作家之一。

他将伊壁鸠鲁的哲学转换成了诗歌的形式。相对于伊壁鸠鲁的谨慎，他热情奔放。有人说他是死于自杀。伊壁鸠鲁在他心目中的地位如同神明一般，尽管伊壁鸠鲁否认神能影响到人，他还是像赞美神明一样在自己的诗歌中赞美伊壁鸠鲁。

如果你能接受希腊宗教的仪式，你就很难理解为什么伊壁鸠鲁与卢克莱修要反对宗教。但是我们对当时的宗教大多认识模糊，当时的宗教仪式很残酷，经常需要用活人来祭祀。在对奥林匹克诸神的祭奠中、罗马帝国出征的仪式中，都会有活人祭祀仪式。知道了这些，我们就会理解为什么伊壁鸠鲁在提倡快乐的时候要反宗教、反恐惧。

经过研究证明，当时希腊有许多种信仰，它们非常野蛮。这些小的宗教后来被俄耳甫斯主义凝聚到一起，并在一部分人中流传。地狱的说法便是这些人发明的，后来的基督教只是借鉴了这种形式。当时人们便对死后受到惩罚感到恐惧，这一点在柏拉图的《理想国》中也有所体现。这种恐惧一直持续到伊壁鸠鲁时期。

我们今天对于伊壁鸠鲁的认识大多来自卢克莱修的诗歌。依我们今天的标准，伊壁鸠鲁派的学说应该是消极的。但是在当时，它们却是帮助人们摆脱恐惧的福音。

伊壁鸠鲁所处的时代苦难极深，以至死亡都会变成一种受欢迎的解脱方式。但当时的希腊人非常顽强，他们努力建立起一种新的秩序，以摆脱马其顿人统治期间造成的混乱。这些混乱加上精神病的折磨，让卢克莱修把死看作一种解脱。

伊壁鸠鲁死后，伊壁鸠鲁派迅速萎缩。尽管如此，这门学说还是延续了六百多年。奥古斯都时代之后的哲学家都转向了斯多葛派。人们在生活中受到的苦难，只能到宗教里面去寻找解脱。基督教把人类死后的情形描绘得非常美好，以此让人们忍受今生，死后得到解脱。这与伊壁鸠鲁派的学说恰好相反。但是到了18世纪末，一种类似于伊壁鸠鲁派的学说在法国兴起，之后又传入英国。这种学说兴起的目的便是反基督、反宗教，同当年的伊壁鸠鲁派一样。

第二十八章 斯多葛主义

斯多葛派与伊壁鸠鲁派几乎同时创立，但是它的发展历史更为曲折和悠久。在发展过程中这个学派变化很大，以至于晚期的学说与早期创立时的学说截然不同。斯多葛派创始人是芝诺，他生活于公元前3世纪。斯多葛派最初主要包含了犬儒主义与赫拉克利特的一些观点，但是随着学派的发展，后来引进的柏拉图主义挤走了唯物主义。伦理学一直是斯多葛学派中最重要的一部分。可惜的是早期斯多葛派的著作几乎全部失传，流传下来的都是晚期的作品。

在斯多葛主义身上，几乎找不到希腊哲学的影子。斯多葛主义早期在叙利亚人之间流传，后来在罗马人之间流传。有人说它其中的宗教成分是希腊人不能提供的，但又是当时世界上所需要的。还有研究者说，芝诺之后的几乎所有国王都推崇斯多葛主义。

芝诺出生于公元前4世纪晚期，家乡是塞浦路斯岛上的季蒂昂。他后来到了雅典，并喜欢上了哲学。他喜欢犬儒主义的观点，同时还喜欢苏格拉底的学说。他将许多苏格拉底的学说继承到斯多葛主义中，以至于学园中的人指责他剽窃。芝诺不认可柏拉图的学说，并且反对灵魂不死的说法。但是到了晚期，斯多葛派开始接受柏拉图主义。

在芝诺的学说中，最重要的是德行。在物理学和形而上学上花费时间也是为了更好地证明与宣扬德行。他起初是在用唯物主义反驳形而上学，但是最后陷入了另一种形而上学。例如，他认为现实就是坚固的物质，桌子是坚固的物质，同样，神、心灵、正义、德行都是坚固的物质。

斯多葛派一直坚持决定论，芝诺从不相信偶然。他认为世界处于一个火的循环之中，最初宇宙中只有火元素，后来生出了气、水、土，最终宇宙还会毁于一场大火之中。不过这场大火不是基督教中所说的世界末日，而是循环的结尾。之后，循环将重新开始，世间万物重新轮回。

这种决定论看上去令人沮丧。斯多葛主义中，自然过程都是被设计好的。设计者将世界设计成他想要的样子，为的是朝着同一个目标前进，这个目标在世间万物中都有所体现，包括人生。也就是说世间万物生存的目标都是有关联的。有的动物可以用来为别的物种充饥，有的可以用来考验自己，就是臭虫也有自己的用处。拥有无比的威力，就会被称为"神"或者宙斯。

"神"是世界的灵魂，我们每一个人心中都有"神"的一部分。每个人都是属于自然的一部分，当个人与自然达到和谐一致时，才是最完美的。德行是个人与自然和谐一致的保证。

世界中唯一的善便是德行，财产、幸福等不值一提。德行掌握在自己手中，所以能拯救自己，使自己获得自由的也只有自己。只要拥有了德，贫穷、监禁，甚至是像苏格拉底那样被判处死刑，也是幸福的。世俗的判断多是错误的，所以世俗的愿望才会横行；正确的判断只有那些自己掌握命运，不会被剥夺德行的人才能做出。

上面这些斯多葛派的学说充满了矛盾，既然善是唯一的德行，那么上帝为什么要制造出那么多的罪恶与苦难？斯多葛派不厌其烦地说这是为了锻炼人们的心灵，磨炼人们的意志。既然相信决定论，那我们是否有德也自然是早就决定好的，这样我们的德就不是自己争取来的，我们的恶也是上天决定的。

在我们眼中，德行应该是一种手段，比如在瘟疫流行时期医务人员不顾生命安危救治伤员，这便是有德。但是在斯多葛主义中并非如此，他们认为德行是一种目的，而并非手段。他们不会去用行动阻止罪恶，还认为这种罪恶会循环发生，这种观点令人绝望。

斯多葛派的道德观是无情的、自私的。他们排斥任何感情，包括对别人的同情心。自己的妻子、孩子去世他们不会感到悲伤；友谊固然可贵，但是绝对不允许朋友成为自己追求德行的障碍；参加公共生活的时候不能对别人施舍。总之，自己的德行是最重要的，除此之外都是无关紧要的事情。在斯多葛派那里，行善是为了有德，是有目的的，而并非出自善心。

从芝诺流传下来的一些残篇来看，他将"神"定义为世界的灵魂。他认为"神"是有实质的，这个实质是由整个宇宙构成的。他还认为"神"渗透在世间万物中，就像蜂蜜渗入蜂房。第欧根尼·拉尔修说，芝诺认为"普遍规律"像"神"一样渗透在世间万物中。决定万物归宿的是命运，命运跟天意、自然是一个意思。斯多葛派一直相信占卜和占星术，他们认为既然有天意，那么占卜就一定有道理。据说芝诺就曾经做过一些准确的预言。

芝诺的继承人是克雷安德，他来自阿索斯。他被人们记住主要是因为两件事情：一是他认为阿利斯塔克宣扬太阳中心说犯了不敬之罪，二是他的《宙斯颂》被后来的基督教徒熟知，并广为流传。

克雷安德的继承人是克吕西波，他一生著作颇多，据说有705卷之多。他没有让斯多葛派的学说得到发展，而是退步了，变得更为死板和迂腐。他认为宙斯是宇宙中唯一不朽的神，包括日月在内的其他一切都会死亡；他还否认世间的恶是神创造的，这与决定论奉行的"世间一切都是命运安排好的"理念相违背。

克吕西波对决定论的认识便是好人的结局肯定是幸福，坏人肯定会得到报应。克雷安德认为人死后灵魂暂时不会死，直到宇宙最后被一场大火烧毁时，这些灵魂才会被"神"吸走。而克吕西波则认为，只有智者死后灵魂才会如此。

克吕西波还在逻辑学上面做了很多研究，他还研究文法与用词。在他的影响下，斯多葛派曾经有自己的一套完整的知识结构。这与斯多葛派早期以及后来只推崇伦理学是不一致的。在芝诺的认识中，一切都是围绕着伦理学在转。他曾经做过这样的比喻：逻辑学是院墙，物理学是院墙中的树，而伦理学就是树上的果实。

克吕西波之后的帕那提乌斯和波希多尼也是斯多葛派历史上的两个重要人物。帕那提乌斯将柏拉图主义引入斯多葛主义，并将唯物主义摒弃。波希多尼是帕那提乌斯的徒弟，波希多尼还是西塞罗的师傅，是西塞罗将斯多葛主义传入了罗马。

波希多尼是出生于叙利亚的希腊人，他后来到了雅典，学习了斯多葛主义，又游历到罗马帝国的西部。同时他还是一位科学家，在许多课题上都有研究。他还是一位天文学家，他估算的地球与太阳间的距离是最接近实际数值的。他还是一位历史学家及哲学家。他将许多柏拉图的学说引入斯多葛主义中。

帕那提乌斯认为人死后灵魂会随之消失，但波希多尼则认为灵魂会在人死后生活在空气中，直至宇宙被一场大火烧毁才消失。他还认为恶人的灵魂会相对混浊，会离地面更近，会受轮回之苦；而善人的灵魂会非常纯洁，升得很高。

早期的斯多葛派人物并不是最出名的，最出名的是后来三个与罗马有关的人，他们是塞内卡、爱比克泰德与马可·奥勒留。

赛内卡（约前4—65）是西班牙人，后在罗马从政，因为得罪了皇后被皇帝流放到科西嘉岛。几年后他被召回并担任太子的师傅，这个太子就是后来臭名昭著的暴君尼禄。赛内卡表面上表示摒弃财富，暗地里却在不列颠大肆放贷，聚敛了大笔财富。据说，不列颠起义便是因为他放贷的利率太高引发的。

后来，尼禄越来越疏远赛内卡，并最终给他安上了一个企图篡位的罪名，判处他死刑。据说看在师徒情谊上，尼禄最终赐他自杀。

传说他得知自己的结局时准备写一篇遗嘱，后来因为所剩时间不够，便告诉身边的人，让他们不要为自己难过，因为自己为世间留下了一个有德的生活典范。说完之后，便切开了自己的血管。后代对赛内卡的评价是依据他自己的箴言，而不是他的所作所为，这样就未免有失客观。

爱比克泰德（约55—135）也是希腊人，他原本是一名奴隶，后来被尼禄释放，当了大臣。他在罗马教学至公元90年，后隐居尼柯波里，并死在那里。

马可·奥勒留（121—180）与前两位不同，他的身份是罗马皇帝，并以前任明君安东尼·庇护为榜样。他喜欢斯多葛派关于德行的学说。他在位期间灾难连年，不仅有战争与叛变，更有瘟疫、地震这样的天灾。这就需要他非常有毅力。他在《沉思录》一书中谈到了自己肩上的压力与负担，还谈到了自己的苦恼。他一生中许多伟大的抱负都没有实现，现实中的种种欲望让他渴望安静的乡村生活，但是这个愿望也没有实现。《沉思录》是一本伟大的书，但最初他只是写给自己看的，并没有打算发表。最终，他死于征战带给他的劳苦。

令人感到意外的是，爱比克泰德和奥勒留在哲学上的许多观点是相同的。这说明，个人处境对哲学的影响，显然小于所处时代给个人的影响；再者，哲人都是比较洒脱的，能很轻松地将个人境遇放到一边。

当年奥勒留曾经下令，角斗士使用的武器不能太锋利，但是他没有做彻底的改革。当时罗马帝国的疆土上一片死寂，除了偶尔会冒出反叛的将领。人们已经厌倦了，即使是过去的那种美好生活。奥勒留用他的语调向人们表明，他所处的时代是一个疲倦的时代，在这样的时代中即使是美好的东西也充满了厌倦。这也是为什么当时流行斯多葛主义，斯多葛主义便是教人忍受，而不是心怀希望。

爱比克泰德曾经说，我们的灵魂被囚禁在肉体之上，我们都是犯人。马可·奥勒留也说过意思大致相同的话。他说，人在世上就是灵魂载着肉体，宙斯给了每个人一部分神性。史上没有罗马人和希腊人之分，我们都是宇宙人。恺撒的亲戚们不会感到恐惧，因为他们认识恺撒；按照这种说法，我们每个人身上都有一部分神性，我们都认识神，更不应该感到恐惧。将德行看作唯一的善来追求，那样就能避免任何灾难。

奥勒留将自己的所思所想都记录了下来，用以提醒和激励自己。他认为大家都是神的儿子，包括奴隶。人们应该像服从法律一样去服从神的意志。有人认为恺撒高于一切，其实在最高的权力之上还有神。人们应该将神看得比世间的统治者更重要。

爱比克泰德认为我们应该去关爱那些不幸的人，即使是我们的敌人。斯多葛派是摒弃快乐的，他也一样，但是他不摒弃幸福。他认为幸福是美好的，幸福是一种不受别人打扰也不依赖别人的自由。我们每个人的角色都是神指定的，我们要扮演好。

爱比克泰德的一些箴言被他的徒弟记录下来，话语虽然简洁但是充满真诚。这些话语充分体现了他高尚的道德。他所处的时代比任何时期的希腊都糟糕，但是他认为人人平等，包括奴隶，这些观点让他在思想上比以柏拉图和亚里士多德为代表的城邦制哲学家都要优秀。他理想中的世界比柏拉图的理想国更完美。

《沉思录》中，一开始马可·奥勒留便感谢了对自己有过帮助的人，包括神明。他列举了这些人在哪些方面帮助了自己，主要是思想方面的。他还感谢神明对他的眷顾，使他有健康的孩子、温顺的妻子，以及在哲学上没有走弯路。

《沉思录》中许多地方都与爱比克泰德的意见一致。他不相信灵魂不朽，认为做到自然，与宇宙和谐，服从神的意志做事，是最美好的事情。

马可·奥勒留认为每个人身上都有一部分神性，也就是神给每个人都派了一名守护者。他认为宇宙是有生命的实质，并认可决定论，认为神已经准备好了宇宙内的一切。

在《沉思录》中，他的一些话表明了斯多葛学派同神学之间的矛盾。矛盾主要有两个。第一个矛盾是：一方面，决定论认为世界上任何事情都是早已经安排好的，另一方面，个人的意志是自由的，别人无权干涉，这两方面有矛盾。第二个矛盾是：唯有有德的意志才是善，而有德的意志是自主的，与外界无关，也就是对别人应该既不行善也不施恶。这样一来，所谓的仁爱就变成自私与麻木的了。下面就这两个矛盾加以解释。

第一个矛盾是决定论与个人的自由意志之间的矛盾，这是一个历史悠久的问题，只是在不同时代以不同形式出现。

首先，我们先把斯多葛派的观点阐述一下，然后再找出其中的矛盾之处。他们认为宇宙是有生命的实质，宇宙的灵魂便是"神"。"神"按照一种"普遍的法则"做事，这些法则是能保证产生最好效果的那种法则。每个人身上都有火和泥土的元素，其中火的元素是神赐予每个人的一部分。这部分是神圣的，当它体现在意志上时，便是神的意志的一部分，神的意志是自由的，因此人的意志也是自由的。

让我们来看其中的矛盾之处，他们认为个人的意志是自由的，不受外界左右。但是我们知道，类似于消化不良之类的疾病，很容易摧毁一个人的意志，从而破坏他的德行。还有，被暴君囚禁在大牢里，以及吗啡、可卡因等，都会让人崩溃。这些例子说的都是人，在没有生命的物质世界，也能找到例子来证明决定论是错误的。斯多葛学派一方面宣扬意志自由论，一方面又让人们接受命运；奥勒留也相信个人意志不受外界影响,但同时又在书中写到自己的父母、祖父母、师长们对自己的德行培养有着积极的影响。这些说法都是不能自圆其说的。

第二个矛盾更加明显。斯多葛派学说中,有德的意志是唯一的善,而有德的意志是自主的,与外界无关,也就是人无须对别人行善。斯多葛学派怎么会发现不了这样明显的矛盾呢？原因是他们有两套伦理体系,一套是用在自己身上的高等伦理体系,一套是用在所谓的下贱人身上的低等伦理体系。高等伦理体系认为,德行是唯一的善,除此之外,世俗的美好与幸福都是没有意义的,追求这些没有意义的东西便是违背神的意志。按理说奥勒留也适用于高等伦理体系,但是现实生活让他明白,所谓没有意义的追求才是生活中最有意义的东西,比如运粮食救济饥民,保护国家避免入侵。奥勒留最终接受了世俗的标准,他知道只有按照世俗的标准做事,才能尽自己的职责。

康德的伦理体系非常近似于斯多葛派的伦理体系。康德认为,善的意志是唯一的善,它必须有目的才能被称为善,目的是什么无关紧要。这种伦理体系在斯多葛派中是这样表达的:世俗将一些东西认为是美好的,这是错误的,但是真正的善就是帮助他们获得这些虚假的美好。

这是一种不真诚的说法,有吃不到葡萄说葡萄酸的心理。

尽管斯多葛派的主要学说是集中在伦理学方面,但是影响不限于伦理学,在其他领域也产生了影响。最主要的影响有两个:一是知识论,一是自然律和天赋人权学说。

知识论方面,柏拉图认为知觉都是虚假的,斯多葛派反对这种观点。他们认为知觉虽然有一定的欺骗性,但是只要稍加用心,就能辨别真假。另外,他们认为一些先天的、普遍的原则是正确的。希腊的逻辑都是演绎的,演绎就要有出发点,这些出发点正确与否呢？这是一个老问题了。斯多葛派认为一些无可争议的原则、先天的观念可以作为出发点,这个观点影响深远。

16世纪、17世纪、18世纪,欧洲兴起了天赋人权、人人平等的学说,这些学说来自斯多葛派,尽管有了很大改动。斯多葛派认为人生来平等。奥勒留在《沉思录》中幻想了一个所有人遵循统一法律,人人权利平等,言论自由,被统治者的自由能得到尊重的政府。尽管这在当时不可能实现,但这种想法还是影响了立法,为妇女和奴隶争取了地位。16世纪以后,社会矛盾加剧,斯多葛派的这一学说重新披上外衣来到了人们面前。

第二十九章　罗马帝国与文化的关系

罗马帝国对文化的影响主要表现在四个方面:一是罗马帝国对希腊思想的影响;二是希腊文化与东方思想对罗马的影响;三是罗马帝国统治下长久的和平局面在文化传播方面的影响,以及造成了文化的单一性;四是希腊化思想由伊斯兰教徒传至西欧。

在了解这些影响之前,我们有必要先了解一下罗马帝国的政治史。

公元前3世纪初,迦太基与叙拉古是西地中海的两个强大的城邦,后来经过两次作战,罗马打败了叙拉古,并大大削弱了迦太基的实力。公元前2世纪开始,罗马陆续征服了西班牙、法国、英格拉等地。罗马帝国的疆土北至欧洲的莱茵河和多瑙河,东至亚洲的幼发拉底河,南到北非大沙漠。

罗马统治之前北非还是一片荒芜,罗马帝国时期这里变得土地肥沃,并坐落着许多大城市。从公元前30年奥古斯都继位开始,之后的两百年是罗马帝国历史上最和平、稳定的两百年。

最开始罗马只是一个同希腊城邦一样的小国家，他们不依靠对外贸易生活。当时罗马有国王、元老院，同时民主的成分也在不断增加。帕那提乌斯认为当时的罗马政府是君主制、贵族制、民主制结合的产物。后来的征战使元老院和以骑士为代表的中层阶级获得了巨大的财富，他们甚至雇用奴隶大肆种植葡萄和橄榄，使得本国的农民失去收入来源。

从公元前2世纪后半叶开始，罗马境内开始爆发农民运动，规模巨大。公元前30年奥古斯都继位。他终结了国内的农民运动，并开始对外征伐，使国内环境变得和平、稳定。

希腊的各个城邦纷纷要求主权独立，同时城邦内部因为贫富差距而内战不断。随着罗马征服诸城邦，前一个问题逐渐消失，后一个问题却愈演愈烈，城邦内战中的每一方都宣称自己是正义的，谁给士兵出的钱多谁就会获胜。每一次胜利后土地都会被重新划分，并按照承诺奖赏给将士。这样混乱的局面最终都被奥古斯都终结，国内再也没有混乱与独立运动。

内战结束，国内政局变得稳定，这一切都来得太突然，以至人民都感觉不适应。这种稳定与有秩序的生活曾经是希腊人和马其顿人的追求，它最终被奥古斯都做到了。奥古斯都统治期间是罗马历史上一个比较幸福的时期。各省第一次给公民发福利，以前总是收取和掠夺。人们在奥古斯都生前和死后给了他无数的荣誉，很多地方都将他看作神。

但是平静的生活让人们变得不爱冒险了。希腊人自由冒险的精神在亚历山大时期就被逐渐剥夺，希腊自此失去了激情，开始变得犬儒化与宗教化。对生活失去热情的人们转而开始从天堂中寻找安慰，苏格拉底认为天堂中可以自由辩论，而对于他之后的哲学家，天堂拥有更多的意义。

这种局面后来也曾出现在罗马历史中，不同的是，罗马人没有感觉痛苦，因为他们不像希腊人一样是战败者，相反他们是胜利者。马其顿人没有给希腊带来和平与稳定，最终罗马人给它带来了。当时奥古斯都用自己的行动征服了所有罗马人，包括元老院。人们心甘情愿追随他。

战争后稳定下来的罗马就像热恋后结婚的青年，生活稳定下来。这种生活虽然安全，但是只有动乱才有创造力，稳定则意味着停滞。奥古斯都恢复了古老的信仰，限制自由思想，这一切都是为了国家稳定，同时也将帝国变得死板。后来的继承者多少都继承了这种做法。

奥古斯都之后的继承者为了得到权力不择手段，使帝国的风气变坏，但是国家仍然照常运转。

从公元98年图拉真继位到公元180年马可·奥勒留去世，这是罗马帝国史上最美好的一个时期。但是进入3世纪，罗马帝国则遭遇了一系列的灾难。军队意识到自己的重要性，于是开始钩心斗角地为自己争取钱财和减少出征。这样的军队大多毫无战斗力，无法抵挡北方和东方蛮族的入侵。政府财政陷入瘫痪，收入减少，而军费大增。同时国内发生瘟疫，当时的罗马政权岌岌可危。

正在帝国最危险的时候，两个人的出现扭转了局面，他们是戴克里先与君士坦丁。君士坦丁于公元312年至337年在位。他在位的时候帝国已经分成东西两部分，他将拜占庭作为东罗马帝国的首都，并改名为君士坦丁堡。戴克里先在军队改革和行政改革上都取得了成功，但后来证明这些成功都是短期效应。他将日耳曼人作为军队的主力，并晋升他们的官职。这些举措埋下的隐患到了5世纪才显现出来，日耳曼人决定不再为罗马人效劳，要为自己而战。行政上他的改革同样埋下了隐患。为了满足混乱时期的开支需求，他想尽方法从基层收税。同时为了防止逃税，他将农民固定在土地上禁止迁徙，农民逐渐被转化成农奴。

因为士兵大多信仰基督教，因此君士坦丁将基督教定为国教。后来日耳曼人灭掉西罗马帝国时也接受了基督教，从而使西欧的一些与教会有关的古代文明得以保存。

东罗马帝国直到公元1453年才被土耳其人消灭，从此东罗马帝国部分以及北非和西班牙都被伊斯兰教统治。不像野蛮的日耳曼人，阿拉伯人只是推广自己的宗教，并没有破坏希腊文明。希腊文明在东罗马帝国悠久的历史中得以保存，这些文明在11世纪之后被逐渐传播到了西方。

下面要谈的就是罗马帝国是如何影响文化发展和传播的。

一、罗马帝国对希腊思想的影响

罗马对希腊思想的影响始于历史学家波利比乌斯与斯多葛主义者帕那提乌斯。希腊人比较聪明，喜欢安逸的生活，瞧不起野蛮的罗马，但是他们在政治上比较软弱。当时希腊的一些哲学家不再关心公共事务，完全沉浸在个人生活中。但是有人从强大的罗马帝国身上看到了希腊人的缺点。

波利比乌斯出生于公元前200年左右。他作为囚犯被押送至罗马，后来与小西庇阿结交，并多次跟随他出战。他精通拉丁文，这在希腊人中很罕见。他写出了《布匿战争史》，并在其中对罗马的体制大加赞美。这些体制确实比希腊的体制要稳定和有效。罗马人因此很喜欢他，希腊人如何看他就不知道了。

我们在前面已经讲过帕那提乌斯了，他与波利比乌斯、小西庇阿是朋友。小西庇阿担任罗马执政官期间他经常去罗马，小西庇阿死后他便留在了雅典。他的学说中有更多的政治性，这是受罗马体制影响的结果。同时他还摒弃了犬儒主义与教条主义。他的学说受到罗马人的欢迎。

爱比克泰德虽然是希腊人,但是绝大部分时间在罗马生活。他对马可·奥勒留影响很大,但是对希腊人的影响则很难说。

普鲁塔克也是大部分时间生活在罗马,并深受尊重。他在各个领域都有著作,其中最有名的是《希腊罗马名人传》。他在这本书中尝试着将希腊与罗马结合起来。

除了上述人物以外,罗马帝国境内讲希腊语的部分在思想和艺术上日渐颓废。生活变成了大多数人的主题。各个哲学派别虽然都还存在,但是自马可·奥勒留之后几乎没有任何发展。罗马帝国境内的语言逐渐分为希腊语与拉丁语两部分,东罗马帝国是希腊语部分,西罗马帝国是拉丁语部分。

二、希腊文化与东方思想对罗马的影响

这个问题分两方面讲:一是希腊的哲学、艺术、文学如何影响罗马,二是东方的迷信与宗教如何影响罗马。

(1)罗马人很早就意识到希腊人在文化方面的强大,无论是哲学、艺术,还是个人修养、谈吐方面。罗马人唯一的优势在于军事强大和政治团结。征服希腊之后,罗马人开始在文化的各个领域内学习希腊。罗马人自己在哲学、艺术、文学、建筑上没有一点儿创新,完全是继承自希腊文化。除了修建道路、制定法律、培养军队之外,其他一切方面罗马都效仿希腊。

崛起之前的罗马是农耕国家,大部分罗马人是农民。这便使他们的性格中有勤劳、勇敢的优点,也有顽固、愚昧的缺点。战争使罗马强大起来,一夜之间原先的农耕文化就被打破了。奴隶代替了农民,

小块土地被合并为庄园，商业迅猛发展。伴随而来的是思想的解放，女人变得更加开放、自由，离婚成了常事，很多人选择不生孩子。这些都是受希腊思想的影响。

3世纪之后，希腊文化对西罗马帝国的影响逐渐衰退。主要原因是西罗马帝国的体制几乎是军事专制，又兼许多野蛮人的军队自己推选皇帝。这些野蛮人认为文化无用，同时国家不提倡教育，这导致几乎没人能看懂希腊文。

（2）东方宗教、迷信在罗马帝国西部得到发展。当年亚历山大曾经将巴比伦、波斯、埃及的文化传入希腊。现在，罗马人将这些文化传入西部。

这些地区的教派传入罗马，并得到发展之后，几乎每个派别都有代表在政府里面任职。当时这些教派中的人物甚至能够影响国王。传说一位名叫亚历山大的先知曾经给马可·奥勒留出主意，只要他将两头狮子同铁笼一起投入河中，他就能获得战争的胜利；罗马名人鲁提连奴还曾经向他请教如何选择妻子，亚历山大声称自己与月神有一个女儿，并最终将女儿嫁给了鲁提连奴。为此鲁提连奴用100头牛祭祀月神。

更实际的例子是皇帝埃拉伽巴路斯，他于公元218年至222年在位。他原本是叙利亚太阳神的一位祭司，他的名字就是当地太阳神的名字。他来到罗马以后，将东方的宗教一并带了过来。

一种从波斯传入的宗教，在3世纪后半期发展到顶峰，并与基督教发生了激烈的争斗。这个教派名叫密特拉教，深受当时军人的崇拜。当时的士兵都推崇新宗教，为了维护军心以及自己的统治，当时的皇帝也热衷于引进新宗教。

君士坦丁大帝也试图引进新宗教，但总是失败，直至最后选择了基督教。人们之所以信仰宗教是因为当时生活中有太多苦难，希腊的宗教总是让个人相信幸福；而亚洲经历过更深的苦难，他们的宗教更能止痛，让人们寄希望于来世，基督教便是其中一种。

三、政府维护了文化的统一

亚历山大与罗马都保护希腊文化免遭破坏，如果当时有成吉思汗的话，这些文明可能会被一扫而光。城邦制时期希腊的文化掌握在少数贵族手中，非常脆弱。马其顿人与罗马人占领希腊后，并没有搞破坏，因为他们热爱希腊文化。

从某个方面来说，亚历山大与罗马人催出了更好的哲学，比如斯多葛派的博爱。罗马人长期处于一个政府、一种制度的统治之下，对文明的认识也变得单一起来。他们认为世界上除了罗马，其他地方都是野蛮的，罗马就代表着整个世界。这种观念被基督教吸收，他们有句格言是"审判全人类"。

罗马还用征战的方式传播文化，开化了许多地方的野蛮人，这些地方包括意大利北部、西班牙、法国、西德等，是罗马让这些地方摆脱了黑暗，迎来了文明。如果说希腊在文化思想上做到了"质"，那么罗马就在文化传播上做到了"量"。

四、伊斯兰教徒在希腊文化传播上所起的作用

从7世纪开始，伊斯兰教逐渐扩大到叙利亚、埃及、北非、西班牙等地。阿拉伯人接受了东罗马帝国的文明，并开始研究希腊学说。他们还帮助亚里士多德获得了同柏拉图一样大的名气。

从阿拉伯创造的一些词汇就可以看出，他们继承并发展了希腊的数学、炼金术、哲学以及天文学。

伊斯兰教徒对希腊文化最大的贡献在于他们很好地将希腊文化保存了下来。他们没有像基督教一样去选择性地接受希腊思想，而是按照原样全盘保存下来，其中包括柏拉图、亚里士多德以及许多重要哲学家的著作，这为后来的文艺复兴以及后人的研究提供了很大的帮助。

第三十章　普罗提诺

普罗提诺生于公元204年，死于公元270年，他是古代西方最后一位伟大的哲学家。他的一生正逢罗马历史上最混乱的时期，他出生之前由于军队战斗力下降，外族不断入侵，加上大瘟疫，罗马帝国人口减少了三分之一；同时帝国财政崩溃，税赋加重。普罗提诺死后这种局面才结束，帝国重新建立了秩序。

但是，普罗提诺在书中没有描写任何苦难。对当时的人们来说，现实是令人绝望的，他们幻想着有一个充满美好、道德的世界。这个"美好的世界"对基督教徒来说，便是天国；在柏拉图主义者眼中，这个"美好的世界"是一个充满理念的永恒的世界。基督教的神学家认为柏拉图主义是基督教神学中不可缺少的一部分，还把普罗提诺称为"柏拉图在世"。

普罗提诺在历史上的作用非常重要，不仅对中世纪的基督教，还对天主教神学产生了巨大的影响。要谈基督教就要了解它的历史，以及在不同时代不同地区的表现形式。比如，现在美国的基督教徒比较关心现实世界，关心社会的发展以及应该承担的责任。所以柏拉图主义就不太适合美国基督教徒，因为它宣扬当我们对现实失望时应该寄希望于来世。其中的原因与教义无关，就像每个地区和时代的侧重点不同。

普罗提诺的重要性更体现在他代表着一种伦理体系。判断一种体系的好坏最直接的就是看它的真假,除了真假之外,还可以看它是否具有美。普罗提诺代表的体系现在已经几乎没有人认为它是真的了,但是它其中具有美,这是毫无争议的。不同的哲学表明了人们在不同时代的不同心情。这种心情的好坏来自对宇宙思索的结果。一个人可以是乐观的悲观主义者,也可以是悲观的乐观主义者。萨姆尔·巴特勒也许是前一种情况,而普罗提诺则是后一种情况。在当时的时代里,幸福必须经过对非感官的事物加以思索才能获得。这种幸福是靠思索得来的,因此感官世界、现实世界就受到了轻视。对那些在现实生活中不如意,想在理论中经过思索得到幸福的人来说,普罗提诺非常重要。

在纯粹理智方面,普罗提诺的优点非常明显。他纠正过柏拉图的错误,提出过很好的论据来反对唯物主义,他阐述的关于灵魂与肉体的关系比前人更透彻。

他为人真诚,在道德方面像斯宾诺莎一样让人感动。他总是用最简洁的语言把自己认为最重要的东西告诉对方。无论学说上对与错,他的为人是无可挑剔的。

我们对普罗提诺的了解大多出自他的弟子为他写的传记,但是内容太过神奇,以致可信度受到怀疑。

他出生于埃及,在亚历山大港一直生活到39岁。他的老师是阿摩尼阿斯·萨卡斯,被称为新柏拉图主义的创始人。他曾参加罗马帝国对波斯的远征,再后来定居罗马并开始在罗马教学。许多有权势的人都听过他讲课,皇帝也对他非常赞赏。他本想建立一个柏拉图心中的理想国,后来皇帝不再支持,计划也就搁浅了。49岁之后,他才开始写书,著作颇丰。不过他的很多书都是由普尔斐利编纂的,普尔斐利没有忠实于普罗提诺的想法，而是将新柏拉图主义与毕达哥拉斯主义相融合，变为超自然主义。

普罗提诺非常尊敬柏拉图，另外他还受亚里士多德、巴门尼德的影响。但是他反对原子论者，以及当时的斯多葛派和伊壁鸠鲁派。

普罗提诺笔下的柏拉图是片面的，他在《九章集》中对于柏拉图的描写依据的只是柏拉图著作中的一小部分。柏拉图在政治、德行、数学方面的学说，甚至连柏拉图的幽默都没有表现出来。

普罗提诺的形而上学是一种三位一体论，三位中最高的是太一，其次是nous（心智，精神），最后是灵魂。

太一是一种非常模糊的概念。太一被称为"神"，也被称为"善"；太一无法描述，它是一种存在；它不是"全"，它超越"全"；神体现于万物，太一不通过任何物质体现；它不寄托于某处，但是又无处不在；太一是无法定义的，因此沉默中拥有更多的真理。

第二者是nous，这个单词在英语中没有合适的解释。翻译成"心灵"不是太全面，同时容易造成误解。其他的翻译，比如印泽教长翻译为"精神"，相对比较准确，但是漏掉了理智的成分。这个单词中还体现了数学、观念，以及感官世界触摸不到的那种神秘成分。因此，我在这里使用的是nous，不做翻译。

普罗提诺认为nous是太一的影子，是太一的体现。他认为即使一事物不包含"有"，它也可以被认识。认识者与被认识者表现在同一事物上。比如，柏拉图将神看作太阳加以描述，这里神本身与体现神的都是太阳。这给我们的启示是，要想认清自己，就要在灵魂与神最相近的时候忽略肉体，以及肉体上的一部分灵魂。这样剩下的便是理智的部分。

他说人们应该意识到，自己身上潜伏着一种力量，我们的所作所为都是这种力量的体现，因此当我们认清nous的时候，我们便能看清自己身上的"神圣心灵"。我们会认识到是它创造了"有",但它同时又不是"有",它要比"有"更完美。它高于感情,高于理智,高于心灵,它是潜伏在身上的力量的源泉,但又与这股力量不是一回事。

当我们见到 nous 的时候,我们就会见到太一。见到太一的时候我们被震撼得不能用文字表达,也不能推论、思考。当灵魂被照亮时,那伟大的光便是伟大者。没有被照亮的灵魂什么也看不见,被照亮的灵魂能看见自己的追求。借助伟大者的光去发现伟大者,就像是借助太阳的光去观察太阳一样。

要想做到这一点,就要做到摒弃万物。普罗提诺正是通过这种方式摆脱肉体,几次潜入自我之中,并与这种境界融合,与神融合,达到仅次于伟大者的地位。之后便随着理智下降到推理的层面,灵魂重新回到肉体。

灵魂是三位一体中最靠下的一位。是灵魂创造了世界万物,包括日月。灵魂有两种,一种是相对于 nous 的,一种是相对于外界事物的。后一种灵魂是感官感觉到的世界,这种可以被感知的世界曾经被认为是有罪。普罗提诺不这样认为,他认为可感知的世界是美好的,并且住满了精灵。

普罗提诺的学说有神秘主义的一面,但是他的神秘主义不反对美。在这一点上,普罗提诺是最后一个这样认为的人。在后人眼中,无论是基督教,还是异教徒,都将美以及与美有关的事物看作魔鬼,是邪恶与丑陋的。但是普罗提诺不是这么认为的。

灵魂创造了世间万物。灵魂都有自己的时刻,时间一到灵魂便开始下降,并依附到适合自己的肉体中。灵魂选择肉体依据的不是理智,而是一种类似于性欲的东西。如果灵魂有罪,那么在人死之后,灵魂就需要到另外一个人身上去接受惩罚。比如你害死了自己的母亲,那么你来生就要做一名被自己儿子害死的女人。惩罚灵魂犯下的错误，用的方式便是让灵魂自己去承受一次这种错误带来的后果。

关于死后还有没有关于生前记忆这个问题，人们都很好奇。普罗提诺说，人的一生只是灵魂很小的一个时间段。在灵魂向永恒发展的过程中，这一段时间内的事情会变得越来越模糊，灵魂会逐渐遗忘生前的事情。到了最后，会将生前的所有事情都遗忘干净。

普罗提诺的《九章集》中有一卷是专门用来讨论灵魂的，这一卷中还有一篇是专门用来讨论灵魂不朽的。身体不是不朽的，因为身体由灵魂与肉体构成，肉体终将腐烂。那灵魂与身体又是什么关系呢？普罗提诺反对亚里士多德灵魂是身体的形式的说法，他认为按照这种说法，便不会有理智了。他也反对斯多葛派认为灵魂是一种物质的说法，如果灵魂是物质的，同时世间万物都是由灵魂创造的，那就是说灵魂创造了自己，这显然是不对的。因此灵魂不是物质，也不是物质的任何一种形式。它是一种永恒的"本质"。因为理念不朽，所以灵魂不朽。这是柏拉图的观点，只是在柏拉图的著作中太隐晦，是普拉提诺将它传播开来。

我们知道了灵魂是如何选择肉体的，那灵魂又是如何进入肉体的呢？普罗提诺认为是通过欲望。欲望有高尚的，也有不高尚的。灵魂通过欲望选择肉体是一件内在的事情，我们能看到它选择了什么样的肉体，但具体选择的过程我们看不见。就好比我们只能听到作曲家作出来的曲子，但是他在脑子中思考的过程我们看不到。

灵魂进入肉体也是有弊端的。灵魂高于肉体，但是两者一旦结合就变成了一个整体。灵魂被束缚在肉体之中，不得不去处理一些低级的事物。同时，肉体能蒙蔽真理，感觉会误导知识。这都是肉体对灵魂的影响。

灵魂效率降低、犯错误，这都是可以接受的。如柏拉图所说，创世过程中的错误是不可避免的。灵魂创造出来的世界按理说应该是最符合逻辑的，不过这个世界只是永恒世界的一个摹本。缺陷不可避免，但是缺陷有缺陷的美。

诺斯替派曾经说过，追问灵魂为什么要创造世界，就是在追问灵魂为什么会存在，为什么会有创世主，这是在为永恒寻找开端，同时把创世看作一个生命。有这种想法的人必须改正自己，对于至高无上的权力我们要心怀崇敬。我们要知道，现实世界不过是一个摹本。既然是摹本，它就不可能是原本。同理，既然代表现实，它就不可能是象征。摹本的世界是按照最理想的秩序创立的，说这个世界不确切是不对的。

这个说法后来以另外一种形式被基督教继承。因为他们发现要想让人们相信创世说，同时又不对创世以前以及创世过程起疑是很难的。其实基督教的困难应该更大一些，普罗提诺认为创世源自"心灵"，而基督教则宣称创世是上帝自由意志的体现，这多少有些勉强。

关于作为摹本的世界不可避免地存在缺陷这种观点，普罗提诺同基督教徒都赞同。此外，普罗提诺主张自由意志，反对决定论。他因为反对决定论而反对占星学家，但是他没有全部否定占星术。他主张为占星术规定一个活动范围，巫术也是一样。他认为这些迷信的活动范围不能包括贤者。据说，有对手将诅咒施加在普罗提诺身上，对他进行打击报复。但因为普罗提诺是一位智慧、善良的贤者，所以这个诅咒被转移到施咒者本人身上。处在那个年代，普罗提诺身上也不可避免地存在迷信的成分，他后来的弟子在这方面更严重。

总之，普罗提诺的学说是系统的，并且被后来的基督教神学所接受。下面就总结一下普罗提诺学说的优缺点。

优点是他的学说有道德、有理智。当欧洲的文明被野蛮人摧毁之后，精神生活上仅剩下了神学，但是这种神学也不是单纯的迷信。当时包括普罗提诺的学说在内的各种哲学并没有消失，而是深深地隐藏，秘密地传播着。这为后来经院哲学的兴起，以及文艺复兴时哲学重新被广泛研究打下了基础。

缺点方面，普罗提诺认为内心比外在的世界更重要。观察内心可以看到神明，而观察世界则会发现丑陋。因此他提倡人们多观察内心，少观察世界。这种做法是片面的，但这种做法是长期积累而成的经验，并不是普罗提诺的独创，普罗泰戈拉、苏格拉底、柏拉图、斯多葛派以及伊壁鸠鲁派的学说中都有体现。最初这只是一种学说，人们观察世界、钻研科学的兴趣没受到影响。但是到了后来，它逐渐占领了人们的大脑，让人将德行看作最重要的东西。基督教在伦理方面也是如此。

在当时的世界中，普罗提诺的学说虽然被广泛接受了，但是没有也不可能产生积极的影响。他的学说是古代西方哲学的一个终结，同时又是基督教哲学的开端。他的学说能流传至今，就是罗马末期的基督教哲学家们的功劳。

卷二 VOLUME TWO

天主教哲学

导　言

　　天主教哲学是指从奥古斯丁至文艺复兴十个世纪内的宗教哲学。这段时间之前与之后也曾产生了一些伟大的天主教哲学家，但是天主教的思想体系是在这段时期内建立起来的，所以这段时间内的天主教哲学家也就显得更为伟大。

　　关于中世纪，我们要讲的不只有它的哲学方面，其他方面也要讲，尤其是教会的权力。从公元400年至公元1400年的十个世纪内，教会使得哲学与社会生活、政治事务之间的关系更亲密。教会的基础是教义，教义则是由哲学与宗教历史两部分组成。统治者与教会的斗争都以失败告终，根本原因是这些统治者也是教徒。传统的罗马与野蛮的日耳曼最终都败给了教会，主要原因是他们的传统与野蛮没有用哲学的方式体现出来。

　　我们对中世纪的了解都是片面的，除了极少的几个方面。中世纪的政治体制与经济体制的建设都相当缓慢，这也使得生活在当时的人们有些盲目。但丁是第一位充分了解当时宗教哲学并从事写书的世俗人。14世纪之后的哲学已经被教士垄断，他们所写的哲学著作都是站在教会的立场上，非常片面。我们要想了解中世纪的思想，就必须了解教会的发展历史。

中世纪与古代世界相比，最重要的特征是二元论，比如僧侣与俗人、天国与世间、灵魂与肉体之间的对比。所有这些都在教皇与国王之间的对比中有所体现。二元论历史悠久，比如其中灵魂与肉体的对比，柏拉图在自己的著作中就有所提及。灵魂与肉体的关系在基督教体系中也非常重要，后来基督教的禁欲思想便以此为依据。

在天主教哲学的最初阶段，占统治地位的是奥古斯丁，异教徒则崇拜柏拉图。到了第二个阶段，圣托马斯·阿奎纳是一位非常重要的人物。与柏拉图相比，圣托马斯·阿奎纳及他的崇拜者更喜欢亚里士多德。当时罗马教会便代表着天国，哲学家一方面在政治上保护教会的利益，一方面跟异教徒进行争辩。他们的一些行为现在看来是错误的，但在当时是非常有必要的。

到了13世纪，当时基本完备的思想体系被逐渐打破。其中最主要的一股力量便是富商阶级。相对于愚蠢、野蛮的贵族，人民更倾向于支持教会。富商阶级富有智慧、亲民、民主、自由，受到了城市中下阶层的拥护。他们帮助教会击败国王，同时将社会经济生活从教会的束缚中解脱出来。

法兰西、英格兰、西班牙等民族的崛起也加速了中世纪走向终结。他们的国王平定国内混乱，击败了贵族阶级。15世纪中叶时，他们已经有实力与教会抗衡了。

当时的教皇也失去了以往的雄风，他们先是在与法兰西的争斗中失败，后来在西欧的影响力也逐渐衰退。到了15世纪，教皇卷入意大利内部的政治乱局。此时的教皇已经沦落为意大利的一个诸侯。

给予中世纪最后一击的是文艺复兴与宗教改革，它们彻底瓦解了中世纪的思想体系。本书第二卷讲的便是这种体系是如何成长与衰落的。

中世纪时期，人们一边忍受着深刻的苦难，一边期盼着美好的来世。这也是西欧国家当时的缩影。3世纪多灾多难，人民生活水平下降。在经过了4世纪短暂的平静之后，5世纪西罗马帝国灭亡。罗马人有的成为流亡者，有的依靠农村的地产过活，这种混乱局面一直持续到公元1000年。拜占庭人与伦巴底人之间的战争将意大利仅存的文明也摧毁了。阿拉伯人占领了东罗马帝国，北方野蛮人也不断威胁着西欧国家。当时的生活充满了苦难与恐惧，没人能感受到活着的乐趣。人们只得从宗教中寻找安慰，寄希望于来世。随着局势的逐渐稳定，生活也逐渐平静下来，但是人们之间的感情已经远不如以前温暖。

为了探究天主教哲学的起源与发展，我决定拿出很长的篇幅来介绍这段历史。天主教哲学是一个组织的哲学，这个组织便是天主教会。近代哲学与基督教的道德以及天主教的伦理、政治方面有着密切关系。基督教从一开始就对上帝和恺撒，也就是宗教与国家都尽忠，这是非常独特的。

圣奥古斯丁的哲学是建立在之前的主教们打下的基础之上的，但是之后欧洲便陷入了混乱，从波伊提乌到圣安瑟伦的五个世纪中，基本上没有出过伟大的哲学家。只有爱尔兰的约翰·司各特。没有哲学家不代表没有思想。当时解决社会问题主要依据的是经院哲学中的一些制度和思想。直至今天，这些制度和思想依然十分重要。要想了解经院哲学，就需要了解希勒德布兰德，以及他所批判的一些罪恶，同时还要了解罗马的建立以及影响。

我们在下面的章节中会提到非常多的关于教会和当时政治发展的历史，尽管它们与哲学的关系不是太密切。这段时期的历史是模糊不清的，因此我们必须将其理顺，才能更好地了解当时哲学与哲学家所处的时代背景。

第一篇
教　父

第一章　犹太宗教的发展

以色列最早的历史和很多古老国家一样都是传说。出现在《旧约全书》中最早的有名字的犹太人是亚哈，他是以色列的国王。

公元前722年之后，犹太王国保持着自己的宗教与传统独立存在。公元前586年建立新巴比伦王国的迦勒底人攻破耶路撒冷城，并将犹太人押回巴比伦。公元前538年居鲁士王攻破巴比伦，允许以色列人回到巴勒斯坦。回到巴勒斯坦的他们重建圣殿，此时犹太正教开始成形。

被掳到巴比伦的经历让犹太教发生了许多变化。最初的时候犹太教信奉很多神，到了巴比伦之后便开始只崇拜一个神。"十诫"的第一条便说："你只准崇拜我一个神。"这说明犹太教在巴比伦入侵之前不久进行过改革。当时的先知们警告犹太人，只崇拜一个神将得到赐福，崇拜多个神将撤销赐福。

犹太人将他们被掳到巴比伦看作神在惩罚自己，就像父亲惩罚孩子一样。带着这种心理，流亡期间的犹太人更加虔诚地信仰自己的宗教，严格排他。留在后方没有流亡的犹太人没有这种经历，所以当流亡结束后两拨犹太人之间已经有了很大的差异。

犹太人拥有顽强的自尊心，这是他们与其他民族之间最大的区别。哪怕是在被俘之后，犹太人也没有觉得自己是战败者。他们认为这是上帝在惩罚自己，惩罚他们的信仰不纯洁。他们眼中只有上帝能惩罚他们。

犹太教在犹太人被掳之后得到了一些发展。比如，以前祭奠都是在圣殿，但现在圣殿被毁了，所以创建了犹太人会堂，用来朗诵《圣经》。安息日和犹太人特有的割礼，还有禁止与外族人通婚也都是这时确立的。这段时期犹太人还制定了法律，有效地维护了民族的统一。

我们知道的《以赛亚书》其实有两位作者，一位是被掳之前的第一以赛亚，另一位是被掳后的第二以赛亚。第二以赛亚是最伟大的先知，他传达了主关于自己是唯一的神的声明；他可能受波斯人影响，认为人死后可以复活；他对弥赛亚的预言，后来成了先知预知耶稣降世的证据。

接下来的一段时间，在历史书中见不到关于犹太人的描写。犹太人的国家没有消失，只是面积太小了，据说，只有耶路撒冷城周边方圆10至15英里大小。这是托勒密王朝与塞琉古王朝来回争夺的一个地方，不过战火没有烧到犹太人头上，他们得以安心地信奉自己的宗教。

犹太人的这种平稳、宁静的生活没有持续太久。塞琉古王朝的安条克四世曾想将各地都希腊化。他于公元前175年在耶路撒冷修建了一座体育场，并教青年各种运动，全方位学习希腊文化。这些行为遭到了犹太人的强烈反对。公元前170年，趁着安条克忙着与埃及作战，犹太人发动了叛变。安条克一气之下在圣殿中安放了神像，并宣布犹太教的神与宙斯合为一体。他这样做的目的是根除犹太教，此外他还下令废除割礼。耶路撒冷城内的居民不得已屈服了，但是城外的犹太人发动了一次次的抵抗。《马加比第一书》描写的就是这段时期的历史。

犹太人的反抗是由犹大·马加比率领的，他收复了耶路撒冷，还攻占了撒玛利亚的一部分，以及约帕和阿克拉。最终他同罗马进行谈判，取得了领土的自治权。最初他任命自己的兄弟约拿单为大祭司，后来他的家族世袭大祭司，他创立的王朝被称为哈希芒王朝。这段时期内，犹太人为维护自己的利益表现出了自己的英勇和顽强。

安条克四世想要将犹太希腊化在犹太史中非常重要。在这段时期内，很多犹太人被希腊化，有的是被强迫的，也有主动的。要不是很少一部分犹太人在反抗，犹太教很可能已经灭绝了。如果真是这样的话，就不会有后来的基督教和伊斯兰教了。基督教和伊斯兰教的神教教义都是出自犹太教，这样说的话，马加比家族拯救了犹太教，同时也拯救了后世东西方的神教。

尽管如此，后来的犹太人却并不尊崇马加比家族。因为他们后来变得妥协、世俗，只有那些殉道者才被人们尊重。

《马加比第四书》描述了当时的一些事情。其中的第一个故事便是几个兄弟宁死不屈的事迹。最初安条克劝他们，只要他们吃猪肉，便给他们财富和权势；如果不吃，就面临着大刑。安条克又说，他们死后将受到惩罚，而自己则会得到祝福。看到年轻人不为所动，他恼羞成怒，下令将几个年轻人在他们的母亲面前挨个儿处死。他们的母亲并没有痛哭流涕，而是为自己的孩子加油，鼓励他们坚持下去。这个故事虽然有杜撰的成分，但故事中统治者的残酷与反抗者的英勇在历史上经常见到。

从哲学的角度看这本书也会发现它很有意思。作者本人是信仰犹太教的犹太人，但他在书中用的语言是斯多葛派的哲学语言。这样做的目的就是想要表明，犹太人是遵循斯多葛派的教训生活的。

犹太人愿意向希腊人学习哲学，但同时他们严格遵循自己的律法，这也导致他们变得墨守成规。自从律法被制定以来，犹太人对律法的重视日益加剧。墨守成规便导致他们拒绝接受那些发现新事物的先知，因此先知写好书后不再说是自己写的，而是说发现了一卷古人的著作。犹太教将犹太人团结在一起，但同时也让他们变得保守。

当时希腊对犹太思想影响的最好证明体现在哲学家斐洛身上。他是正统的犹太教徒，但他同时也是柏拉图主义者，并且深受斯多葛派与毕达哥拉斯派影响。他还曾经试图将希腊哲学与正统的犹太文化结合到一起。

当时的犹太学者既懂希伯来文、希腊文和阿拉伯文，又通晓希腊哲学。他们对世界文化的影响在中世纪之后并没有间断，而是一直持续至今。

第二章　基督教最初的四百年

基督教最初是革新后的犹太教，只在犹太人之间传播。最初圣雅各、圣彼得都是不希望外族人入教的，但是这一切都被圣保罗打破。他不仅允许外族人加入基督教，同时还允许他们不必遵守割礼和摩西律法。这样，基督教的信徒越来越多。当时基督教信徒主要分两类：一类是传统的犹太人，一类是探索新教的外国人。割礼和食物方面的禁忌成了推广犹太教的障碍，基督教继承了犹太教中的精髓，同时避开了这些禁忌。

犹太人将自己看作上帝的选民，这一点遭到了希腊人的鄙视。诺斯替教派也否认这一点，他们认为感性世界是由亚勒达波斯创造的，他是智慧的儿子，一名下等的神。诺斯替教派认为亚勒达波斯便是犹太教中的亚威，他安排自己的儿子潜伏在耶稣的身体内，为的是从摩西手下解放世界。诺斯替教的这个观点将基督教与犹太人分离开来，使人尊重基督的同时憎恨犹太人。后来的摩尼教将基督教与拜火教结合在一起，推导出了自己的一套教义。教义认为恶体现在物质中，善体现在精神上，因此贪食、性欲以及婚姻都是罪恶的。这些将基督教和其他教派进行结合，创造出一种折中教义的行为，希腊语人群很喜欢，但是《新约》全书对此进行了谴责。

诺斯替教和摩尼教都曾经风靡一时，后来随着政府承认基督教，它们被迫转入地下潜伏起来。尽管潜伏在地下，但是它们的影响力还在。穆罕默德就曾经将诺斯替教的一个分支的教义吸收到伊斯兰教中。

基督徒与犹太人之间越来越敌视。基督徒认为犹太人不承认基督的降世，因此应该仇视犹太人。还有，犹太的摩西律法被基督废除，另立了两条戒律：爱上帝和爱邻舍。但是犹太人也未予承认。这些都成了基督徒仇恨犹太人的理由。

基督教与希腊文化的结合，使得基督教愈发神学化。犹太教中，亚威是唯一的神，全能的神。但是后来人们发现他并没有阻止地面上的灾难，于是将他的作用限于天国，推导出了灵魂不死的教义。可以发现，犹太教中的神学部分非常单纯，不复杂、不神秘，每个犹太人都能理解。

犹太人的这种单纯在《马太福音》《马可福音》《路加福音》中都有所体现，但是没有体现在《约翰福音》中。《约翰福音》中将基督与柏拉图，以及斯多葛学派的逻各斯相提并论。这一书中神化的基督形象比人形的耶稣形象更吸引人。这一点在教父的著作中体现得尤为明显，关于《约翰福音》的著作比关于其他三书的著作的总和还要多。

在俄利根之前,希腊哲学与犹太文化之间偶尔会有一丁点儿结合。俄利根生于各学派混杂的亚历山大里亚,他曾经与普罗提诺一起跟随阿摩尼阿斯·萨卡斯学习。因此,俄利根的著作《论原理》与普罗提诺的学说非常相近。《论原理》中的学说已经远远突破了正统教义的界限。

俄利根认为只有上帝没有形体,就连日月星辰都有生命、灵魂。人可以犯罪,太阳也可以犯罪,有灵魂便可能犯罪。柏拉图认为人的灵魂在出生时便附在了人身上。俄利根承认柏拉图的这一观点。基督最后将掌握所有灵魂,包括魔鬼的,这些灵魂将失去形体同时得到宽恕。

后世对俄利根多有谴责,原因是他主张邪说。这些邪说主要有:

(1)受柏拉图影响,承认灵魂的现在性;

(2)基督的神性和人性在肉体存在之前就已经存在;

(3)复活后,身体将没有形体;

(4)所有人包括魔鬼,最后都会被宽恕。

圣杰罗姆最开始非常崇敬俄利根修订的《旧约圣经》,后来发现了俄利根的邪说,便将大量的时间和精力用在对俄利根神学的批判上。

当时希尔萨斯写了一本反基督教的书,现在书已经失传了。俄利根逐条批判这本书中的观点,写成了一本《反希尔萨斯论》。这也是俄利根最具代表性的一本著作。希尔萨斯认为基督教是一个非法社团,俄利根则认为基督教就像反暴君的秘密组织一样,看似非法,实则有必要存在。希尔萨斯认为基督教源自野蛮的犹太人,只有文明的希腊人才能拯救世界。俄利根的回答是,任何人都信服《福音书》的真实性,同时它还能提供令希腊哲学家满意的论证。

俄利根所说的论证体现了基督教哲学的特征，那就是双重论证。一方面用纯粹理性的观点树立起信徒的信仰，比如上帝不死、灵魂不死、自由意志之类的；另一方面，用《圣经》证明前面所说的观点，同时还证明，神降临人间之后通过一些奇事以及信徒通过信仰得到赐福来证明自己的存在。这种论证一直到文艺复兴时期，从没受到过基督教哲学家的怀疑。

俄利根也有一些奇怪的言论，他认为魔法师用犹太语、埃及语、巴比伦语、希腊语和婆罗门语等不同的语言呼唤上帝，会得到不同的效果。一些符咒只在一种语言中起作用，一经翻译便会失效。

他还认为基督教徒不应该参政，只能在教会中任职。这条教义后来被君士坦丁修正。当西罗马帝国灭亡时，当时的教士和僧侣便是根据这条教义回避社会上的灾难，将精力全部放在教会内部的事务上。至今这种观念还有残余，他们认为政治的世俗与教会的神圣不相宜。

君士坦丁改革宗教之后，教会的统治得到了极大的发展。当时的主教是民众选举产生的，主教获得了领导辖区内基督徒的权力。当时的主教有管理捐款和决定是否施舍的权力，这大大扩大了主教的权限。当罗马帝国立基督教为国教时，主教被授予了司法权和行政权。君士坦丁为了解决宗教派别之间的争论召开了万国基督教会议。之后一直到东西罗马帝国分裂，东罗马帝国不再承认教皇权威为止，这期间所有教会内部的争论都通过万国基督教会议解决。

教皇虽然是教会中最重要的人物，但最开始他并没有决定教会一切事物的权力。教皇的权力是不断积累起来的，这个问题将会在以后章节中讲到。

君士坦丁之前，对基督教的历史有多种解释，几乎每位作家都能给出一个不同的说法。其中的原因，吉朋认为有 5 点：

1. 基督教徒不宽容的性格继承自犹太教，当初犹太教封闭、狭隘，不接受外族人。

2. 随着时间的变化，对"来世"这一教义的定义也在变化。

3. 原始的教会据说能行使奇迹。

4. 基督徒的道德非常纯洁和正派。

5. 基督教内部非常团结，罗马帝国的疆域扩大了这种团结的范围。

大体上，这些原因是正确的，不过需要做一些解释。第一条中讲到基督徒的不宽容，现在比过去还要严重。大多数基督徒认为只有基督徒死后才能进天堂，其余人都要接受惩罚。3世纪的时候并没有这种类似的宣传。

第二点中关于"来世"这一教义的定义问题，这条教义源自俄耳甫斯教徒，后来被吸收进了希腊哲学。犹太人又从希腊人那里学来了灵魂复活的说法。这些说法广泛地影响了犹太人与基督徒，从而影响了基督教的神学。

奇迹并不是基督教特有的，但是基督教的奇迹宣传比其他宗教的奇迹宣传起到了更大的作用。这是为什么呢？因为他们有一部《圣经》，也就是一部贯穿世界始末的历史。这也是基督教与其他教派相比所具有的优势所在。

君士坦丁之前的历史中，基督徒的道德被公认是最高尚的。当时他们时常遭受迫害，但是他们相信有道德的人死后会进入天国，不道德的人死后将下地狱。就连专门以迫害基督徒为职责的普利尼奥也承认基督徒的道德高尚。虽然君士坦丁宗教改革之后，一些基督徒不再恪守道德，但是整体上还是道德的。

最后一点说的是基督徒的团结与纪律，我认为这是最重要的一点。就连近代的政治团体，他们在选举中依然十分重视天主教的选票。如果没有其他教派制约，天主教派候选人的胜率肯定是最大的。当时君士坦丁仿佛也意识到了这一点，因此他需要得到基督教徒团体的支持。当时反对基督徒的人也有不少，但是他们没有组织成一个团体，所以也就没有什么影响。基督徒有了自己的组织，在今天看来这是司空见惯的事情，但在当时是首创。组织让他们形成一个集团，从而获得了更大的优势和利益。

不幸的是，获得优势和利益之后的基督徒们内部出现了矛盾。对于神学方面基督教与其他教派的争论，君士坦丁一直持中立态度。从公元379年继位的狄奥多西开始，他的继承者们便开始倾向于争论中的阿里乌斯教派。

从君士坦丁到公元451年的卡勒西顿万国基督教会议为止，这段时期内基督教世界内一直争论着两个问题：一是三位一体的问题，一是道成肉身的问题。起初只有第一个问题有争论。阿里乌斯是亚历山大里亚的祭司，他认为圣子是圣父所创的，两者不相等。在当时这种观点没有受到怀疑。但是到了4世纪，神学家们开始纷纷反对这种观点。他们得出的结论是圣子与圣父虽然是两位，但是他们实质相同，所以两者是相等的。一种被称作撒伯留斯教派的异端认为，圣子与圣父是一个存在的两个方面，因此有相同的一面。至此这个问题出现了几种说法。

这个问题最后不得不拿到尼西亚会议上讨论，最后结果是君士坦丁堡代表的亚洲部分支持阿里乌斯的说法，埃及人相信拥护尼西亚正统教义的阿萨纳修斯的说法，西罗马则服从尼西亚会议最后的判决。这场争论之后，又发生了一些类似的争论。每次争论中各个地区都有不同的意见，支持不同的派别，这也给东罗马的分裂埋下了祸根。

除了尤利安以外，公元335年至378年之间的所有皇帝都支持阿里乌斯教派。尤利安是一名异教徒，他在这些争论中保持中立。公元

379年，狄奥多西继位后全力支持天主教徒，使其获得了胜利，从而结束了争论。但是阿里乌斯教派并没有就此屈服，之后他们的观点统治了西方。但是好景不长，在统治了约一百年之后，这些观点被正统教派灭亡。至此，在信仰方面天主教占据了绝对的地位。

第三章　教会的三位博士

"西方教会博士"指的是安布罗斯、杰罗姆、奥古斯丁和教皇大格里高利，其中，安布罗斯、杰罗姆和奥古斯丁三人是这一章的主角。他们的活跃期是天主教会在罗马取得胜利和蛮族入侵的那段时期，在他们之后不久，具有蛮族和阿里乌斯教派异端者双重身份的人统治了西班牙、意大利和非洲。文明衰退了好几百年，大约一千年后，才诞生了与他们相当的人。

在黑暗时代与整个中世纪，他们受人顶礼膜拜，具有无上的权威，而且他们还建立了一整套教会运作模式，这是别人无法做到的。大体来说，教会同国家关系方面的观点是由安布罗斯确立的；拉丁语版本的《圣经》和大部分促进实现修道院制度的动力是由杰罗姆提供的；宗教改革之前的教会神学和大部分路德、加尔文的教义是由奥古斯丁确定的。

4世纪末，安布罗斯担任了米兰的主教，这使他可以接触到皇帝。在与皇帝交往时，安布罗斯通常以平等者（甚至有时以师长）自居，这说明，统治衰弱无能的国家是利己者，他们毫无原则，只能提出权宜之计，此外别无政策。与国家相比，领导教会的是一群为了教会利益而甘愿牺牲个人利益的人，他们目光长远，赢得了长达一千年的胜利。

安布罗斯可能出生在边防小镇托莱福，他的父亲担任过高卢总督。13岁时，安布罗斯到了罗马，在那里，他受到希腊语和法律方面的教育。30岁时，他被任命为列古里亚和以米里亚的总督。四年后，在群众的欢呼声中，他当上了米兰主教。从此，他的生活变了样：他把所有财产分给了穷人，冒着随时可能出现的人身危险忘我地为教会工作。从施展他的政治才华方面看，这是个明智的选择，因为即使他当了皇帝，也不可能像一个主教那样工作。

安布罗斯最初担任主教时，皇帝是善良而粗心的格拉蒂安，这个人忽视政务，醉心狩猎。格拉蒂安被暗杀后，他的未成年的弟弟瓦伦丁尼安二世继承了皇位。但瓦伦丁尼安二世年幼无知，因此由他的母亲查士丁娜摄政。身为阿里乌斯教派信徒的查士丁娜与安布罗斯不断发生纷争。

安布罗斯面对的第一个公共问题与罗马胜利女神的塑像有关。这尊塑像曾被君士坦提乌斯毁掉了，但叛教者尤利安很快又恢复了它，格拉蒂安统治时期再次毁掉了它。于是，当时的罗马市长西马库斯等元老院代表要求安布罗斯再次恢复塑像，但基督徒元老院议员反对这样做。最终，基督徒元老院的议员们获得了胜利。

公元384年，西马库斯和元老院议员们再次向瓦伦丁尼安二世提出恢复胜利女神塑像的要求。于是，安布罗斯给瓦伦丁尼安二世写信表示反对，他认为，向偶像的祭坛宣誓是对基督徒的迫害。他还指出，教会的资金应该投入其他异教不愿投资的领域。通过这个已经被实践证实了的强有力的论证，安布罗斯说服了瓦伦丁尼安二世。但这个问题并没有就此彻底解决，直到狄奥多西打败尤金尼乌斯以后才彻底妥善解决。

不久，安布罗斯又与查士丁娜发生了严重的纠纷，因为前者拒绝了后者提出的让出一个教会给阿里乌斯教派的要求，于是阿里乌斯教派的哥特人与支持安布罗斯的群众发生了激烈冲突。后来，查士丁娜甚至企图命令军队准备对安布罗斯动武，在遭到军队拒绝后，查士丁娜被迫让步。安布罗斯取得了争取教会独立斗争的胜利，这证明在某些事务上，国家必须服从教会，这一项原则直到现在仍然重要。

后来，安布罗斯又与皇帝狄奥多西发生了纠纷，事情源于一座犹太教会堂被焚。当时，有人向狄奥多西汇报说，犹太教会堂被焚是当地的主教指使的。于是，狄奥多西命令严惩纵火犯，并让当地主教立即重建被焚毁的犹太教会堂。安布罗斯没有在意狄奥多西对当地主教的指控，但反感狄奥多西对基督教的仇视。安布罗斯认为，任何人都不该因焚毁犹太教会堂而受到惩罚。这个事例证明，教会在获得权力之后开始煽动反种族主义。

与狄奥多西的另一次冲突使安布罗斯获得了更大的声望。公元390年，帖撒罗尼迦的军官被暴徒杀害，愤怒的狄奥多西下令军队在竞赛场上残杀至少7000名群众。安布罗斯本来在事先曾尽力劝阻过狄奥多西，但没有成功。于是，在大屠杀发生后，安布罗斯给狄奥多西写了一封义正词严的信，希望狄奥多西能够忏悔认罪。最终，狄奥多西在米兰教堂举行了忏悔仪式。此后，一直到狄奥多西逝世为止，这两人再没有发生任何纠纷。

安布罗斯最卓越的才能在政治方面，他在学术方面不如杰罗姆，在哲学方面不如奥古斯丁，但他的确是一位智勇兼备的一流政治家，主要功绩在于巩固教会的权力。

公元345年，杰罗姆出生在小城斯垂登（在杰罗姆32岁时，这座小城被哥特人毁坏了）。21岁时，他到罗马学习修辞学，之后他游历高卢等地，最终居住在阿奎雷亚。在叙利亚的荒野里隐居了五年之后，他到了君士坦丁堡，后来又在罗马住了三年。在此期间，他在教皇达马苏斯的鼓励下，着手翻译拉丁语版《圣经》。现在看来，这是一个伟大的成就，因为这本《圣经》里包含了很多对原典的批判，至今仍被天主教会尊崇。

在罗马时，杰罗姆说服了一些妇女跟他一起信仰禁欲主义。然而，达马苏斯的继任者厌恶这种行为，杰罗姆被迫搬到伯利恒居住。此后，一直到公元420年逝世为止，杰罗姆一直住在伯利恒。

在跟从杰罗姆信仰禁欲主义的人里，有一位地位最尊贵的贵族寡妇葆拉，她带着女儿尤斯特修慕一路追随杰罗姆到了伯利恒。后来，葆拉死在伯利恒，杰罗姆在她的墓志铭里赞扬她是"罗马贵妇中第一位为了基督来到伯利恒的人"。在写给尤斯特修慕的信里，杰罗姆详细而坦诚地劝勉她要保持童贞之身。

杰罗姆给尤斯特修慕写了很多信，在此后的几年里，他的书信里几乎不再引用古典诗句。又过了几年，他又开始引用维吉尔、霍拉斯和欧维德的诗句。在表达对罗马帝国的衰亡的感情方面，杰罗姆的信胜过其他任何作品。然而，令人吃惊的是，杰罗姆认为，战胜罗马帝国的敌人远不如保持童贞重要。这与他对罗马帝国的感情格格不入。

与安布罗斯、奥古斯丁一样，杰罗姆没有任何能够经邦济世的思想，他没有认识到国家财政的腐败，也没有认识到依赖蛮族军队的危害。虽然安布罗斯是政治家，但他只为教会的利益考虑。罗马帝国的衰败，与如杰罗姆这样优秀的人物都要远离世俗事务不无关系。不过，话又说回来了，即使世俗国家衰败了，基督教还可以使人们保持信仰方面的希望。奥古斯丁的《上帝之城》一书就充分表达了这种观点。

奥古斯丁是非洲本地人，生于公元354年。奥古斯丁原先信奉摩尼教，后来改信天主教，并接受了安布罗斯的洗礼。公元396年，奥古斯丁担任了希坡的主教，之后一直居住在那里。

在奥古斯丁写作《忏悔录》之前，还没有出现过如它这般优秀的著作。奥古斯丁富于热情，虽然青年时放荡不羁，但内心总有一种促使他追寻真理与正义的冲动。在晚年时，他被罪恶意识纠缠，生活因此变得很严肃，哲学思想也变得缺少人情味。他曾激烈地抨击异端思想，但到了17世纪，冉森尼乌斯再次提出他的某些观点时，却被人们认为是异端思想。不过，在新教徒接受他的观点之前，天主教会并没有找他的麻烦。

《忏悔录》中记载了一件奥古斯丁少年时发生的事。有一次，他和同伴偷摘了邻居的梨，不过，他一直都认为这是令人难以置信的邪恶，因为当时他并不饥饿，而且他自己有更好的梨。他认为，他之所以偷邻居的梨，是出于自己对邪恶本身的爱好。这使得这件事本身更邪恶。后面连续七章写的都是他少年时期偷邻居的梨的事情。在现代人看来，这简直是一种病态，但在奥古斯丁生活的那个时代是正确的。

在基督教教义里，教会代替了选民，但教会也曾受到异端的骚扰，部分基督徒也因忍受不了异端的迫害而叛教。尽管如此，在用个人的罪行代替公共的罪行方面，犹太人还是取得了重大的发展。原本犹太民族犯了罪，集体会受到惩罚，后来罪行更多的变为个人问题，因此失去了它的政治性格。教会代替了犹太民族以后，这种发展变得更有意义。因为作为精神实体的教会不会犯罪，而犯罪的个人可以脱离教会。

因为这种发展，基督神学有了关照教会和关照个人灵魂这两个分支。及至后世，天主教徒强调关照教会，新教徒则强调关照个人灵魂。不过，在当时，奥古斯丁认为它们都是协调而均等地存在着。上帝会拯救他原本计划要拯救的人，但如果没有经过教会的洗礼，就绝不会被拯救。这样一来，教会就成了灵魂与上帝之间的媒介。

幼年时，奥古斯丁在母亲的教育下学会了拉丁语，但在学校学习希腊语的过程中，他饱受学校的残酷惩罚，因而他很讨厌希腊语。不过，学校的严厉也不是一无是处，因为它医治了奥古斯丁身上的那种有害的欢乐。奥古斯丁还进一步指出，他不仅在儿童时代犯过错，在比这更早的时代也犯过错。他用了一整章来说明很多罪恶，包括婴儿吃奶、贪吃、嫉妒等。

青春期以后，奥古斯丁为情欲所困。16岁时，他来到迦太基，与一位妇女相爱，并且生下一个男孩。这时，奥古斯丁的母亲开始考虑他的婚事。后来，他与一位少女订了婚，并和以前的情人断绝了关系。但他的未婚妻太年幼了，两年之后才能举行婚礼，于是，耐不住寂寞的奥古斯丁又有了一个情人。可是，他的良心却越发不安了。在举行婚礼之前，他终于决定信仰宗教，终身不婚。

19岁时，奥古斯丁掌握了修辞学，在西塞罗著作的引导下再次研究哲学。就在这时，他信奉了摩尼教。后来，他做了修辞学教师，但也醉心于占星术。他阅读了大量拉丁文哲学著作，独立研究通了亚里士多德的《范畴论》。他认为，神是巨大的物体，他本身则是其中的一部分。

奥古斯丁最初反对摩尼教的一些理由来源于科学。他说，他把从卓越的天文学家的著作里学到的知识与摩尼基乌斯所说的进行了对比，发现摩尼基乌斯以狂人式的愚蠢写下的论证不但不符合他自己的所想与所见，甚至还与它们相背离。于是，他指出，科学的错误不能成为宗教错误的标志。

摩尼教中的一位学问很好的主教浮士德试图解决奥古斯丁的疑问，于是与奥古斯丁展开了辩论。后来，奥古斯丁评价说，这个人除了语法知识还算一般外，对其他的学科都很无知，他只是经常说话，于是掌握了一些辩论的技巧，再加上显得温文尔雅，因此使人觉得他很有学问。他断言浮士德不能解决他在天文学上的疑问，不过他直言他喜欢浮士德的诚实和正直。

后来，奥古斯丁决定去罗马，因为罗马的学生在课堂上的秩序要比迦太基的学生好得多。不过，奥古斯丁不知道的是，罗马的学生更喜欢欺骗老师。

在罗马时，尽管奥古斯丁依然保持和摩尼教徒的交往，却开始怀疑他们的正确性了。他认为，学院派主张怀疑一切是对的，但也仍然同意摩尼教"我们犯罪，是因为某种我们不知道是什么的天性使我们犯罪"的看法。与此同时，他开始相信恶魔具有实体。

大约一年后，奥古斯丁来到米兰担任修辞学教师。此后，他见到了安布罗斯，逐渐被安布罗斯的慈祥感动，并逐渐喜欢上了天主教。但由于从学院派学到的怀疑主义作怪，他并没有立即投入天主教的怀抱。不过，在母亲的帮助下，他最终还是决定改信天主教。

公元386年，奥古斯丁放弃了教会职务，抛弃了情人和未婚妻，改信了天主教。两年后，他回到非洲度过余生。

第四章　圣奥古斯丁的哲学与神学

奥古斯丁的著作阐述的主要是关于神学的问题。他写过一些阐述时事的争论性很强的文章，还写过一些直到现代仍具有现实意义的文章，比如论述裴拉鸠斯教派的文章。在这里，我只论及他的以下三个方面的著作：

一、纯哲学著作，特别是有关时间的著作；二、在《上帝之城》一书里体现的历史哲学的观点；三、为反对裴拉鸠斯教派而提出的"救赎理论"。

先说第一个方面。奥古斯丁并不专注于纯哲学，但这并不代表他在纯哲学方面没有卓越的才能。在他的著作里，最好的纯哲学作品是

《忏悔录》的第十一卷。这一卷提出这样一个假设：如果真的像《创世记》第一章描述的那样"创世"，那么"创世"这件事早晚会发生。接着，他展开了对这一假设的论证。

柏拉图和亚里士多德在谈到创世时，首先映进他们脑海的是一种由上帝赋予外表的原始物质。在这里，上帝被称为设计师或建筑师要好过被称为造物者。柏拉图和亚里士多德认为，上帝的意志创造了物质的外表，而物质的实体是不能创造出来的。奥古斯丁的见解与此相反，他认为，世界不是物质创造的，上帝不仅调整和安排了物质，甚至连物质实体都是由他创造的。

希腊人的观点又与奥古斯丁的不同，在这种不同的基础上，产生了泛神论。泛神论认为，世界上的一切物质都是上帝的一部分，因此上帝与世界不可分割。泛神论的观点引起了神秘主义者的兴趣，不过，神秘主义者也有其困惑之处，即他们不能接受这种世界存在于上帝之外的观点。奥古斯丁没有这种困惑，对他而言，《创世纪》上讲得已经足够清楚了。

也许有人会问，上帝为什么不更早地创造出世界呢？答案是：上帝在创造世界的同时，才创造了时间。以前本没有时间，"更早"也就无从谈起了。就创造时间而言，上帝永恒；就上帝本身而言，一切时间都是现在。既然他并不比自己创造的时间更早地出现，这似乎就说明他存在于时间之中，其实不是这样，上帝永远在时间之外。

就我个人而言，我反对奥古斯丁的时间论，因为它视时间为某种精神产物。不过，不能否认，这是值得人们认真思考的很卓越的理论，与希腊哲学中有关时间的理论相比，它仍有巨大的进步性，甚至比康德主观时间论的论述更完善和明确。

一种主观主义的极端形式认为，时间只是思维的一个方面。然而，众所周知，这种认识在情感方面受到罪恶观念的纠缠，在智力方面更早就如此。奥古斯丁提出的主观主义同时成了另外两种理论的先驱，即康德时间论的先驱和笛卡儿"我思"的先驱。因此，作为哲学家的奥古斯丁有理由获得崇高的地位。

现在说第二个方面。当哥特人于公元410年洗劫罗马的时候，异教徒心安理得地认为，这是由于罗马人不再信仰古代诸神的报应。奥古斯丁自公元412年至427年间完成的著作《上帝之城》反驳了异教徒的这种看法。不过，由于写作周期太长，它的内容也越来越广泛，最终完成时，它实际上已经变成一部涉及过去、现在和未来的基督教历史著作。在整个中世纪，《上帝之城》都产生了极大的影响。

《上帝之城》试图说明，在基督教诞生之前，世界上曾发生过比哥特人洗劫罗马更悲惨的事情。奥古斯丁说，在罗马遭受洗劫时，很多异教徒都曾躲进教会避难，因为哥特人也信奉基督教。相反，在特洛伊遭受洗劫时，古代诸神却无能为力，眼睁睁地看着特洛伊城被破坏。对于被征服的城市里的神殿，罗马人态度野蛮，可是，当罗马被洗劫时，罗马城里的神殿却在基督教的护佑下得到了较为亲善的待遇。

尽管哥特人可以通过牺牲基督徒的利益发家致富，但他们总免不了来世的苦难，因为还有上帝最后的审判。对基督徒而言，现世的财物不是有价值的，因此也就无所谓珍惜了；死后不能被埋葬也不是什么了不起的大事，肉体的复活是贪婪的野兽所不能阻挠的。

奥古斯丁说，在很大程度上，一些伟大的哲学家和基督徒是一致的，因此《上帝之城》最难的是反驳哲学家的部分。他认为存在异教诸神，但他们全都是邪恶的魔鬼，如果哲学家坚持对他们抱有信仰，那么这些哲学家的道德教训就不足为训了。

为了叙述罗马帝国主义深重的罪孽，奥古斯丁费了很多工夫。他认为，罗马在成为基督教国家之前也遭受过惨痛的苦难，比如罗马在高卢入侵时和内战时遭受的苦难，比哥特人带来的苦难有过之而无不及。

奥古斯丁认为，柏拉图在其他所有哲学家之上，他们都应该给柏拉图让位，因为柏拉图与他们不同，不是唯物主义者。柏拉图认为，上帝不具有形体，不过这不影响一切事物的存在都要从上帝那里获得理由。而且，柏拉图认为"真理的源泉不是知觉"也是正确的。在逻辑学和伦理学方面，柏拉图主义者的表现最出色，也最接近基督教教义。虽然亚里士多德远比柏拉图逊色，但也在其他哲学家之上。

对于"上帝之城"性质的叙述是从第十一卷开始的。奥古斯丁说，"上帝之城"里居住的都是上帝的选民，只有通过基督才能获得有关上帝的知识。在一些哲学家那里可以通过理性发现一些事物，但要想进一步了解宗教的所有知识，就只能依靠《圣经》了。"上帝之城"里也有被禁止了解的事物，这些事物包括创造世界以前的时间和空间。理由很简单，在上帝创造世界之前没有时间，在没有世界之时当然也没有空间。

和人一样，天使也有好坏之分，不过，即使是坏天使，也没有违背上帝的本质，因为上帝的敌人只是意志与上帝不同，而不是本性与上帝不同。人类最初的祖先都犯了罪，所以不仅他们自己死亡了，他们的后代也要死亡。

有人认为，天上的圣徒都是没有身体的。但普尔斐利认为这是错误的看法，他认为，圣徒的身体是精神的，不是精灵，也没有重量，比堕落前的亚当的身体更好。人类要承受万劫不复的惩罚，就是因为亚当的堕落，不过因为上帝的恩惠，很多人又被上帝解救出来。

人们被性欲的问题困扰，也属于对亚当的罪行的一部分惩罚。以下我们将论述奥古斯丁关于性欲的理论。

奥古斯丁认为，男人和女人在结婚以后，为了繁衍后代而进行的性交是绝对没有罪过的。不过，即使结了婚，有德之人也能做到不因为色情和性欲而性交。因此，从人们希望进行比较隐蔽的性交来看，即使在结婚以后，人们也觉得性交是可耻的。性交之所以可耻，是因为它不受意志的约束。尽管亚当和夏娃在堕落之前就有了因为色情和性欲而产生的性交，但亚当只要在那天远离苹果树，那么他性交的原因，或许就不是现在必需的各种感情了，现在人都因为色情和性欲而性交，就是对亚当的堕落的惩罚。

因此，由于性欲不受意志的约束，禁欲主义者才如此厌恶性欲。这样一来，道德就可以被定义为：意志要全面控制身体。但是，即使是道德的这种全面控制也不可能控制性欲。总之，似乎性行为与完美的道德不能兼得。

在赞赏了反对司法刑讯之后，奥古斯丁又反驳了新学院派（他们认为事事都值得怀疑），主张应该相信《圣经》的真理。之后，他又说明，真正的宗教之外没有真正的道德，基督徒眼里的道德在异教徒看来可能就是罪恶。

也许有人认为"上帝欺骗了人类，然后再惩罚他们受骗的行为"是不公正的，但是奥古斯丁不这样认为，他指出，上帝选择或遗弃人类的根据不是人类的功过，相反，任何人都应该承受同样的惩罚。从上述观点来看，人们之所以邪恶，是因为他们觉得他们是被上帝遗弃的，并不是因为他们的邪恶才遭到上帝遗弃。

《上帝之城》最有影响力的是教会与国家分离的观点。对此，它的观点是明确的，即只有在宗教事务方面完全服从于教会，世俗国家才能成为"上帝之城"的一部分。这种说法自提出之始就一直是教会的原则，为教会的政策提供了理论依据。在很大程度上，由于西罗马皇帝和中世纪西欧的大部分君主的懦弱无能，教会实现了《上帝之城》提出的理想。不过，并不是每个国家都是这样，比如在皇帝势力强大的东罗马，教会是臣服于世俗国家的。

从与天主教斗争的实际出发，宗教改革放弃了奥古斯丁的这一理论，转而倾向于伊拉斯特派。不过，由于伊拉斯特派缺乏热情，宗教心最强的一些新教徒还是愿意接受奥古斯丁的理论。继承部分奥古斯丁教理的还有第五王国派和贵格派，不过他们弱化了教会的作用。

《上帝之城》一书中提到的末世论源自犹太人，它经由《启示录》一书进入基督教；预定说和"上帝的选民"理论源自圣保罗，不过奥古斯丁做了更为充分和具有逻辑的发展；圣史和俗史的区别源自《旧约·圣经》，奥古斯丁结合当时的情形，把那些因素加以融合、整理后，做了更系统的叙述。这样做的好处是，在信仰方面，基督徒所要面临的考验不是那么苛刻，而且更适应了当时历史的新变化。

最后说第三个方面。反对裴拉鸠斯教派的内容是奥古斯丁神学中最有影响的部分。在今天看来，裴拉鸠斯教派主张"教会必须服从国家的教义"这一观点似乎是陈词滥调，但在当时轰动一时。因此，当时的奥古斯丁给耶路撒冷的教会长老写信，要求他们对裴拉鸠斯这个异端创始人提高警惕。经过了很长时间的斗争，奥古斯丁的纯粹教义才彻底战胜裴拉鸠斯教派。在法兰西，这场斗争持续了更长的时间，一直到公元529年奥兰治宗教会议的召开，才宣告结束。

奥古斯丁认为，在堕落之前，亚当有过考验避免犯罪的自由意志，只是因为后来和夏娃一起偷吃了苹果，败坏的道德不仅由此钻进了他们体内，还遗传给了他们的后代。因为这个原因，人们都继承了亚当的原罪，因此都应当受到万劫不复的惩罚；人们都是邪恶的，因此不能有所不满。不过，上帝是仁慈的，因此有些接受了洗礼的人会被纳入天国，这些人就是上帝的选民。上帝的选民之所以能进入天国，并不是因为他们是善良的，而是因为除了上帝的选民之外，人们都是败坏的。上帝的公正体现在万劫不复的惩罚方面，而他的怜悯又体现在对选民的拯救方面，惩罚和拯救体现的都是上帝的善良。

圣保罗的著作支持这种残酷的教义。在对待这些的时候，奥古斯丁就好像是个律师，做出了有力的解释，还让原文有了更丰富的含义，这使人相信，虽然圣保罗的信仰不像奥古斯丁的推论那样，但某些独立的原文带着奥古斯丁所说的那种意思。

使奥古斯丁感到烦恼的思想困难只有一个，即如果真如圣保罗所言，人类的原罪是亚当遗传下来的，那么，罪恶是属于灵魂的，灵魂必然有父母。不过，奥古斯丁又说，《圣经》没有谈论这个问题，因此获得一个正确的意见还不足以得救。所以他也没有得出任何结论。

在黑暗即将来临之时，杰出的知识分子对拯救文明、改革政治等事业并无兴趣，相反，对宣扬童贞的价值，探讨未受洗礼的婴儿该受何样的惩罚兴趣盎然，这真是离奇！不过，当我们明白了这就是教会留给蛮族改宗者的偏见时，我们就可以理解为什么下个时代的残酷和迷信远胜于过去的所有时代了。

第五章　5世纪和6世纪的哲学

5世纪的西罗马帝国由于蛮族的入侵而进入衰落期。奥古斯丁逝世后，哲学迅速地衰落了。然而，就是这样一个时期，大致决定了欧洲未来的发展方向：英吉利的入侵将不列颠变成了英格兰，法兰克的入侵使高卢变成了法兰西，汪达尔的入侵让西班牙变成了他们的名字，爱尔兰人改信了基督教。此外，罗马帝国中央集权的官僚政治被日耳曼王国继承，而罗马本身陷入危机之中，仅在教会里才感受得到中央集权的威信。

在那个时期，哥特人是入侵罗马帝国的最主要的势力。起初，哥特人被东罗马打败，只好把目标转向意大利。在戴克里先时代，哥特人成了罗马的雇佣兵，学会了一般蛮族原本不会的战略战术。公元410年，哥特人洗劫了罗马城，公元476年彻底消灭了西罗马。

在那个时期，入侵罗马帝国的还有阿提拉率领的匈奴人。公元451年，匈奴人入侵高卢，被哥特人和罗马人联手打败，此后他们转攻意大利。不过，在阿提拉进军罗马之前，阿提拉突然死去，之后匈奴人便一蹶不振。

在此期间，教会内部发生了一场有关道成肉身的纷争，主角是亚历山大大主教区利罗和君士坦丁堡大主教聂斯脱里。这场纷争的结果是区利罗被尊为圣徒，而聂斯脱里却被斥为异端。区利罗是个狂热分子，拥护神人一体论，他身为大主教曾数次煽动屠杀犹太人的运动。区利罗之所以有很大的名声，主要是因为他曾对一位名叫希帕提娅的贵妇人施加私刑。希帕提娅犯的罪过，仅仅是醉心于新柏拉图哲学和研究数学。

聂斯脱里认为，在基督里有人位和神位。因此，他反对称童贞少女为"神的母亲"，他认为童贞少女只是基督的人位母亲，而基督的神位（上帝）没有母亲。大体说来，苏伊士河以东的教会赞同聂斯脱里的主张，苏伊士河以西的教会赞同区利罗的主张。双方决定，在公元431年召开以弗所宗教会议解决分歧。然而，率先到会场的西方主教们反锁了大门，将东方的主教们堵在门外。随后，在区利罗的主持下，他们快速通过了拥护区利罗的决议。这就是聂斯脱里被斥为异端的过程。然而，聂斯脱里不但没有放弃自己的主张，反而形成了在叙利亚和整个东方声势很大的聂斯脱里教派。

区利罗逝世后，以弗所宗教会议陷入了与聂斯脱里相反的另一个被称为一性论的异端，主张基督只有一个本性。但他们的主张遭到了教皇利奥的反对。公元451年，以教皇利奥牵头的万国基督教会议在卡勒西顿召开。这次会议确立了基督道成肉身的正统教义，明确诅咒一性论，确认基督存在于人性和神性的双重本性之中。

哥特人征服意大利的行为并不代表罗马文明的终止。在狄奥多里克统治时代，意大利和罗马一样，享有和平、民主和短暂的宗教自由。此外，狄奥多里克还任命执政官，延续罗马法律和元老院制度。

公元523年，查士丁尼皇帝宣布禁止阿里乌斯教派。作为阿里乌斯教徒的狄奥多里克为此极为恼怒。他认为，他的大臣也参与了这场阴谋。于是，狄奥多里克监禁并处决了元老院议员波伊提乌。

在整个中世纪，波伊提乌受到了人们的传颂和赞扬。他在狱中写就的著作《哲学的慰藉》是一部纯柏拉图主义的书。虽然《哲学的慰藉》一书不能证明他是不是基督徒，但能证明他受到的异教哲学的影响远比基督教神学的影响大。波伊提乌声称只有苏格拉底、柏拉图和亚里士多德才是真正的哲学家，他还声称，他追随上帝是听从了毕达哥拉斯的命令。在伦理观念方面，波伊提乌有很多与斯多葛派吻合的地方。波伊提乌说，不完善就是缺陷，也代表着存在一种完善的原形。

《哲学的慰藉》一书中丝毫没有迷信和病态的迹象，也没有过分强求遥不可及的事物的倾向，呈现的是一种只有纯哲学才有的宁静，这种宁静出自被判死刑的波伊提乌之手是令人赞叹的。

尽管狄奥多里克处死了波伊提乌，但他们始终是朋友。波伊提乌曾经受命为狄奥多里克改革币制，加上他渊博的学识和对公益的热忱，他足以成为当代绝无仅有的人物，即使在其他任何一个时代，他都称得上是一个伟大的人物。

狄奥多里克在下令处死波伊提乌的第二年也死了，一年后查士丁尼即位。在查士丁尼漫长的统治生涯中，他做了许多坏事，也做了一些好事。作为一个极其虔诚的人，查士丁尼在即位后不久就关闭了异教领导下的哲学学校。公元532年,查士丁尼建造了圣索菲亚大教堂,这是一件更值得称赞的功绩。

为了收复西罗马帝国的故土,查士丁尼于公元535年进军意大利,并在最初阶段取得了胜利。此后哥特人卷土重来,双方互有胜负,这场战争因此持续了十八年之久。在此期间,罗马和意大利遭受的洗劫已经远远超过了蛮族入侵的时期。

起初,查士丁尼的军队受到人们的热烈欢迎,可是当人们发觉了拜占庭行政的腐败和赋税的沉重以后,他们竟然希望哥特人能打回来,赶走查士丁尼的军队。不过,由于查士丁尼信奉正统教义,因此他自始至终都得到了罗马教会的坚决支持。

公元568年,意大利遭到伦巴底人的侵犯。这场战争断断续续地持续了两百年之久,在这个漫长的战争中,拜占庭逐渐失去了整个意大利。不过,至少拜占庭一直在名义上统治着罗马,教皇对东罗马帝国的皇帝也算恭敬。然而,随着伦巴底人的不断入侵,在意大利的领土上,东罗马帝国的皇帝们连名义上的权威也失去了。就在这个时期,意大利文明也毁灭了。

第六章　圣本尼狄克与大格里高利

从6世纪开始的战争持续了好几百年,这普遍导致了文明的衰退,不过,古罗马一些残存的文化还是通过教会保存了下来。教会创造了一个稳固的体制,为学术和文艺的复兴提供了基础和温床。在这个时代,基督教会有三种值得注意的活动:一是修道运动,二是大格里高利统治下的教廷的影响,三是通过布教使蛮族改奉基督教的运动。

修道运动大约发源于4世纪初叶的埃及和叙利亚。所谓修道运动,又分为独居隐士的修道和住修道院僧侣的修道两种形式。公元250年，埃及诞生了第一位名叫安东尼的隐士，他在一间茅屋独居了十五年后，又在荒漠里独居了二十年，从此声名远扬。大约在公元305年，他开始出世讲道。在他独居修道期间，他毅然拒绝了魔鬼的色情诱惑和撒旦恶毒的试探。公元320年前后，埃及人帕科缪创办了一所修道院。在这个修道院修道的人过着集体生活，集体进行宗教仪式最终赢得了基督教的认可。与此同时，叙利亚和美索不达米亚也出现了修道院。

最初，修道院完全独立于教会组织之外，是一项自发运动。后来，阿萨纳修斯结合了修道院和教士，还确立修道僧兼任祭司的规矩。再后来，阿萨纳修斯又把修道运动带到西欧。为了促进这项运动，杰罗姆做了大量的工作，而奥古斯丁则把它传到了非洲。

在修道僧还没有被教会组织接受时，教会因他们而闹起了宗教纠纷。这主要是因为不能区分哪个是真诚的苦行僧，哪个是贪图修道院舒适的生活才做了修道僧。还有一个原因，即修道僧往往以狂烈的方式支持他喜爱的主教，使得宗教会议陷入异端。

在修道运动早期的遁世修行阶层，除了宗教指定的书籍之外，修道僧再也不会多读一本书。除此之外，他们对待道德的态度还是消极的，把道德当作避免犯罪的方法。不过，在以后的日子里，修道僧倒是做了不少有意义的事情。

在西方修道僧制度中，最重要的人物是本尼狄克教团的缔造者本尼狄克。本尼狄克从20岁起就在一个洞里住了三年。他的蒙特·卡西诺修道院创立于公元530年，为了更好地管理蒙特·卡西诺修道院，他又制定了适合西欧风土的"本尼狄克教规"。当时，有这样一个不值得提倡的规定：越能忍受极端苦行的人，就越有可能被认为是神圣的人。本尼狄克改变了这个规定，进一步规定：必须经过修道院院长许可，才能实行超过教规以外的苦行。按照"本尼狄克教规"的规定，修道院院长是终身任职的，而且权力极大，在教规和正统教义允许的范围内，他可以用任何方法管理修道僧，而修道僧不能任意转投修道院。

任何组织一旦创立就很难以缔造者的意志为转移，因为它们已经具有了自己的生命，天主教会就是一个最明显的例子，而本尼狄克教团是一个较小的例子。可是，就像耶稣会为天主教会大感吃惊一样，本尼狄克教团也会让本尼狄克本人大感吃惊。不过，从学术的发展方面看，对本尼狄克教团而言这也并非坏事。

从蒙特·卡西诺修道院建立时起，本尼狄克就一直住在这里。在大格里高利还没有成为教皇时，伦巴底人洗劫了蒙特·卡西诺修道院。不过这次灾难并没有彻底毁掉蒙特·卡西诺修道院，否则也就没有教皇大格里高利了。

根据大格里高利的记述，在本尼狄克出名之后，有一个修道院的院长逝世了，于是本尼狄克接受了修道僧让他接任院长之职的邀请。他要求修道僧们严格遵守纪律，这激起了修道僧的愤怒，他们竟然决定用毒酒害死本尼狄克。这当然没有成功。

有人断言只有查士丁尼和本尼狄克能和大格里高利相匹敌，因为大格里高利是整个6世纪最伟大的人物。这三个人的共同点是对未来产生了深远的影响，其中，查士丁尼对未来产生深远影响的是他的法典，本尼狄克对未来产生深远影响的是他的教规，而大格里高利对未来产生深远影响是因为他使教会的权力变大了。虽然听上去大格里高利显得稚气而轻信，但他的确是一位机敏而清醒的政治家，他总是能很快地意识到他能取得什么成就，即使是面对一个复杂而多变的世界也不例外。

以"格里高利"为名的第一代教皇就是大格里高利。大约是在公元540年，大格里高利出生在罗马的一个贵族之家，因此他接受了当时最好的教育。公元573年，他当上了罗马市长，但很快他就离开了政界。这以后，他耗尽自己所有的家产，用于建造修道院和救济贫民，而他自己也专心苦行，成了一名虔诚的本尼狄克派教士。

再后来，教皇贝拉二世任命大格里高利为他驻东罗马帝国的全权公使，常驻君士坦丁堡。因此，从公元579年至585年，大格里高利一面在东罗马帝国代表着罗马教廷，一面与东罗马帝国的教徒们辩论。在宗教方面，大格里高利取得了成功，避免了东罗马帝国的皇帝远离真实的信仰。但在政治方面他失败了，因为他没能说服东罗马帝国皇帝向伦巴底人开战。

之后的五年，大格里高利当了自己创立的修道院的院长。教皇逝世后，大格里高利做了教皇。大格里高利刚当教皇时周围的局势很艰难，不过，这样的局势正适合他大展身手。

当时，拜占庭帝国已经衰败了，没有领主的西班牙和非洲陷入一片混乱之中，伦巴底人趁机洗劫意大利，法兰西也处在南北内战之中，等等。时代的混乱甚至使一大批主教失去了作为人们楷模的荣耀。虽然罗马主教被公认为教廷中地位最高的人物，但他的权力仅限于主管教区之内。继任教皇以后，大格里高利就做好了用全部的精力和智力向困难搏斗的准备。大格里高利主要通过通信的方法行使他的权威。他通信的对象，包括罗马世界中的全体主教和世俗国家的统治者。

大格里高利编著了一部劝告主教们的教牧法规，影响了整个中世纪初期。为了让主教们愿意接受这部法规，大格里高利把它定义为主教们的职务指南。在这部法规里，满篇都是对主教的忠告，包括劝告他们不要玩忽职守，等等。此外，在谈到主教与世俗国家的统治者的关系时，法规告诫主教们说，不要批评世俗国家的统治者，因为如果他们不听从教会的意见，那么他们自然会受到地狱劫火的威胁。

总体来说，大格里高利写的信既彰显了他独特的性格，又不乏趣味。如果不是在给皇帝或拜占庭宫廷的贵妇人写信，那么他在信件里的口吻就像一个教会学校的校长，既有称赞，也有训斥。总之，他总是能毫不犹豫地利用权限发号施令。如前所述，在对待皇帝的态度方面，格里高利是足够恭敬的，至少比对待蛮族皇帝的态度恭敬得多，甚至对通过篡位获得皇位的弗卡斯也不例外地献上令人作呕的奉承。

异教徒的改宗对扩大教会影响是很重要的。哥特人在狄奥多里克死后逐渐改信了天主教；而从克洛维时代起，法兰克人就改信了天主教；在西罗马帝国灭亡以前，在圣帕特里克主教的劝化下，爱尔兰人也改信了天主教。此后，在苏格兰和英格兰北部，爱尔兰人不断地进行布道活动。

英格兰改宗的事情，对格里高利而言，是除了诺桑布利亚以外他最关注的。为此，他下令保留了英格兰的异教庙宇作为献给上帝的教堂，但摧毁了其中供奉的偶像。据我所知，格里高利在英格兰的布道很成功，所以，时至今日，我们依然是基督徒。

在目前所叙述的这个时期里，虽然伟人比其他时代要逊色，但他们对未来有着深远的影响。如上所述，这些长久而深远的影响应该分别归功于查士丁尼、本尼狄克和格里高利这三个人。虽然6世纪的人没有先辈们文明，却远远比他们之后四个世纪的人文明。尤其应该引起注意的是，查士丁尼、本尼狄克和格里高利这三个人里，有两个是罗马贵族出身，另一个甚至是罗马皇帝。不过，在某种程度上看，只有格里高利可以称得上是最后的罗马人，尽管他是出于职责的需要而用特殊的语气命令他人，但这一切的本能根源是他身为罗马贵族的自负。在格里高利之后的许多年里，罗马城再也没有出现过伟大的人物。不过，现在看来，罗马人的自负在罗马的衰败期成功地束缚了入侵者的灵魂——入侵者之所以崇敬彼得圣座，是因为他们畏惧恺撒的宝座。

众所周知，世界各地的历史进程是不一样的。东方的穆罕默德诞生之时，格里高利已经年近 30 岁了。

第二篇
经院哲学家

第七章 黑暗时期的罗马教皇制

　　从大格里高利开始的四百年的时间里,教皇制经历了多次巨变。在那一时期,它时而从属于东罗马皇帝,时而从属于西方皇帝,时而又从属于罗马贵族。尽管变迁不断,但在8世纪至9世纪,还是有一些能干的教皇取得了建立教皇权力的成就。如果要了解中世纪的教会和它与世俗国家的关系,从公元600年到1000年的这段时间具有重要意义。

　　由于伦巴底人的武力,教皇从东罗马皇帝那里获得了独立地位。不过,对于伦巴底人,教皇理所当然地不报以谢意。在很大程度上,东罗马教会始终从属于皇帝,皇帝不仅决定着信仰问题,甚至可以任免大主教。为了摆脱皇帝,教会也时而跟教皇站在同一立场上。不过,君士坦丁堡的这些主教宁愿投向皇帝,也不想承认自己受制于教皇。而皇帝呢,出于抵御蛮族的需要,也需要教皇的帮助,于是对教皇的态度甚至好于君士坦丁堡大主教对教皇的态度。

　　伦巴底人打败拜占庭之后,教皇唯恐也被伦巴底人征服,便与已经征服了意大利和德意志的法兰克人结盟,确保了自己的安全。这样一来，就产生了神圣罗马帝国。当这个帝国的加洛林王朝衰败以后，教皇获得了利益。于是，在9世纪末，教皇尼古拉一世前所未有地扩大了教皇的权力。不过，在这场衰败中获利的还有罗马贵族，他们在10世纪时控制了罗马教廷。

在7世纪时，皇帝依然用武力控制着罗马教廷，迫于压力，教皇们只好顺从于皇帝。公元726年，拜占庭国王利奥三世颁布圣像破除令，这使得几乎整个西方都起来反对他的这个异端法令，教皇们也成功地反对了这一法令。公元787年，东罗马帝国的女皇伊琳娜终于宣布废弃这一法令。再加上其他一些事件，罗马教廷终于摆脱了拜占庭的控制。公元751年，伦巴底人占领了拜占庭的首都，虽然教皇遭到了极大的威胁，但也成功摆脱了东罗马皇帝的控制。不过，由于种种原因，他们还是喜欢东罗马人胜过伦巴底人。

公元739年，伦巴底人企图征服罗马，但教皇格里高利三世向法兰克人求救，成功抵御了伦巴底人。当时，法兰克王国的实权掌握在精明能干的大宰相查理·马特手中。为了帮基督教世界拯救法兰西，早在公元732年，查理·马特在图尔战役中打败了摩尔人，但同时他又攫取了教会的一些财产，因此人们对他拯救法兰西的功劳评价很低。不过，他的后继者丕平的表现却让教会大感满意。公元754年，教皇斯德望三世曾拜访过丕平，双方签订了一份互为有利的协议。的确，教皇需要丕平的军事保护，而丕平也需要教皇承认他作为国王的合法性。丕平把拉文纳和原本属于拜占庭总督的意大利辖区赠给了教廷。

东方教会一直固守着"所有的主教都平等"的见解，因此，君士坦丁堡的大主教不仅没有优越感，而且从来都没有独立过。然而，在西方的教会中，教皇是唯一的大主教。由于在罗马殉道的彼得据说是第一任教皇，罗马还有帝国的传统，因此罗马的声誉凌驾于东方所有城市之上。东方皇帝与教皇在威望上或许相当，但在西方没有这样的君主，因为神圣罗马帝国的皇帝权力不大，而且只有经过教皇加冕，皇帝才能正式即位。因此，从教会独立于世俗国家和建立教皇政治以管理西方教会来看，教皇摆脱拜占庭的控制这件事意义重大。

尽管伦巴底人不买丕平和教皇的账，但在与法兰克人的战争中屡屡失败。公元774年，丕平的儿子查理曼彻底击败了伦巴底人，并占领了罗马，再次确认了丕平对教会的赠予。之后，查理曼征服了大部分德意志领土，在他的迫害下，撒克逊人被迫改信基督教。公元800年的圣诞节，教皇为查理曼加冕。

最热衷于法权虚构的时代就是中世纪。根据这一特点，君士坦丁堡皇帝在法律上仍然拥有前罗马帝国的西部领地。查理曼作为"法权虚构大师"曾经表示，统治东方的伊琳娜是个篡位者，而且是个女人，因此东方帝国的皇位是空缺的。在教皇那里他还找到了根据，从此，随着"不经教皇加冕的皇帝不合法"这一规定的确立，教皇和神圣罗马帝国的皇帝之间就有了一种依存关系。尽管双方都为此感到苦恼，但都无法改变；尽管双方之间不断地摩擦和斗争，但始终势均力敌。这种关系一直维持了好几个世纪，直到现在还有教皇，但拿破仑时代开启后就没有皇帝了。不过，他们建立的中世纪理论早在15世纪就已经失效了，世俗领域被法兰西、西班牙和英吉利摧毁，宗教领域被宗教改革运动摧毁。

尽管查理曼在政治上与教会结盟，但他终究是个不够虔诚的蛮族人。然而，就是这样一个不善读写的人，却掀起了一次文艺复兴。他和丕平一样，善于利用传教士的热诚扩大自己的势力。当时的罗马已经被蛮族占据，为了保证自身的安全，教皇也情愿听从查理曼的指令。尽管查理曼似乎要重建一个秩序，但他死后只留下了一套理论，让教皇们遭了殃。公元779年，敌对者把教皇投进监狱，还声称要刺瞎他的眼睛。

与西罗马帝国相比，教廷获得的利益稳固得多，主要表现在英格兰和德意志的改宗。英格兰的改宗是在教皇大格里高利的高度关注下完成的，而德意志的改宗则是由一个名叫圣波尼法爵的传教士完成的。圣波尼法爵是个效忠于教皇的英格兰人，原籍德文郡，后来在埃克塞特和温切斯特接受教育。公元717年，他来到罗马，两年后接受教皇格里高利二世的指令前往德意志，劝化德意志人改教，取得了很大的成功。公元722年，他回到罗马，又被格里高利二世任命为主教，命令他不仅要劝化异教徒改教，还要镇压异教徒。十年之后，他被提升为大主教。公元741年，圣波尼法爵作为教皇圣匝加利亚的使节，改革法兰克的教会。在此期间，他创立了弗勒达修道院，并制定了一套比本尼狄克的制度更为严厉的制度。公元754年，圣波尼法爵在弗里西亚被异教徒杀害。

尽管教皇在查理曼死后受到了一些恐吓，但教廷还是获得了很大的利益。当时的教皇尼古拉一世在和神圣罗马帝国的皇帝、法兰西的"秃头查理"[1]，还有几乎所有主教的争执中，都取得了胜利。这其中最主要的是洛泰尔二世离婚事件和君士坦丁堡大主教的非法罢免事件。

中世纪的教会有干涉皇室婚姻问题的传统，因为只有教会有权缔结神圣的婚姻。所以，虽然洛泰尔二世的离婚要求获得了本国主教们的同意，但尼古拉一世依然勃然大怒，并拒绝了洛泰尔二世的离婚请求。刚愎自用的皇帝们自然不满意，他们认为，"婚姻不可解除"的教规不应该约束皇室。于是，洛泰尔二世的兄弟路易二世进军罗马，打算以武力逼迫尼古拉一世就范，不过，他的军队终究因为对教廷的敬畏而退却了。就这样，尼古拉一世获得了胜利。

再说君士坦丁堡大主教的非法罢免事件。这位大主教名叫伊格纳

---

[1] 秃头查理：西法兰克加洛林王朝国王（843—877年在位）。

蒂奥斯，被摄政王巴尔达斯免去了教职。之后，巴尔达斯请求尼古拉一世准许俗界人士福细阿斯担任大主教。于是，尼古拉一世派了两位使者去调查此事。这两位使者迫于压力，就默认了巴尔达斯的请求。过了一段时间之后，尼古拉一世知道了这件事，于是为此召开了宗教会议，不仅严惩了那两位使者，还罢免了福细阿斯的教职，同时又恢复了伊格纳蒂奥斯的教职。

恼怒的米海尔三世皇帝给尼古拉一世写信表示不满，还召开宗教会议，宣布教皇尼古拉一世和罗马教会为异端。之后不久，米海尔三世被暗杀，他的继承者公开承认教皇的权力，并彻底恢复了伊格纳蒂奥斯的教职。然而，伊格纳蒂奥斯死后，福细阿斯又当了大主教，东方教会和西方教会的裂痕扩大了。

主教起初是由忠实的信徒口头选举产生的，后来由附近教区的宗教会议选举产生，有时也由教皇或皇帝任命。其实，由于主教自认为是伟大人物，并不把教皇放在眼里，因此，相比于世俗国家的皇帝，尼古拉一世把权威施加给主教的难度更大。然而，尼古拉一世却认为，主教是基于教皇而存在的。

10世纪时，罗马贵族完全控制了教廷。这时，由谁担任教皇时而取决于百姓的拥护，时而又取决于皇帝的意愿，时而又取决于罗马的掌权者。也就在这时，全体基督教国家在西欧混乱和衰败的影响下，几乎要被毁灭了，在名义上仍属于罗马皇帝和法兰西国王领导的诸侯制造的无政府状态，让皇帝和国王们也无可奈何。

经过近一百年岁月的变迁，教皇一职竟成了赏赐给罗马贵族阶级或塔斯苛拉姆诸侯的礼物。狄奥斐拉克特和他的女儿玛柔霞是10世纪初最有权力的罗马人，因此这个家族也就世袭了教皇一职。玛柔霞让她的一个情夫做了教皇，称为色尔爵三世（904—911），他们的儿子则是教皇若望十一世（931—936），孙子是教皇若望十二世（955—

964）。不过，这些教皇们已经丧失了在东方的一切权势，而各地的宗教会议也发表了独立声明。宣布独立后的主教们逐渐被封建领主同化。

当时的人认为公元1000年是世界末日，但这是错误的。保罗之后的基督徒一直都相信世界末日正在临近，但他们依然正常地生活着。我们可以把公元1000年视为西欧文明衰退到极限的时间，那么从此后一直到1914年就是恢复上升期。

公元1000年成为一个转折点的另一个原因是，在这一时期，入侵西欧的各个蛮族相继改信了基督教，并建立了许多蛮族王国。之后，由于国王丧失了统治权，又出现了一种"普遍无政府状态"。

也许我们太注重欧洲了，因为我们用"黑暗世纪"形容公元600年至1000年这一时期。其实，这时的中国正是唐朝统治时期，唐朝繁荣和鼎盛，其他方面也非常出色。总而言之，基督教文明的衰落并不代表着整个世界文明的衰落，而是恰恰相反。同样，西欧日后在武力与文化方面跃居支配世界的地位的事实，在当时也没人能想到。所谓"只有西欧文明才是文明"的见解肯定是狭隘的。

我们自文艺复兴以来的优越性，部分是由于科学技术方面的领先，部分是由于在中世纪建立了政治制度。然而这些优越性已经没有持续下去的理由了。中国、俄国和日本结合了西方的技术和东方的意识形态，如果印度也赢得解放，也会提供给他们另一种东方元素。假如文明还能延续下去，那么，在未来几百年，文艺复兴以来闻所未闻的多样性文明势必现身，可能会出现比政治帝国主义更强大的文化帝国主义。

欧洲文化从西罗马帝国灭亡到宗教改革为止，都还保留着罗马帝国主义的色彩，而现在的文化已经具有了西欧帝国主义的气味。这场大战结束之后，如果我们还想更舒服地生活，那么，从我们的思想深处就要承认两种平等，一是在政治方面承认亚洲与我们是平等的，二是在文化方面也要承认这种平等。尽管现在无法判断这会带来何种变化，但它一定具有深刻而重要的意义。

第八章 约翰·司各特

在整个9世纪，约翰·司各特是最令人惊异的人物，他是一个爱尔兰籍的新柏拉图主义者，主张泛神论，倾向于斐拉鸠斯教派。他对教士的权威不以为意，认为理性应在信仰之上。然而，正是这样一个离正统教义很远的人，恰好躲过了宗教迫害。

留意圣帕特里克主教之后的爱尔兰文化有助于我们理解约翰·司各特。爱尔兰出现基督徒的时间要早于圣帕特里克主教到爱尔兰的时间，而且据说爱尔兰的文化并不是因为圣帕特里克主教的贡献而兴起的。总之，我们有理由相信，在6世纪到8世纪时，爱尔兰人仍然残存有希腊语知识，而且他们还对拉丁文著作有一定研究。

许多早期的希腊哲学家原本都是从波斯来希腊避难的，但在希腊哲学后期，为了避难，他们又从希腊回到了波斯。为了躲避日耳曼人，5世纪的一些学者从高卢逃到了西欧，四百年之后，为了躲避斯堪的纳维亚人，他们又逃回了高卢。在现代，为了躲避同胞的迫害，德国的哲学家逃往了更远的地方。

对于保存了欧洲古典文化传统的爱尔兰人，我们知之甚少。他们的学问充满了虔诚，但似乎与微妙的问题关系不大，因此没有具有欧洲大陆僧侣特征的行政观点。因为罗马切断了与他们的联系，所以他们仍以安布罗斯时代的观念看待教皇。

约翰·司各特大约生于公元800年，死于公元877年。大约在公元843年，约翰应法兰西国王"秃头查理"之邀去了法兰西，当了宫廷学校的校长。后来,修道僧高特沙勒克和莱姆斯天主教的一位名叫兴克玛尔的僧侣,就预定说和自由意志这一问题发生了争吵。约翰支持了天主教的自由意识。本来他的这一举动倒不至于引起任何麻烦,但他在发表意见时表现出的纯哲学的性格给他带来了麻烦,因为他表示"独立于启示之外的哲学也有权威,甚至有更高的权威","真正的宗教即真正的哲学,反之亦然"。但由于查理国王的庇护,他逃脱了教会的惩罚。查理国王死后,约翰也销声匿迹了。

据圣邓尼修道院院长希勒杜茵说,这个修道院就是约翰创立的。除此以外,希勒杜茵认为,约翰还翻译了一部调和新柏拉图主义和基督教的重要著作。据说,这本在东方受到世人称赞的书的作者是狄奥尼修斯。后来,希勒杜茵辗转得到了这本书的手抄本。此时,由于没有人翻译,因此很少有人知道这本书。后来,约翰翻译了这本书。从那以后,狄奥尼修斯才影响了西方天主教哲学。

后来,有人将约翰的翻译本呈给尼古拉一世。然而,尼古拉一世大发雷霆,因为这本书的发行未经他准许。但不管怎么说,约翰的译文表现了他的广博学识,这一点连尼古拉一世都无法否认。阿奈斯它修斯就认为,具备如此渊博的希腊文知识的人居然是一个远居化外的人,这是很令人惊讶的。

在经院哲学时代,可以说,约翰的《自然区分论》是一部实在论的著作。《自然区分论》把自然的整体划分为创造者不是被创造者、创造者也是被创造者、被创造者不是创造者和不同非创造者非被创造者四类。这样看来,第一类应该是上帝,第二类是柏拉图主义的理念,第三类是时间与空间里的事物,第四类是作为一切事物的终极目的的上帝。

由此可见,约翰带有很明显的非正统教义性。他主张的泛神论与基督教义相违背,原因是他否认被创造物具有实体性。而且,任何一个具有审慎精神的一般神学家都无法接受他对于从"无"中创造万物的解释。他曾经试图在三位一体说上为自己辩护，因为他的这一观点与普罗提诺的观点极其相似，但遗憾的是，他的观点始终未能保持三位的同等性。

在9世纪，约翰的这些观点都是不折不扣的异端，但约翰通过它们表现了他精神的独立性，这自然是很令世人惊奇的。至于他对新柏拉图主义的见解，也不是完全没有市场，至少在当时的爱尔兰还是普遍流行过的。如果我们能更多地知道一些5世纪至9世纪爱尔兰基督教的情况，我们也许就不会觉得约翰是多么令人感到惊奇了。

不过，约翰也有他认为的异端，比如所谓"创世时没有时间"。然而，因为抱有这样的意见，他只好承认说，他认为关于创世纪的所有记载都是寓言故事而已。约翰还在关于罪恶的解释方面感到艰难，因为他认为最初人类没有罪，因此也就没有性别的区分，毫无疑问，这种说法是错误的，与《圣经》中"上帝创造了男人和女人"的说法相抵触。根据约翰的说法，正是因为人类有了罪过，才被上帝分成了男人和女人，其中，女人体现了男人终究要堕落的本性。约翰还说，性别的区分最终还会消失不见，人人都将拥有纯灵性的肉体。

尽管约翰翻译的狄奥尼修斯的著作对中世纪思想产生了重大影响，但他本人的著作《自然区分论》表现平平，甚至还被斥为异端。如果不是公元1225年霍诺里乌斯教皇下令焚毁所有《自然区分论》的命令没有得到有效的执行，恐怕这本书早就失传了。

第九章　11世纪的教会改革

欧洲首次出现持久而全面的进步是在西罗马帝国灭亡以后的11世纪。这种进步是从修道院的改革开始的，之后又扩展到了教廷和教会。不过，第一批经院哲学家却产生于11世纪末。

在改革家看来，这种进步是由纯道德的动机引发的。但在这个动机之外，还有另外一个原本无意识，但后来逐渐明显起来的动机，即以增强僧侣的势力为目的而彻底分开僧侣与俗众。这样一来，教皇与皇帝之间的剧烈冲突就是教会改革胜利的直接结果了。

在埃及、波斯和巴比伦，祭司是实力强大的独立阶层，但希腊和罗马的祭司却没有这样的地位。原始基督教里，僧侣和俗众之间逐渐产生了区别，这种区别有教义和政治两个方面的内容。在圣礼方面，僧侣有一些神奇的权力，比如帮助俗众举行婚礼、在俗众临终时为其涂油。

这一切不仅仅是公开的信条，而且还得到了僧侣和俗众的共同认可。由于僧侣拥有这些神奇的权力，就连那些拥有强大军队的皇帝都奈何不了他们。不过，僧侣的这些权力还是受到了限制，每当俗界爆发愤怒的激情和僧侣之间闹起分裂时，这种限制就越发明显。罗马人并不是特别尊重教皇，在党派斗争时，他们会因为诱惑而毫不犹豫地绑架、拘禁甚至毒杀教皇——至少在教皇格里高利七世之前是这样的。因此，对僧权而言，加强教会的纪律和建立一个管理教会的统一机构就是不可或缺的了。可喜的是，在11世纪中期，这些僧侣进行道德革新的目标终于达到了。

教职买卖和蓄妾是所有僧侣改革家一致批评的两大弊端。教会在信徒的捐献下变得异常富有，主教也就拥有了雄厚的财产，因此他们便有财力从掌握主教任命权的国王那里买到主教之职，之后再兜售自己职权内的教职以捞回"成本"。

教职买卖改变了教会人事升迁的主流，从此，升迁凭的不是功绩而是财富。更重要的是，这种行为间接认可了俗界在教会人事升迁方面的权威，使主教从属于世俗国家的统治者。当然，还有很多原因。

这些原因使反对教职买卖成了教会改革的一个重要方面。虽然修道僧不能结婚，但世俗僧侣没有受到禁止结婚这一法令的约束。因此，蓄妾也成了教会改革的另一个重要方面。

如果要追溯修道院改革运动的开始时间，那应该是公元910年。那一年，自创立以来就一直独立于外界权威（教皇的权威除外）的克吕尼修道院落成了。当时，大部分修道院经济富有但纪律松散，只有克吕尼修道院还保持着尊严与礼法。但仅仅过了两个世纪，克吕尼修道院就丧失了改革热情，退出教会改革的舞台。

11世纪时，改革家掀起了创立教团的风潮。公元1012年，罗穆阿勒德创立了卡玛勒多力兹教团；公元1084年和公元1098年，布鲁诺创立了以严谨闻名的卡尔图斯教团和西多教团。其中，西多教团继承了本尼狄克的教规，成为拥有多个修道院的著名教团，芳腾修道院就属于西多教团。

要想取得教会改革的成功，这些改革家需要更多的勇气和魄力，因为他们和他们的信徒最终促使整个教会改革得以实现。不过，无论教会改革家们如何努力，不可否认的是，起初的教皇制改革主要是世俗皇帝的功劳。

公元1032年，最后一位通过世袭得到教皇之位的本尼狄克九世即位。当时，这位教皇只有12岁，还是个天真无邪的孩子。然而，令人遗憾的是，随着年龄的增长，本尼狄克九世的荒淫无道也不断增长。后来，这位荒唐的教皇卖掉了教皇之职，过起了结婚生子的生活。买到教皇宝座的是改革家格里高利六世，他获得教皇之位的丑陋手段注定了他不能被世人包容的命运。

公元1046年，年仅29岁的德意志国王亨利三世来到意大利，代表俗众掀起了与格里高利六世的斗争。亨利三世是一个虔诚的宗教改革家，立志要杜绝教职买卖现象，因此，他与格里高利六世必定水火不容。果然，很快他就以买卖教职为名废黜了格里高利六世。在废黜了格里高利六世之后，亨利三世又任命日耳曼籍主教苏伊德吉担任教皇，称为克雷芒二世。结果仅仅过了一年，教皇克雷芒二世就死去了。在另一位被推荐为教皇的候选人病死之后，亨利三世只好选立他的表兄弟布鲁诺伯爵担任教皇，称利奥九世。和亨利三世一样，利奥九世也是一个虔诚的宗教改革家，他虽然做了很多工作，但没能取得大的成就。公元1055年，利奥九世逝世，亨利三世又推荐革布哈尔德继承教皇之位，称维克托二世。第二年，亨利三世逝世，又过了一年，维克托二世也死了。

从此以后，世俗国家的皇帝和教皇的友好关系就大不如前了。教皇在皇帝的支持下当上教皇以后，最想做的事不是回报皇帝，而是设法摆脱皇帝而独立，进而又要求超越皇帝的权威。皇帝岂能甘心？于是，一场历时两百年的皇帝与教皇的大纷争就此上演。从这个角度看，亨利三世的改革是缺乏预见性的。

亨利三世的继任者是亨利四世，起初，大权由他的母亲阿格尼丝执掌。当时的教皇是司提反十世，但他只当了一年教皇就死了。之后，红衣主教选出一位教皇，沉寂已久的罗马民众在此时突然觉醒，也利用手中的选举权选出一位教皇。这样一来，决定权就到了阿格尼丝手中。在阿格尼丝的支持下，红衣主教选出的教皇即位，称尼古拉二世。

尼古拉二世只当了三年教皇，但这三年极其重要。为了减轻对皇帝的依赖，他和诺曼人讲和，此外，他还颁布了选立教皇的一项教令。这项教令规定，教皇的人选从6个红衣主教管区的红衣主教中选择，然后其他主教再参与讨论，最后由罗马城内的所有僧侣和民众确认。然而，据说，所谓僧侣和市民的确认只是一个形式，实际选举教皇的只是罗马市郊的6个红衣主教。不过，可以肯定的是，皇帝无权参与选举的任何环节，被完全排除在外了。在经历了一场激烈的斗争之后，这项教令终于确立下来了。这是教皇脱离皇帝控制的重要步骤。

此外，尼古拉二世还规定，以后但凡是通过买卖获得的教职一律无效。这就从根本上杜绝了买卖教职的现象。

当然，并不是人人都喜欢改革。在尼古拉二世统治期间，就发生过反对改革的斗争。当时，米兰的大主教向尼古拉二世提出要求，希望有一定的独立自主权。为此，他和僧侣们联合贵族坚决反对教会改革。恰逢此时，米兰又发生了一些支持僧侣独立运动的暴动。米兰局势变得非常复杂和危急。于是，尼古拉二世于公元1059年将彼得·达米安派往米兰，代他处理危机。达米安到了米兰以后，在僧侣集会上发表了反对买卖教职的演讲，并凭借雄辩的演讲感动了僧侣。于是，僧侣们纷纷低头认罪，并发誓会拥护教皇。

公元1061年，尼古拉二世逝世。此时的亨利四世已经亲政，于是再次就教皇的继承问题与红衣主教们发生了争执。亨利四世认为，他没有承认过尼古拉二世颁布的那部教皇选举教令，因此他拒绝放弃在选举教皇问题上的权力。尽管这场争执持续了三年之久，但亨利四世还是失败了，因为红衣主教们选立了一个品行高尚且经验丰富的人当教皇，他就是亚历山大二世。亚历山大二世死后，格里高利七世成了新的教皇。格里高利七世是历代教皇中最杰出的人物之一。

现在，让我们抛开世俗国家的皇帝和教皇之间的恩恩怨怨，把目光转到当时的哲学和哲学家身上吧。

一般认为，除了教皇赛尔维斯特二世，10世纪没有哲学家。但伴随着11世纪的到来，哲学上真正杰出的人物开始逐渐现身了。这其中最具代表性的人物有安瑟伦、罗塞林等人。他们有一个共同的身份，即都是支持教会改革运动的修道僧。

安瑟伦是意大利人，担任过坎特伯雷的大主教。在他担任大主教期间，曾严格奉行格里高利七世的原则，并不惜与皇帝产生争执。和奥古斯丁一样，安瑟伦也认为理性应该从属于信仰，认为如果没有信仰，就不能理解一切。为此，他说"我相信是因为我要理解"。因为发明了有关上帝存在的"本体论论证"，安瑟伦一举成名。他认为，如果将上帝定义为最大可能的思维对象，再假设其中的一个思维对象是不存在的，那么另外一个思维对象就必然是存在的，而且还是最伟大的一个对象。他由此得出结论说，思维对象里最伟大的那个必然是存在的，否则就有可能出现另一个更伟大的对象。所以说，存在着上帝。

奥古斯丁哲学是安瑟伦哲学的主要源头，因为安瑟伦身上具有的许多柏拉图因素就是从奥古斯丁那里获得的。安瑟伦认可柏拉图的理念，并据此推出了另一个能证明上帝存在的例证。通过这个证明，他宣称他不仅证明了存在着上帝，还证明了三位一体。

和以前的基督教哲学家们一样，说安瑟伦属于亚里士多德传统，还不如说他属于柏拉图传统。正是出于这个原因，他身上没有托马斯·阿奎纳所谓的经院哲学特征——一般认为，经院哲学的源头是罗塞林。罗塞林比安瑟伦年轻17岁，但在哲学史上的影响远远超过安瑟伦，因为他标志着一个新的开始。

如果说13世纪之前的中世纪哲学属于柏拉图派，那么就该区分清楚，除了《蒂迈欧篇》，人们认识柏拉图的过程其实是一段一段的，人们视柏拉图为一个宗教哲学家和理念学说倡导者。但如果没有柏拉图，尽管约翰·司各特的大部分柏拉图式观点来自狄奥尼修斯，他也不可能得出这些观点。在中世纪，波伊提乌是柏拉图主义的另一个来源。与近代学者直接从柏拉图著作里获得的见解相比，这种柏拉图主义有些不同，因为它把与宗教没有明显关系的内容几乎都剔除了，即使是在宗教哲学里，它也做了有选择的强调和剔除。

与柏拉图相同，人们认识亚里士多德的过程也是一段一段的，因此，截至12世纪，人们从波伊提乌翻译的《范畴论》和《正谬论》里认识的亚里士多德，已经是全部了。基于这样的认识，人们就认为亚里士多德仅仅是一个辩证家。不过，这种偏见在中世纪末逐渐得到修正，但修正关于柏拉图的偏见推迟到了文艺复兴时期。

第十章　12世纪哲学

12世纪注定是一个令我们很感兴趣的时代，因为这一世纪发生了很多值得我们关注的事情，主要有：俗世皇帝与教廷的冲突、伦巴底的崛起、十字军东征和经院哲学的发展。无一例外，上述四件事全都延续到了13世纪。不过，在这个世纪，除了十字军走向灭亡，其他三件事都进入了发展的高峰：教廷取得了决定性胜利，伦巴底获得了稳固的独立，经院哲学也达到了顶峰。而且，这四件事都和教皇及教会权力的增长有着密不可分的联系。这种联系在第一件事上的体现自然不必说，那么后三件——与教皇联合对抗皇帝的是伦巴底，直接发动十字军进行第一次远征的是教皇乌尔班二世，经院哲学家都是教皇领导下的僧侣。

从表面来看，中世纪有一件怪事，即人们不知道自己有独创性，就连经院哲学家也是如此，即使他们有了独创性的成果，也总是希望能掩盖住这一切。他们日常所做的工作，无非是引用《圣经》，或者就是先引用柏拉图，再引用亚里士多德。

然而，实际情况并不是这样。尽管罗马帝国早已衰落，但在意大利北部城市，出现了一些商业繁荣、文化发达的共和政体社会，就像早期的罗马一样，这些小城先进而富饶。同样，尽管经院哲学家们的确很尊崇亚里士多德，但他们并不缺乏独创性，有的人甚至还超过了普罗提诺或奥古斯丁之后的任何哲学家。在政治领域也是如此，显著的独创性无处不在。

一、俗世皇帝与教廷的冲突

欧洲发生教廷与世俗皇帝之间的斗争这一情况，要从教皇格里高利七世算起，直到12世纪中期才结束。格里高利七世的政策被他的接班人乌尔班二世用更温和的方式继承了下来。起初，为了自身安全，乌尔班二世待在诺曼。公元1093年，亨利四世被自己的儿子康拉德杀死，乌尔班二世便趁着与康拉德结成同盟的有利时机控制了意大利北部，并得到了以米兰为首的伦巴底联盟的拥戴。第二年，乌尔班二世进行了一次胜利游行，这次游行经过了意大利北部和法兰西全境。那时，法兰西国王腓力一世向乌尔班二世申请离婚，但遭到了斥责，腓力一世无奈，只好臣服于乌尔班二世。

公元1095年，在克勒芒宗教会议上，乌尔班二世亲自命令十字军进行第一次东征。这件事的结果有好有坏，好处是教皇的权力迅速增强，坏处是大批的犹太人被屠杀了。不过，和前几任教皇相比，乌尔班二世的晚年生活是少有的幸福，因为是在罗马安然度过的。

下一位教皇是来自克吕尼修道院的帕斯卡二世。他继承了格里高利七世和乌尔班二世的事业，并在法兰西和英格兰取得了胜利。当时，帕斯卡二世为了让亨利五世放弃主教续任权，提出让主教和修道院院长放弃世俗财产的建议，但遭到了主教和修道院院长声势浩大的抗议。亨利五世见有机可乘，便逮捕了帕斯卡二世。帕斯卡二世无奈，只好做出很大的让步。直到公元1122年，在《沃尔姆斯宗教协定》中，亨利五世才放弃了主教续任权。亨利五世同时放弃的还有对勃艮第和意大利选举主教的管理权。

经过这一系列斗争，原本处在皇帝从属地位的教皇，终于和皇帝平等了，而且在教皇的选举事务上已经完全摆脱了皇帝的控制。此时的教皇已成了教会的全面统治者，主教的重要性降低了，僧侣的品德也更好了。

二、伦巴底的崛起

这一部分与一位皇帝有关，他就是神圣罗马帝国皇帝腓特烈一世弗里德里希·巴巴罗萨。巴巴罗萨精力充沛而富有才干，受过很好的教育，有相当渊博的古典知识，而且很推崇《罗马法》。尽管他以罗马皇帝的继承者自居，但身为德意志人，他很难赢得意大利人的臣服。虽然伦巴底联盟认可他的统治，但反对他干涉他们的内部事务。

巴巴罗萨当政时期的教皇是英格兰人阿德里安四世，最初，这位精力充沛的教皇与巴巴罗萨的关系很好，因为罗马同时向他们二位提出了独立的要求。这一次，罗马人做了充分的准备，为此还请了异端者阿诺德支援他们。人们虽然认定阿诺德是异端，但没有人怀疑他的苦行是否诚心。哈德里安四世的前任就曾给巴巴罗萨写信，提醒他注意阿诺德支援罗马这件事，当时巴巴罗萨很是气愤。

果然，没过多久，阿诺德就鼓动罗马人发动暴乱，并杀死了一位红衣主教。于是，阿德里安四世果断命令罗马教会停止举行任何宗教活动。在基督复活节的前一周，迷信的罗马人屈服了，而阿诺德则被巴巴罗萨的军队烧死。公元1155年，在群众的抗议声中，阿德里安四世为巴巴罗萨举行了加冕礼。

公元1157年，阿德里安四世与诺曼人和好如初，之后就和巴巴罗萨决裂了。从此，教皇和皇帝之间的战争又持续了二十多年。在这场战役中，伦巴底联盟自始至终反对皇帝。公元1162年，巴巴罗萨的军队攻入米兰，并彻底破坏了这座城市。五年后，巴巴罗萨大举进攻罗马，教皇一派形势危急。但是皇帝一派的形势更糟糕：流行病毁掉了巴巴罗萨的大军，巴巴罗萨单枪匹马地逃回了德意志。公元1176年，巴巴罗萨与伦巴底联盟进行了莱尼亚诺战役。在东罗马皇帝的支持下，伦巴底联盟取得了胜利。之后，巴巴罗萨被迫与伦巴底联盟讲和，给予了他们实质上的自由。但战争的主角——皇帝和教皇，谁也没有取得全面胜利。

尽管在与俗世皇帝的斗争中，教皇的权力不断增强，但一旦世俗的皇帝不能对教皇构成威胁时，教皇的权力也会衰落。不过，伦巴底联盟城市的崛起却是经济发展的必然结果。不久之后，这些城市中还产生了一种新的文化，在文学、艺术和科学领域有很高的水平。这些成就的取得，与这些城市支持教皇而反对巴巴罗萨的战争取得胜利不无关系。

伦巴底联盟的城市虽然与教皇结盟，但它们在思想方面并不受教皇的影响，还保有非教会性质的世界观。在12、13世纪，这些城市中的许多人就像宗教改革后的英格兰和荷兰商人那样，持有的观点跟清教徒的异端观点很相似。在这以后，他们对教会的拥护只存在于口头上，在心里却倾向于自由思想家。

三、经院哲学的发展

狭义地说，早在12世纪初，经院哲学就开始兴起了。经院哲学有鲜明的特征：一是被哲学家局限在自认为正统的教义之内，在受到教会谴责时，哲学家们就自行放弃了自己的意见，这就像法官服从上级法院一样；二是12世纪以后，人们逐渐对亚里士多德有了较为全面的认识，亚里士多德越来越多地被正统教义公认为权威；三是哲学家普遍相信辩证法和三段论法，具有烦琐与好辩的一般气质；四是哲学家突然提出了亚里士多德和柏拉图在共相问题上意见不同这一问题，但这并不说明他们主要关心共相问题。

罗塞林是第一位最正宗的经院哲学家。他是贡比涅人，大约生于公元1050年，起初在布列塔尼的罗什讲学，公元1092年，莱姆斯宗教会议指控他为异端，出于对私刑的恐惧，他宣布撤销自己的学说。后来，他去了英格兰，在鲁莽地抨击了安瑟伦以后逃到了罗马。公元1120年前后，他的事迹就不见于记载了。他的全部著作也遗失了，只保存下来一封写给学生阿贝拉德的信，这是一封论三位一体的信。除了这封信，人们了解他的观点的途径，主要是他与安瑟伦等人论战时写的文章。

与老师罗塞林相比，阿贝拉德更有才华和名望。公元1079年，阿贝拉德生于南特，他先在布列塔尼的罗什跟着罗塞林，后来去了巴黎，拜师于唯实主义者威廉。然而，他似乎也超越了威廉的学问，因为在巴黎的一所天主教会学校任职时，他就已经能够批驳威廉的观点了。后来，他又投到拉昂人安瑟伦门下专攻神学。

阿贝拉德的人生转折点发生在公元1113年之后。当时，他认识了教会参事富勒伯特的侄女厄罗伊斯，并与她成了情人。富勒伯特很是气愤，于是就阉割了他。这以后，他隐居到了圣邓尼修道院，而厄罗伊斯则去了一所女修道院。公元1121年，阿贝拉德在斯瓦桑受到谴责，原因是他的一部关于三位一体的著作背离了正统教义，他被迫撤销了自己的观点。之后，他担任了圣吉尔塔修道院院长。四年之后，他回到了"文明的地方"。公元1141年，他又在桑斯受到谴责。之后，他住在克吕尼修道院，一年后去世。

总体来说，逻辑与认识论这两个方面体现了阿贝拉德的重要性。

阿贝拉德认为，逻辑是具有神圣性的基督教科学，因为《约翰福音》说"太初有道"。写于公元1122年的《是与非》是阿贝拉德最著名的著作。这本书之所以著名，是因为阿贝拉德以辩证的议论维护和反驳了许多论点。从教条的沉睡中唤醒人们是这本书的主要作用。阿贝拉德认为，辩证法是除了《圣经》之外唯一通向真理的道路。尽管经验主义者们不接受这种观点，但它的确很有价值，因为它鼓励人们大胆运用理智，而且还是当时各种偏见的溶解剂。然而，除了阿贝拉德，当时大多数学者都不热衷于辩证法。

写了一本随笔集的撒利斯伯利人约翰并不是一个重要的哲学家，不过因为是教皇哈德里安二世的朋友，晚年还当过沙尔特的主教，因此，他算是12世纪少有的与教会关系融洽的哲学家。约翰自称是学院派，还说他对世俗皇帝只持有限的尊敬。他认为，尽管逻辑本身是没有生气的，但它依然是获得学问的良好阶梯。对他而言，"哲人王"是柏拉图，亚里士多德至少在逻辑方面还有改进的空间。他生活的圈子的氛围很像牛津大学三十年前的膳后休息室。在他的晚年，教堂、修道院的学校都变成了大学，从那时直到现在，英格兰的大学都是这样的。

翻译家在12世纪时翻译出的希腊著作主要有三个来源，分别是君士坦丁堡、帕勒摩和托雷多。当时，虽然人们掌握的希腊哲学并不全面，但博学之士已经有了一种认识：希腊哲学还有值得西方发掘的地方。那时的人们曾经很渴望获取全部的古代知识，而实际上正统教义的桎梏并没有多么严重，人们可以著书立说，可以展开讨论，也可以宣布撤销异端邪说。对罗马教廷而言，不论教士抱有何种神学方面的异端，他们在政治方面绝对都是正统派。因此，从政治方面看，把初期的经院哲学视为教会争夺权力时的一个衍生物也未尝不可。

第十一章　13世纪哲学

13世纪时，中世纪达到了顶峰。那时，自罗马帝国灭亡后建立起来的各项体系已经十分完备了。

教皇英诺森三世（1198—1216）是13世纪初的中心人物。这位教皇缺少基督徒该有的谦逊，因此他信心百倍地认为自己具有至高无上的权力。然而，在十字军第四次东征时，威尼斯在某种程度上抢占了教皇的风头。当时，十字军打算在威尼斯走水路攻打耶路撒冷，但出于商业考虑，威尼斯人却说，攻打耶路撒冷不如攻打君士坦丁堡。结果，包括英诺森三世在内的所有人都同意了威尼斯人的意见，因为如果跟威尼斯人闹翻的话，十字军就没有船只可用了。这件事令不可一世的英诺森三世烦恼了好几天。除此之外，就不知道还有谁抢过英诺森三世的风头了。

第一个没有神圣素质的教皇是英诺森三世。教会改革建立起来的教阶制度让他在道德方面的威信更加坚固，也更让他不必再为圣洁问题而担忧。从他起，在权力方面的欲望与动机便开始支配教廷。不过，这导致的结果是，在英诺森三世还在世的时候，就有虔诚的教徒反对他了。为此，英诺森三世又将教规编入法典，教廷的权力空前加强了。尽管那时的教廷还能保持胜利和繁荣，但衰败的种子也在此时埋下了。

腓特烈二世曾受过英诺森三世的监护。这位神圣罗马帝国史上最出色的皇帝的爷爷是巴巴罗萨，父亲是亨利六世。亨利六世在世时，征服了西西里的诺曼人，并迎娶了西西里王朝的继承人康斯坦丝，还派遣日耳曼人驻扎在那里。亨利六世死后，康斯坦丝试图借助英诺森三世的力量取得独立，这引起了德意志皇帝奥托四世的愤怒。于是，奥托四世与英诺森三世之间就此发生了争执。公元1212年，在英诺森三世的支持下，腓特烈二世打败了奥托四世，接替他做了皇帝。

腓特烈二世出生于霍恩斯陶芬家族，算是日耳曼人，但从文化和情感上看，他身上带有阿拉伯和拜占庭的色彩，更像意大利人。他博学多才，精通6种语言，还通晓阿拉伯哲学，和伊斯兰教徒关系友好——这使得基督徒异常愤慨。起初，当时的人都惊奇地看着他，后来又恐怖地看着他，因为他们认为他是"奇迹和惊奇的改革家"。他还被当作《三大骗子论》一书的作者，因为教会也把他当作敌人。

公元1216年，英诺森三世逝世，接替他的教皇是霍诺里乌斯三世。起初，霍诺里乌斯三世与腓特烈二世很要好，但很快两人就在多个方面产生了矛盾，因为腓特烈二世拒绝随十字军东征，而且还与亲教皇的伦巴底联盟闹不合。腓特烈二世本伺机攻打这些城市，但一些变故改变了他的计划。公元1227年，霍诺里乌斯三世逝世，格里高利九世继任教皇。格里高利九世认为，十字军东征是最重要的事，任何不参加十字军东征的人都要受到惩罚，于是，腓特烈二世也受到了开除教籍的处分。可是，当他被开除教籍以后，他欣然参加了十字军的东征。这使得格里高利九世更加愤怒，因为这样一来，十字军队伍将由腓特烈二世这个被开除了教籍的人领导。不管怎样，腓特烈二世还是带领着十字军到了巴勒斯坦。到了巴勒斯坦以后，一向和伊斯兰教徒关系友好的腓特烈二世和敌人讲和了，不仅以和平的方式占领了耶路撒冷，还举行了加冕仪式。

公元1237年，腓特烈二世和伦巴底联盟的战事正式开始。为此，格里高利九世再次开除了腓特烈二世的教籍。不过，战争的胜负却并不是如此明显，在此后的十三年里，尽管战事不断，但谁也没有取得决定性的胜利。腓特烈二世死后，他的继任者懦弱无能，不仅吃了败仗，而且还把好端端的意大利弄得四分五裂。

当时几乎所有的异端不是遭到了英诺森三世的十字军的讨伐，就是遭到了包括腓特烈二世在内的皇帝们的迫害。然而，对我们而言，这些异端都是值得研究的，无论他们本身，还是他们所反映的当代大众感情，都很有价值。异端广泛传播的原因，一方面是十字军的战败使人们产生了沮丧情绪，另一方面是人们在道德上憎恨僧侣的富有和恶行。当时的状况是，教会以宗教为理由加强教权，而人们却因教会言行不符而愤怒。

最为庞大的喀萨利派是这其中最吸引人的。这一派的教义是从亚洲传来的，主要流传在意大利北部，就连包括贵族在内的法兰西南部人群也都信仰它——对那些贵族而言，他们的教义是没收教会地产的绝妙借口。

由于我们的依据只有喀萨利派的对手的言论，因此我们不能清楚知道他们的教义。和诺斯替派一样，喀萨利派好像是二元论者，认为《旧约》中的造物主耶和华是邪恶的，上帝真正的启示在《新约》里。他们认为，从本质上看，物质是邪恶的，恶人死后要受投生为动物的轮回之苦，因此，他们是只吃鱼的素食主义者。他们认为，婚姻是持续的自我满足，因为他们憎恨一切性行为。还有，如果有人打他们的左脸，他们也会让对方再打一次右脸。尽管喀萨利派教规严格，但也只有特别圣洁的"完人"才能完全遵守，其他人倒比较宽松。

里昂人彼得·瓦勒度的信徒组建的瓦勒度派是另一个流行很广的异端。狂信者彼得·瓦勒度将所有的财产都送给了穷人，为了厉行安贫乐道的生活，他还创立了一个名为"里昂穷人"的社团。受到教皇赞许的瓦勒度后来由于过分斥责道德败坏的僧侣而遭到维罗纳宗教会议的谴责。从此，瓦勒度派走向了真正的异端之路，他们不仅允许所有善良的人讲经传道，而且还自行委派传教士、废除天主教祭祀的仪式。后来，他们受到阿尔比派的连累，被迫逃往丕德蒙特，在密尔顿时代又在那里受到迫害。时至今日，在阿尔卑斯山谷和美国还有他们的信徒。

异端的出现使教会很惶恐，教会只得动用蛮横的手段予以镇压。英诺森三世认为，异端教徒背叛了基督，应该处以极刑。公元1209年，他召集法兰西国王发起了对阿尔比派的讨伐战争，大肆屠杀阿尔比派教徒。公元1233年，格里高利九世设立了宗教裁判所，职责是查找和审判异端。除了处理一般的异端案件，宗教裁判所还审查妖术和魔法，而西班牙的宗教裁判所还承担对付犹太教徒的职责。宗教裁判所还是成功的，至少在成立之初就彻底肃清了阿尔比派。

在维护正统教义方面的贡献比教皇还多的弗朗西斯（1182—1226）是历史上最可爱的人物之一，他建立了著名的天主教托钵修会"方济各会"。他出生在一个富裕家庭，成年后放弃了俗世的所有财产，投入了传道和慈善事业，他还和追随者们立誓永远过清贫的生活。弗朗西斯希望尽可能地用最严格的方式解释清贫誓约，因此，他要求信徒以行乞为生，除了受人款待之外，不许占有房产。公元1219年，弗朗西斯游历东方，当他回来时，他发现信徒们为自己盖了一间房子，他为此感到痛苦，但由于教皇的干涉，他做出了让步。这是后话——英诺森三世认为，把弗朗西斯发起的这个运动维持在正统教义的层面会很有价值。于是，他认可了弗朗西斯的行为。格里高利九世更是如此，作为弗朗西斯的私人朋友，他虽然始终赞助着弗朗西斯，但也强加给了后者一些与内心冲动有抵触的戒律。弗朗西斯死后被追谥为圣者，但他制定的清贫戒律被放松了。

弗朗西斯之后，穷奢极欲的以利亚兄弟做了教团首领，他们不仅容许信徒们完全放弃清贫的生活，而且还在归尔甫派与基伯林派的战争中扮演募兵官的角色。宗教裁判所成立后，方济各会又充当了部分国家宗教裁判所的领导，但是，令人遗憾的是，一些依旧忠实于弗朗西斯遗训的信徒也被宗教裁判所以异端的罪名烧死了。这样看来，为宗教事业奋斗了一生的弗朗西斯，只是开创了一个迫害道德忠信和思想自由的优秀人物的教团。这个结果真是令人啼笑皆非。

对正统教义有着狂热信仰的多明我（1170—1221）是西班牙加斯蒂人。对他而言，以贫穷为手段攻击异端就是他的主要宗旨。也许是由于多明我及其追随者全程参与了英诺森三世对阿尔比派的讨伐战争，于是，在公元1215年时英诺森三世亲自建立了多明我教团。相比于弗朗西斯教团，虽然多明我教团对宗教裁判所的工作更加上心，但他们的名声要比弗朗西斯教团更好一些，因为他们致力于学术，做过一些有价值的贡献——不过这并非多明我的本意。为了有更多的时间进行学术研究，多明我教团不仅缩短了虔修功课的时间，而且规定不用必须参与体力劳动。在哲学上，他们致力于调和亚里士多德和基督的关系，其中成就最突出的是托马斯·阿奎纳，以后的整个多明我教团都没有人能超越他。

比起多明我教团来，弗朗西斯教团似乎更厌恶学术，不过在即将到来的那个时期，弗朗西斯教团也出了如罗吉尔·培根、邓斯·司各特这样的哲学伟人。

第十二章　圣托马斯·阿奎纳

被公认为最伟大的经院派哲学家是托马斯·阿奎纳（1225—1274）。托马斯不仅在历史上地位重要，而且在当前也具有重要地位，因为在所有教授哲学的天主教机构，他的体系是唯一正确的。而且，在天主教信徒心目中，他还具有教父般的权威，因为在大多数场合下，他都紧密地追随着亚里士多德。总之，如果天主教僧侣想学习哲学，就必须认可托马斯。

托马斯的父亲是阿奎纳伯爵。当时，阿奎纳伯爵居住在那不勒斯王国，托马斯的童年也是在那里度过的，后来，他在那不勒斯大学（这所大学是腓特烈二世创办的）读了六年书，之后就参加了多明我教团。参加多明我教团之后，他又在科伦拜大阿尔伯特为师。公元1259年，托马斯返回意大利，从此再也没有长时间离开过这里。

对于亚里士多德哲学，托马斯掌握的知识足够充分。他还促使教会相信，与柏拉图的体系相比，亚里士多德的体系更适合做基督教哲学的基础。写于公元1259年到1264年的《异教徒驳议辑要》是托马斯最重要的著作，这是一本记载跟一位尚未皈依基督教的假想读者辩论的书，通过这些辩论，基督教的真理被确立了。与这本书有同样重要性的是《神学大全》，但普通读者对这本书的兴趣不大。

托马斯说，由于异教徒不接受教义的权威，因此依据自然的理性阐明天主教信仰所宣扬的真理是他的目的。然而，上帝的事务是缺乏自然的理性的，因为它并不能证明全部的信仰，比方说，它能证明存在着上帝和灵魂不死，却不能证明三位一体和最后的审判。这样一来，是否能将可以被理性证明的信仰区分开来就成了一件重要的事。《异教徒驳议辑要》就据此分成了四卷。

尽管有人认为上帝的存在是自明的，因此没有必要再次加以证明，但托马斯还是首先证明了这一点。上帝的本质和他的存在是同一的，因此，如果能知道上帝的本质，那么就能很轻松地证明存在着上帝。问题是，除了具有一些极不完备的知识之外，我们并不知道上帝的本质。毫无疑问，聪明的人知道的上帝的本质比愚笨的人要多，而天使知道的上帝的本质又比聪明的人多，但是谁也没有足够的知识从知道的上帝的本质中证明上帝的存在。

有件事一定要谨记在心，即通过信仰也能知道那些可以被证实的宗教真理。虽然这些艰难的证实过程只有博学之人才能掌握，但对青年、无知者和没有时间学习哲学的人而言，信仰绝对是必要的，而且了解启示就够用了。

托马斯在《神学大全》里提出了证明存在着上帝的五种论证：一是不受动的始动者论证，二是基于无限追溯的不可能性的第一原因论证，三是一切必然都有最初根源，四是世界上有很多源自完美的事物，五是很多没有生命的事物都在完成一个存在于自身外部的目的。

证明了存在着上帝之后，就可以提到许多和上帝有关的在某种意义上都是否定的事实。我们认识上帝本性的途径是知道上帝不是什么，因为上帝不受动，因此他是永恒的；因为上帝不包含被动的潜在性，因此他是不变的；因为躯体有若干组成部分，而上帝没有这些，因此他不是躯体；上帝是单一的，因为他是自己的本质。本质和存在在上帝那里是同一的，上帝那里没有偶然性，不能按实体上的区别详细说明上帝；不能给上帝定义，因为他不属于任何分类。与其说上帝像万物，不如说万物像上帝更恰当。

涉及人的灵魂问题的主要是《异教徒驳议辑要》的第二卷。在这一卷里，托马斯说，只有不朽的非物质实质才能被称为精神实质。灵魂和肉体可以在人体内结合，但天使没有肉体；灵魂充斥在身体的各个部分，是肉体的形式，而且一个人只有一个灵魂。与人的灵魂不同的是，动物的灵魂是会死的。而且，并不像阿维罗伊主张的那样智性只有一个，而且是众人共同参与的，智性是人的灵魂的一部分。与智性联系在一起的是对共相问题的议论。托马斯认为，智性在了解共相时，也能了解到一些灵魂之外的事物，除此之外，共相都在灵魂内部。

涉及伦理问题的主要是《异教徒驳议辑要》的第三卷。在这一卷里，托马斯说，恶是一种具有偶然性的善因，而非故意的本质。上帝是万物的终极，因此万物都倾向于上帝。人们可以通过三种途径认识上帝，即理性、启示和只能由启示才能认识事物的直觉。人类的幸福不在于感官，更不在于欲望、名利、富贵和权势等肉体的享用物。同样，真正的幸福在于对上帝的沉思默想，道德行为只是手段，因此真正的幸福也不在于道德行为。人们普遍掌握的关于上帝的知识都不够，加上由论证或信仰得来的也还不够。我们在生前不会看到上帝的本质，也享受不到最高的幸福，只有在死后才可以面对面地见到上帝。这是由神的光造成的，我们正是因此才成为永恒的生命。

托马斯认为，可以依据一些普遍的理由排斥占星术。在探讨"是否存在命运"这一问题时，托马斯说，上帝定的秩序或许可以叫作"命运"，但"命运"是个异教的词汇，所以这种叫法是不明智的。根据神的法律，我们应该敬爱上帝，还要敬爱邻居。神还禁止奸淫和节育，理由是节育违背自然规律，但神不禁止独身主义。性交是很自然的行为，因此并非所有的性交都有罪。因为一夫多妻制对妇女不公平，一妻多夫制又不好确定父子关系，因此要严格执行一夫一妻制。近亲结婚会扰乱家庭生活，因此必须禁止——对此，书中有一段怪论：如果兄弟姐妹互相结婚，会因为强烈的吸引力而频繁地性交。托马斯根据纯理性的考虑提出了这些关于性道德的结论。

在教义上有一点很重要，即就算是最邪恶的祭司的圣礼也有效。过着罪大恶极的生活的祭司有很多，因此就有人担心，这样的祭司是否可以主持圣礼。这一担心的确是有必要的，而且这种情况也很尴尬，没有人能确定这样的祭司主持的婚礼是否有效，同样也没有人确定对这样的祭司赎罪是否能得到宽恕。因此，一些具有清教徒思想的人便希望建立一个在道德上无可挑剔的祭司体系，这导致了教会的分裂，教会被迫澄清说，祭司本身的罪恶并不影响他行使祭礼的职权。

在谈到肉体复活时，托马斯再次公正地引述了反对正统教义的论点。托马斯问：如果父母和儿子三个人都只吃人肉，那会怎么样？由于有人吃人肉，因此死去的人终有一天会失去肉体，这似乎不公平。那么，他的身体该由什么构成呢？托马斯回答：原有物质微粒的保持不是肉体的同一性，在生前，由于不断饮食和不断消化，构成肉体的物质也在不断变化。因此，在复活时，吃人的人可以得到跟原先一样的身体。

与亚里士多德的哲学相比，托马斯的哲学和他的大体一致，但托马斯有一定的独创性，这表现在为了让亚里士多德的哲学更适应基督教教义而对其略加改动上。他不仅熟知亚里士多德的观点，而且还有深刻的理解。在这一点上，至少在他之前的天主教哲学家都做不到。在他那个时代，人们称他为大胆的革新者，在他死后，他的许多学说还被巴黎大学和牛津大学谴责。和独创性相比，他在体系化方面更出色，因此，即使他的学说都是错的，《异教徒驳议辑要》也堪称一座知识的大厦。他总是力求公正，即使在反驳别人的学说时也是如此。

在探讨上帝的本质和存在的同一性这一问题时，托马斯说，上帝自身的善良就是上帝本身，此外，上帝自己的职权也是上帝本身。这个观点暗含着殊相存在形式与共相存在形式之间的混淆，这种混淆曾出现在柏拉图的思想里，亚里士多德巧妙地避开了它。为了避免这种混淆，必须假设认为，共相的性质包括上帝的本质，但不包括上帝的存在。由于这个困难出现在一种不能被人们认可的逻辑里，因此想要叙述圆满并不容易。不过，正是由于这种不圆满，才清楚地显示了一种语法的混淆，否则关于上帝的议论就没有似真性的魅力了。

我们在托马斯身上看不到真正的哲学精神，他探究的不是事先不知道结论的问题，而是相反，在他还没有开始思考之前，他就已经知道结论了，而且这些结论都是天主教在信仰里公之于众的真理。他希望能为这些信仰的某些部分找到一些合理的论证,如果找不到的话,他会向启示求助。然而,众所周知的是,给已经知道的结论寻找论据是诡辩而非哲学。总之,托马斯不配与古代或近代的第一流哲学家相提并论。

第十三章　弗朗西斯教团的经院哲学家

与多明我教团相比,弗朗西斯教团在严守正统教义方面做得不够好。弗朗西斯教团最重要的三个哲学家是罗吉尔·培根(1214—1294)、邓斯·司各特(约1270—1308)和奥卡姆的威廉。此外,波拿文都拉(1221—1274)和马太(约1235—1302)也值得注意。

罗吉尔·培根在近代受到的赞扬要比他生前受到的赞扬多,多得甚至超过了他的功绩。与狭义的哲学家相比,他更像一个酷爱数学和科学的博学家。然而,在那个时代,夹杂着妖术和魔法的炼金术也混杂在科学里,培根因此总被怀疑与魔法为伍,并经常为此遭到迫害。公元1257年,教团总管波拿文都拉不仅让人跟踪监视培根,而且禁止他发表著作。就在此时,培根得到了驻英国教皇使节的援助,得以"为教皇利益而写作哲学"。在短短的时间里,他就写了《大著作》《小著作》和《第三著作》三本书。公元1271年,他又写了一本主题是抨击僧侣的愚昧无知的《哲学研究纲要》,但这本书给他带来的名望远远不及前面那三本书。公元1278年,他再次遭到教团总管的谴责,还忍受了长达十四年之久的牢狱之灾。出狱后没两年,他便凄惨地死去了。

与当代许多哲学家不同的是,培根很重视实验,并用虹的理论证实了实验的重要性。他不仅能写出影响哥伦布的精辟的地理学文章,还是个优秀的数学家。此外，他还论述了透视画法，认为逻辑学没什么用。他认为，愚昧的原因有如下四种：一是受脆弱且不恰当的权威的影响，二是受习惯的影响，三是漠视群众的见解，四是用炫耀外表智慧的方式掩藏愚昧。他认为，产生所有罪恶的根源就是这四种原因，尤其是第四项。

培根有限度地尊重亚里士多德，这表现在他总是用"大哲学家"来称呼亚里士多德，但又认为即使是亚里士多德，也没有达到人类智慧的极限。和阿维罗伊一样，培根也认为，在本质上，能动的智力是与灵魂分开的实体。他说翻译的错误是造成亚里士多德著作里有自相矛盾之处的原因。阿维森纳是亚里士多德之后的"哲人王"，但由于阿维森纳没有认识到霓虹的成因，所以他也没能完全明白霓虹现象。培根还总是发表一些带有正统教义味道的言论，但他也以诚恳的语气说，从异教徒那里获得知识并无不可。作为一个优秀的数学家，培根赞扬数学，把数学当作天文学必需的科学和确实性的唯一未经启示的源泉。

培根把实验作为知识的来源之一，也因为重视实验胜过论证而受到了近代学者的赏识。的确如此，他和典型的经院哲学家们在兴趣和处理问题的方法上有很大不同。他很像阿拉伯的知识分子，在百科全书式的学术体系方面更是如此。显然，与基督教哲学家给他的影响相比，阿拉伯知识分子给他的影响要更深远。他不仅跟典型的经院哲学家们不同，跟其他中世纪的基督徒哲学家也不同。然而，在当时他却没产生什么影响，而且也不如一般人想象的那样热爱科学。英国人都说火药就是他发明的，其实这是个错误。

与培根相比，禁止他发表著作的波拿文都拉是另一种类型的人。他拥护安瑟伦的本体论论证，因为他继承了安瑟伦的传统。此外，他还相信柏拉图的理念，而且认为只有上帝才能全面认识这些。

波拿文都拉的追随者中最出名的是马太。马太是弗朗西斯教团的僧侣，做过红衣主教，在哲学上比波拿文都拉接触过更多的新兴哲学。他最崇敬的人是"大哲学家"亚里士多德，经常提到的人是阿维森纳，经常引证的人是安瑟伦和狄奥尼修斯，不过，他依据的主要权威是奥古斯丁。他认为，柏拉图的观点是极端错误的，能建立智慧，却建立不了知识。而亚里士多德的错误在于能建立知识，却建立不了智慧。他据此下结论说，低级和高级两种事物、外在物体和理性观念共同产生了知识。

继续展开弗朗西斯教团对托马斯的争论的是邓斯·司各特。邓斯·司各特是个稳健的实在论者，同时也是个奥古斯丁主义者，但比起波拿文都拉和马太来，他身上所体现出的奥古斯丁主义成分更少、更缓和。他拥护纯洁受胎说，反对托马斯，并因此获得了天主教会和巴黎大学的赞赏。他和托马斯的不同起源于他的哲学中掺杂了较多的柏拉图主义。当时，追随邓斯·司各特的人很多，大多数是弗朗西斯教团的僧侣。

托马斯之后最重要的经院哲学家是奥卡姆的威廉。他可能在公元1290年至1300年之间生于英国苏黎郡的奥卡姆（但也有人说他生于萨里郡的奥卡姆，因此被称为"奥卡姆的威廉"），在公元1349年或1350年的4月10日逝世。他原本是邓斯·司各特的学生，后来却转变成与邓斯·司各特竞争的人。再后来，他参加了教团与教皇约翰二十二世的斗争，结果于公元1328年受到开除教籍的处分。他被迫投靠了神圣罗马帝国皇帝路易四世。这个路易四世也和教皇发生过争执，争执的结果令人哭笑不得：在路易四世的控诉下，全教会议指控教皇为异端——后来，威廉在慕尼黑住了下来，以著书立说为乐。公元1338年，路易四世逝世，之后，威廉也失去了音信。

那个时候，英格兰和法兰西逐渐强盛起来，神圣罗马帝国甚至连名义上的"普遍统治权"都失去了。从外表上看,教廷似乎还在继续发展,但事实是已经失去了往日的尊贵地位。14世纪初,教皇克雷芒五世把教廷迁到了阿维尼翁,从此,在政治上教皇变成了法兰西国王的从属,削弱了对俗世事务的影响。

由上面一段论述可以肯定,教皇的地位出现了一次巨大的危机,但事情并没有就此结束,因为有人创造出了一种新的反对教皇的形式,这个人是马西哥利欧(1270—1342)。马西哥利欧是威廉的密友,但在政治方面比威廉更重要。他认为,立法者应该是人民自己,他们还具有惩罚君主的权力。他还主张,应该在各地成立有世俗民众参加的地方宗教会议,而参加全教会议的人必须是地方宗教会议选举的代表,也只有全教会议才有权施行开除教籍的处分和解释《圣经》。值得注意的是,在这套新形式里,教皇没有任何特权。

马西哥利欧创造新的反对教皇的形式的目的是保存天主教信仰的统一,只不过他不希望借助教皇的专制实现目的,而是希望通过民主的方式实现目的。不过,这并没有使他实现目的,尽管新教徒们在反对教皇时从宗教会议运动的原则中找到了理论依据,可是当他们获得权力后,大部分情况是用世俗国家的皇帝或国王代替了教皇,不仅个人判断的自由没有得到保障,民主决定教义问题的方式也没有得到保障。

了解威廉的纯哲学学说可以依据厄内斯特·伊·穆迪的著作《奥卡姆的威廉的逻辑》。穆迪的这本书采用了"哲学史家有一种用后人的眼光解释前人的倾向"这种不太寻常的观点,但一般而言,这个观点是错误的。威廉是笛卡儿、康德或其他任何一个被人们尊敬的近代哲学家的先驱,但就是这样一个人,也曾被认为导致了经院哲学的崩溃。穆迪认为,恢复纯粹的亚里士多德的学说,或者说让亚里士多德脱离奥古斯丁和阿拉伯人的影响,这才是威廉最关心的事。但事实是,比起威廉，弗朗西斯教团的其他人更是紧紧追随着奥古斯丁。穆迪认为，为了找出一个从经院哲学过渡到近代哲学的道路，近代史学家们才对威廉做了不恰当的解释。

在逻辑层面上，威廉是唯名主义者，被15世纪的唯名主义者尊为创始人。他认为，由于种种原因（主要有三部分原因：一是奥古斯丁的影响，二是阿维森纳的影响，三是菲尔普斯写的论亚里士多德《范畴论》的文章的影响），司各特主义者曾误解了亚里士多德。威廉还认为，逻辑是自然哲学的一种工具，可以独立于形而上学之外。按照威廉的说法，关于未来的偶然性事物，还谈不上是真是伪。他还计划把神的全知与这种观点调和在一起。这就使得逻辑独立于形而上学和神学了。

在回答"在人身上感性灵魂与智性灵魂是否完全不同"这一问题时，威廉认为它们确实不同，但这种不同又很难证明。他进而提出了反对神学的四种论证。关于这个问题的观点，也许与人们所期望的他的观点有所不同，但无论如何，在这一点上他认同托马斯的观点，即人的智力属于他自己，而不属于非个人。在这一点上，认可托马斯就意味着反对阿维罗伊。

由于形而上学和神学与主张钻研逻辑和人类知识并无关联，因此，威廉间接地鼓舞和推动了科学研究。他认为，"假设万物不可理解和人类没有智力之后，再加上一道来自无限的光，就让知识成了可能"这一观点就是奥古斯丁主义者犯的错。尽管在这一点上，他和托马斯各有侧重，但在大体上还是达成了一致。众所周知，托马斯更多的是个神学家，但在逻辑方面，威廉更多的是个世俗哲学家，两人有区别也不难理解。

研究特殊问题的学者因为威廉的治学态度而获得了更大的自信，欧利斯姆人尼古拉就是其中一位。热衷于钻研行星理论的尼古拉是威廉的直接追随者，他提出了地球中心论和太阳中心论。从某种程度上讲，他是哥白尼的先驱，然而人们很难在他和哥白尼之间做出选择，因为尼古拉说，地球中心论和太阳中心论都可以解释那个时代的所有事实。

哲学家的时代在威廉之后就告一段落，至少在威廉之后再没有出现过著名的经院哲学家。下一个哲学家的时代出现在文艺复兴的后期。

第十四章　教皇制的衰落

哲学、神学、政治和社会的大结合完成于13世纪。这一结合涉及了许多因素，首要的因素就是以毕达哥拉斯、亚里士多德、柏拉图和巴门尼德等人的哲学为主的希腊纯哲学。第二个因素是伴随着亚历山大征服战争大量流入的东方信仰。通过对俄耳甫斯教神秘信仰的利用，这些因素不仅改变了希腊语世界的世界观，甚至改变了拉丁语世界的世界观。一种至少在理论上而言的禁欲主义的解脱肉体束缚的伦理结合在了这些因素之上。俗众分开的祭司制度是从叙利亚、埃及、巴比伦和波斯传来的，最后还在政治上形成了相应的影响。从波斯传来的还有二元论思想，它视世界为阿胡拉·马兹达所统率的善和阿利曼所统率的恶这两大阵营的修罗场，而后来的妖术和撒旦都是由阿利曼阵营发展而来的。

当时，与新柏拉图主义中的希腊因素结合在一起的新事物是刚刚传过来的蛮族的观念与实践。结合新的情况，希腊人也发展了一些能够与东方观点结合的新观点，这些观点主要体现在俄耳甫斯教、毕达哥拉斯主义和柏拉图的一些著作里。

如果不花大力气进行一番改造，那么无论这些人的思想带有多浓厚的宗教色彩，也不可能重建一种能被大众接受的宗教，一般人无法了解他们的哲学的原因无非是它们太难了。他们倾向于维护希腊的传统宗教，这主要是由他们保守的思想驱使的。不过，他们也对传统宗教做了一些富有寓意的解释，因为他们不仅希望减弱传统宗教中不道德的成分，还希望传统宗教能与他们主张的一神主义和谐相处。但是，令他们遗憾的是，希腊宗教最终还是日渐衰落，原因是它无法抵御东方教义和神学的挑战。

从犹太人那里，基督教接受了《圣经》和一种视其他宗教为虚妄和邪恶的教义。从波斯人那里，基督教接受了二元论，但与波斯人相比，基督徒不仅更加坚信善原则的最终全能，也更加确信异教徒都是撒旦的门徒。基督徒起初的缺陷是，在哲学和宗教仪式上没法儿与任何对手较量，但这个现象很快就改变了。同样，起初，与正统教派相比，哲学在半基督教性质的聂斯脱里教派发展得更快。后来，借着修改新柏拉图主义的机会，基督教发展了一种实用的哲学，但这是俄利根以后的事了。

像古罗马一样，虽然西方教会发展得很缓慢，却由共和制发展成了君主制。与此同时，由于和君士坦丁堡及伊斯兰教徒的接触增多，基督教哲学也增加了新的元素。但在此之前，基督教的元素一向主要是柏拉图主义的。在13世纪时，西方人不仅已经全都知道了亚里士多德，而且受大阿尔伯特和托马斯·阿奎纳的影响，西方学者也都以为他是很高的权威，仅次于《圣经》和教会。亚里士多德的这个地位在天主教哲学家眼中保持至今。

即使站在基督教观点的立场上，我也必须承认，柏拉图和奥古斯丁被亚里士多德取代是基督教的一个错误。首先，从气质上看，与亚里士多德相比，柏拉图更富有宗教性。其次，从历史上看，一开始基督教神学就适应了柏拉图主义。尽管这不是托马斯的本意，但他毕竟铺平了从柏拉图主义迷梦转进科学观察的道路，而亚里士多德最多就是个经验主义者。

公元1204年，信奉天主教的拉丁人征服了拜占庭帝国，并统治到了公元1261年。之后，教皇失去了君士坦丁堡，从此再也没能收复回来。法兰西、英格兰等国崛起后，教皇虽然多次击败了神圣罗马帝国，但这并没有给教会带来好处。在14世纪的大部分时期，教皇在政治上被法兰西国王玩弄于股掌之中。但与富商阶级崛起和俗众知识增多相比，前述情况都太微不足道了，因为有学问的俗众使意大利北部那些富有的城市具有了独立自主的精神，他们很容易造教皇的反。而此时的教廷变得更加世俗化，教皇也逐渐丧失了原本给予他的权力和威望。

14世纪初，在兀纳姆·伞克塔姆教令中，教皇波尼法爵八世提出的要求是所有前任教皇都未曾提过的。他创立的大赦年制度规定，天主教徒只要在罗马举行一种仪式，就可以获得大赦。伴随这项制度而来的是巨额的财富，当然，这些财富中的绝大部分都进了教廷的腰包。在巨大利润的推动下，原先一百年才举行一次的大赦年仪式，先后缩短到每五十年和二十五年就举行一次。一般而言，人们把第一次举行大赦年仪式的公元1300年视为教廷开始衰落的时间。

意大利人波尼法爵八世生于阿纳格尼，他曾被囚禁在伦敦塔里，起因是他替教皇援助亨利三世讨伐叛乱诸侯。当时，法兰西派已经在教会取得了较强的优势，法兰西籍的红衣主教甚至敢反对他继任教皇。种种因素使他和法兰西国王的关系很差，两人甚至有很深的积怨。后来，法兰西国王不仅打算让全教会议废黜他，甚至还派军队在阿纳格尼抓住了他。后来，波尼法爵八世逃往罗马，最终死在了罗马。在这以后的很长一段时间里，教皇再也不敢得罪法兰西国王了。

公元1305年，红衣主教选立戛斯坎尼人克雷芒五世做了教皇。

克雷芒五世是在里昂接受的加冕礼，之后他并没有去意大利（而且在整个教皇任期里都没有去过意大利），而是于公元1309年定居在阿维尼翁，在此后大约七十年的时间里，教皇们都住在阿维尼翁。

克拉·底·李恩济领导罗马人民寻求脱离长期住在外地的教皇统治的事件发生在教皇克雷芒六世（1342—1352）统治时期。虽然克雷芒六世最终战胜了李恩济，但由这件事情，教皇们发现，只有重新返回罗马，教廷才能有效保住在天主教会的首要地位。因此，乌尔班五世于公元1367年回到罗马。但在临死之前，他还是被意大利复杂的政治局面逼回了阿维尼翁。后来，果断的格里高利十一世重返罗马，并控制了罗马的局势。在格里高利十一世死后，在罗马派的支持下，意大利人普里亚诺继任教皇，称乌尔班六世。但乌尔班六世并没有得到一些红衣主教的承认，为此，他们又在阿维尼翁选立了一位教皇，他是亲法兰西的日内瓦人克雷芒七世。长达四十年之久的教会大分裂就此出现。

为了结束大分裂，公元1409年，在比萨召开了一次以荒唐、可笑的结局结束的全教会议。在会上，乌尔班六世和克雷芒七世这两位教皇同时被废黜，罪名是异端和分裂。之后，红衣主教们又选立了教皇约翰二十三世。这个约翰二十三世是个臭名远扬的地痞恶棍，因此，情况看上去比以前更让人绝望。总有人受不了令人绝望的结局。因此，在公元1414年时，新的全教会议在康斯坦茨拉开了帷幕。这次会议是富有成效的，因为它结束了分裂的局面。全教会议于公元1417年选出的教皇马丁五世没有遭到任何一派的反对。

在这段漫长和混乱的时期，有人以生平事迹和学说证明了这是教廷权威的衰落期，这个人就是威克里夫（1330—1384）。威克里夫是一个在牛津享有盛名的俗世的祭司，在52岁时获得了牛津大学的神学博士学位。尽管他不是一位思想进步的哲学家，但一般认为，他是牛津大学最后一位重要的经院哲学家。在哲学上，他主张实在论，与亚里士多德主义者相比，他更像是一个柏拉图主义者。他认为上帝从不恣意发布命令；由于上帝有选择最善的义务，因此现实世界是唯一可能的世界。

在威克里夫50多岁的时候，他还信奉正统教义，由此可见这位哲学家的思想发展有多么落后和缓慢。也正因为信奉正统教义——他同情穷人，憎恨富有的世俗僧侣——他成了异端。他最初抨击教廷的理由，无非是一些政治和道德方面的理由，与教义无关，后来在被迫之下，他才有了更加广泛的反抗。

公元1376年，威克里夫在牛津大学作《论公民统治权》的讲义，就此脱离正统教义。当时，他提出，享有统治权与财产权的只有正义，俗界政权有权决定教士是否可以保留财产。之后，他进一步提出，财产是罪的结果，因此僧侣必须放弃财产。除了托钵僧，其他的所有教士都因此愤怒了。因此，威克里夫受到了格里高利十一世的谴责，还被押往主教们组成的法庭接受审判。然而，支持他的英国人勇敢地保护了他，他所在的牛津大学也反对教皇对威克里夫的谴责。

公元1378年至1379年，威克里夫又发表了一些学术性著作。他认为，上帝的代理人是世俗国家的统治者，主教要服从于他们。教会大分裂后，他把教皇定义为敌基督者和叛教者。因为有牛津大学和英国众议院的保护与支持，威克里夫并没有因为他的见解和民主活动遭到更多的迫害，至少到死时，他都没有被正式判罪。在英格兰追随他的罗拉德派因为遭到迫害而完全覆灭了，但波希米亚的情况非常好，他的学说一直流传到了宗教改革时期。

15世纪时，不仅教廷衰落了，政治文化也发生了本质上是异教性质的变化。总而言之，由于这些变化，人类世界不再是一个"泪之谷"，在艺术、诗歌和快乐的喧嚣声中，人们逐渐遗忘了历经数世纪之久的禁欲主义。大体来说，人们已经不会再对旧的恐怖产生惊慌和恐惧了，因为新的精神自由已经发展起来。尽管这种发展没能持续很久，但至少在当下，消除恐惧的却是它。近代世界便诞生在这个快乐而自由的时刻。

卷三 VOLUME THREE

近代哲学

第一篇
从文艺复兴到休谟

第一章 总 论

近代时期，人类的思想见解和中古时期有许多不同，其中，教会威信的下降和科学威信的上升是最重要的两点，其他的不同都与这两点相关。

近代的文化是一种世俗文化，国家逐渐掌握了对文化的支配权。同古希腊一样，原本由国王掌握的统治大权逐渐被民主国家或新君代替，并得以稳步发展和扩大。但在多数情况下，与中世纪的教会相比，国家对哲学思想的影响很小。

在阿尔卑斯山以北，国王和富商先后取代了原先属于封建贵族的政治和经济地位。具有近代意义的民主制在美国独立和法国大革命之后成为重大的政治力量，社会主义也于公元1917年初次掌握了政权。新政治制度会带来新的文化，但我要讲到的是与通商贸易自然联系在一起的"自由主义文化"。但凡事总有例外，例如费希特和黑格尔的思想就跟商业无关。

否认教会的威信要比肯定科学的威信开始得早。在文艺复兴时期，科学的地位极其低微，人们仰赖的仍旧是比初期教会和中世纪还要遥远的过去，直到公元1543年哥白尼学说的发表，才使得科学与教义进入了长期的斗争阶段。

科学的威信是理智上的威信，得到了近代大多数哲学家的认可。但是，科学的威信只对似乎已经被科学证实的事件提出意见，而这意见还是在概率的基础上试着提出的，并认为应随时修改。

目前我讲的都是企图了解世界的理论科学，但在普通民众的意识里，它几乎要被企图改变世界的实用科学驱赶出去了。科学的重要性首先表现在战争方面，科学家在战争中起的作用越来越大，比如伽利略和雷奥纳就是因此被重用的。相比之下，科学在人们的生活方面起作用的时间较晚，直到19世纪末才产生了重大的影响。曾经有人打算把科学的实用性和理论性割裂开，使科学逐渐成为技术。这种观点最近也渗透到了哲学领域。

教会威信衰落以后，个人主义逐渐发展到了无政府的地步。文艺复兴时期所谓的"修养"是和经院哲学、教会统治相联系的，后来取代它的是对古代典范的简单模仿。意大利在15世纪时，道德和政治都陷入了混乱，因此艺术和文学便有了惊人的表现，很快，这种不稳定的社会便被宗教运动终止了。

近代哲学保留了大部分个人主义和主观倾向。笛卡儿的学说是这样，后来的斯宾诺莎、莱布尼茨、洛克、康德和费希特的学说也是这样。其他人的情况则是：贝克莱借助神的概念、黑格尔借助斯宾诺莎的影响，拯救自己脱离了完全主观主义，而休谟的经验主义则发展成了怀疑主义；后来，卢梭和浪漫主义运动把主观主义扩大到了伦理学和政治学领域，最终形成了巴枯宁主张的完全无政府主义。

与此同时，另一部分人认为，科学给人提供了一种能力。这固然不错，但这是社会性的能力，它需要在单一的指导下组织个人共同努力的特点，注定了它是反无政府主义和个人主义的。因为科学激发而产生的哲学是一种"权能哲学",它只崇尚方法,视人类之外的一切事物为尚未加工的原材料。这是一种危险的病态,只有理智健全的哲学才能治愈。

罗马帝国结束了古代世界的混乱,但它本身并不是理想的;教会谋求结束旧教世界的混乱虽然是理想的,但没能在事实上体现出来。就目前来看,现代世界似乎正试图通过暴力强加给人一种代表权贵们意志的社会秩序。要完美而永久地解决社会秩序这个问题,只有把罗马帝国的巩固和圣奥古斯丁的"神国"理想结合起来才行。这需要创造一种新的哲学才能做到。

第二章　意大利文艺复兴

伴随着文艺复兴,近代思想也在意大利兴起了,到15世纪,近代思想普及了宗教和世俗领域的大部分人群,但直到17世纪,一批重要的改革派人物才开始主张尊重科学。由于这个原因,他们当中很多人还依然崇敬古人的威信。15世纪的意大利,几乎任何一种意见都可以从古人或教会那里找到依据。崇敬古人的威信也是一种进步。

要理解文艺复兴,需要简单回顾一下意大利的政治形势。自公元1250年腓特烈二世死后到公元1494年查理八世入侵意大利的二百四十四年间,意大利基本是独立的,但此后不是这样。

公元1494年到1535年间,意大利的城邦米兰成了法兰西人和西班牙人交锋的战场,而斯福查家族只在名义上统治着米兰。公元1535年之后,米兰被神圣罗马帝国皇帝、西班牙国王查理五世兼并。在14世纪至15世纪,原本独立于意大利政局之外的威尼斯共和国,企图在意大利本土上拥有更多的领土,这惹恼了其他城邦,它们于公元

1509年结成康布雷同盟，粉碎了威尼斯的图谋。后来，威尼斯又不断被土耳其人侵扰，直至拿破仑时期彻底丧失独立的地位。

文艺复兴的主要发祥地佛罗伦萨城邦当时是世界上最文明的地方。在13世纪，这里有贵族、豪商和平民三个对立的阶级，这三个阶级间斗争的结果是，美第奇家族成了佛罗伦萨的统治者。起初的两位统治者是科西莫·美第奇和洛伦佐·美第奇，他们倚仗强大的财力取得了统治地位，在他们的治理下，佛罗伦萨变得繁荣和富足。美第奇家族对佛罗伦萨的统治一直延续到公元1737年，在此期间，佛罗伦萨也衰落下去。

那不勒斯位于意大利南端，和西西里连在一起，在公元1282年的"西西里晚祷事件"以后，由于种种纵横交错的纠纷，那不勒斯和西西里一度短暂分裂，直到公元1443年才又重新合并。公元1502年，阿拉贡的斐迪南得到这一地区的统治权，这之后的几位统治者持续入侵意大利本土，结果被西班牙打败，文艺复兴运动也就此结束。当然，文艺复兴运动的结束也有反宗教运动的原因——公元1527年，一支主要由新教徒组成的军队入侵了罗马，这标志着文艺复兴运动的结束。

意大利在文化方面严肃认真，但并不代表他们在道德和宗教方面也严肃认真。教皇尼古拉五世（1447—1455）就因为敬重学者的学问而让他们担任了教廷的职位。这被认为是鼓励人文主义胜过鼓励宗教信仰。按我们的观点看，这也许不算是件坏事，然而这并不能成为替某些教皇实施赤裸裸的强权政治辩护的借口。因此，教皇利奥十世（1513—1521）时期开始的宗教改革运动，其实是文艺复兴时期各教皇的非宗教政策导致的结果。

在公元1494年法兰西打来之前，意大利各城邦之间的纷争几乎都是"不流血的战争"，并没有对贸易和致富带来多大影响。然而，在与法兰西军队的交战中，法兰西军队的真刀真枪吓坏了意大利人。这些一本正经的战争给意大利带来了灾难。国难当头，意大利各城邦之间却依旧内讧不断，结果落得同归于尽。后来，尽管统一的好处显而易见，但在各城邦之间的争执中，意大利人依旧寄希望于外人的援助。

发现好望角以后，意大利的重要地位有所丧失，但这减轻了对意大利文明的破坏程度。文艺复兴时期，哲学没有取得伟大的成就，但做了对哲学发展的必要准备。比方说，它摧毁了束缚智力的经院哲学体系，还促进了人们对柏拉图和亚里士多德的直接认识。更重要的是，它鼓励把知识活动当作充满乐趣的社会活动。

文艺复兴是少数学者和艺术家的运动，受到了美第奇家族和崇尚人文主义的教皇的赞助。尽管如此，人们也很难描述出这些学者对教会的态度，一些公开的"自由思想家"在感到死亡将近时便与教会和解，一些深知教皇的罪恶的学者依然乐于被教皇任用。在正统信仰和自由思想之间，他们找不到中间道路，因此也就没有像马丁·路德那样的立场。综合来说，这一时期的异端只是精神层面的，教会没有因此而分裂，也没有发起任何脱离教会的民众运动。教会的腐败有目共睹，但人们毫无办法。

文艺复兴的伟大功绩大多在道德以外的建筑、绘画和诗歌领域，这一时期出现了列奥纳多·达·芬奇、米开朗琪罗、马基雅维利等很多大人物。文艺复兴运动从中古文化里解放出有教养的人，并让他们明白，权威们曾经在几乎所有的问题上都有种种不同的主张。通过复活希腊时代的知识，一种可以媲美希腊成就的精神氛围被创造出来了。像在古希腊一样，这一时期不稳定的政治条件与个性的表露密切相连。

尽管必须要有稳定的社会制度，但这也许会妨碍特殊价值在艺和才能上的发展。为获得这种成就，我们还要忍受多少混乱？过去我们情愿忍受许多，现代却少了很多。社会组织的扩大使这一问题变得重要起来，但到今天为止，我们还没有找到解决之道。

第三章　马基雅维利

文艺复兴没有产生重要的理论哲学家，却在政治哲学领域造就了一位卓越人物，他就是马基雅维利（1469—1527）。

马基雅维利是佛罗伦萨人，公元1498年他担任了当地政府一个很不起眼儿的职务，但经常履行重要的外交使命。十四年后，由于和美第奇家族为敌，马基雅维利被捕，后来被准许在佛罗伦萨的乡下隐居。从那时起，马基雅维利开始著书立说。一年后，他写出了《君主论》，这是一部旨在讨美第奇家族欢心的著作。与此同时，他还写出了带有显著的共和主义和自由主义色彩的《论李维》。然而，《君主论》并没能帮助马基雅维利博得美第奇家族的欢心，他只得继续隐居著述，一直到文艺复兴运动结束的那一年才死去。

马基雅维利的政治哲学是科学性的经验哲学，并不谈论目的是善意的还是邪恶的这一问题，只说明为达到目的应该采用的手段。这种对于政治上的不诚实在思想上的诚实，除了在文艺复兴时期和意大利，其他任何时代和国家都是比较少见的。由于当代一些最引人注目的成就，都是凭借与文艺复兴时期在意大利使用过的卑鄙手法一样的方法取得的，因此，也许我们这代人会比较欣赏马基雅维利。

在文艺复兴时期，人们普遍赞叹利用高超的手段赢得声誉的行为，尤其在马基雅维利时代的意大利，这种赞叹几乎是空前绝后的。尽管崇尚手段和希望意大利统一这两件事并存于马基雅维利心中，但它们并未合二为一。马基雅维利认为,承担祖国统一大业是出于对权势和名望的热爱之心。

《论李维》对教皇权力的论述特点是详尽和真诚。在这部著作里,马基雅维利在道德上将历史人物分为七级,其中,级别最高的是宗教的创始人,其次是国家的奠定者,再次是知识分子。这三个级别的人是"好人"。而宗教破坏分子、国家的颠覆者、不尊重道德和知识的人都是"坏人"。这样一来,包括恺撒在内的建立专制政权的人都是"坏人",而杀死恺撒的布鲁图斯则是"好人"。

《论李维》的语调与《君主论》大不相同,很多章节貌似出自孟德斯鸠之手,大部分内容会赢得18世纪自由主义者的赞许。书中阐述了"制约与均衡说",认为只有在宪法中体现了君主、贵族和平民三者的利益,他们才会彼此互相制约。

在《君主论》一书里,马基雅维利否定了公认的一般道德,认为君主必须像狐狸一样狡猾,像狮子一样凶猛,如果太善良,国家是要灭亡的。书中还说,有时候君主必须不守信用,只有在守信用有好处时才能守信用。

由于城邦时代的政治制度已经不复存在,因此,新柏拉图主义者、经院哲学家等人只对柏拉图和亚里士多德的形而上学有兴趣,并没有留意他们的政治著作。在文艺复兴时期,意大利的城邦制与之并起,人文主义者便对共和时代希腊人和罗马人的政治主张兴趣大增,对"自由"的偏爱和"制约与均衡说"由古代传到文艺复兴时代,又传到近代。马基雅维利对这方面的继承与他的"不道德的主义"同样重要。

马基雅维利指责当时的教会以自己的丑恶行径损害了宗教的威信,还指责教皇对俗世的权力和政策阻碍了意大利实现统一。他不以基督教教义或《圣经》作为他发表政治意见的依据,他认为,权力属于有手段得到它的人。同样，马基雅维利发现，与专制政治相比，平民政治相对仁慈、民主和平稳，于是他才爱好平民政治。

以下是马基雅维利本人已经明言或尚未明言的一些意见。

在政治方面的好事里，民族独立、安全和有序的政治结构这三样是最重要的。在君主、贵族和平民之间按实际力量的大小分配权力是最好的政治结构，这种结构之下的革命最难成功，国家也因此最接近于稳定。为国家的稳定而给予平民一定的权力是明智之举。

不论是何目的，在选取手段时，都不应考虑它的善恶，就算目的是善意的，也可以用恶意的手段实行。假如用坏人的成功去研究"成功学"，实际上应该比用好人的成功去研究更好。一旦建立起"成功学"，好人或坏人都将受益，因为参与政治的好人和坏人一样渴望成功。

说到底，不论是什么政治目的，各种力量都是不可缺少的。但这个事实被"邪不压正"或"邪不久矣"的口号掩盖住了。即便正义的一方获胜，也是因为力量占优。众所周知，力量依靠舆论，舆论凭借宣传，在宣传上比敌人显得更有道德是表面上的优势，显得有道德的方法是真的有道德。因此，胜利其实往往掌握在公众认为最有道德的一方。马基雅维利认为，这不仅是宗教改革成功的重要原因，也是11至13世纪教会权力不断增强的重要原因。然而，有些时代很混乱，赤裸裸的无赖行径屡屡得手。这种时代中的人们往往受"人性为己观"支配，无论什么事情，只要觉得划算就能接受。于是，马基雅维利说，生活在这种时代，要时刻摆出一副很有道德的姿态。

马基雅维利还有这样一个观点：大多数的文明人是不择手段的利己主义者。他说，如果有人打算建立一个共和国，那么，他会发现，把共和国建立在农民中间，要比建立在城市容易得多，因为城市可能已经变质了。即使是利己主义者，他的最明智的方针也要随他统治的民众来决定。因此，相比于依靠没有道德观念的民众，政治家在依靠有道德的民众时，行为要好得多。尽管伪善之心总能取得一定的成功，但适当的制度可以缩小这种成功的程度。

和大部分古代人一样，马基雅维利的政治思想在某个方面显得肤浅。他脑子里都是莱库格斯和梭伦这些人的主张，他们不考虑社会的实情，就想创立一个完整的社会。把社会视为有机生长体，而且政治家仅能起有限影响是近代的社会概念，这不见于柏拉图的思想，也不见于马基雅维利的思想。

不过，我们不妨这样主张：即使在过去的一段时期，进化论社会观是合于实情的，但至少在今天它已经不能适用。我们必须为现在和未来另换一个可以称为"机械论"的概念。现在，俄国和德国创造出的新的社会就好像神话人物莱库格斯创造斯巴达一样。古代的统治者是仁慈的神话，而现代的统治者却是恐怖的现实。与过去的世界相比，现在的世界更接近马基雅维利的世界了，谁企图驳倒马基雅维利的哲学思想，谁就必须进行一场即使超过19世纪也必须要进行的深思。

第四章　伊拉斯谟和莫尔

文艺复兴在西欧其他国家开始得比意大利晚，后来还和宗教改革纠缠在了一起。与意大利相比，这些国家的文艺复兴有很多不同之处，它不仅井然有序，而且还与道德紧密相连，尽管它不如意大利的先驱们那般辉煌，但也比较坚固。

这一时期文艺复兴的代表人物应该算是伊拉斯谟（1466—1536）和托马斯·莫尔（1478—1535）。他们两人私交很好，都有渊博的学问，都瞧不起经院哲学，都主张教会的变革应从内部开始（可是当变革真正发生时，又都悲痛不已）。宗教改革运动之后，新世界和旧世界都发生了激烈的变化，他们也变得不合时宜了。最后，伊拉斯谟生活潦倒，莫尔也死去了。

伊拉斯谟是个出生在鹿特丹的私生子，在他尚未成年时，他的父母就先后死去了，他的监护人诱骗他在修道院做了修士。公元1493年，伊拉斯谟做了康布雷地方主教的秘书，这使他得到了游历各地的机会。

公元1499年，伊拉斯谟第一次访问英国，在那里认识了莫尔和约翰·柯列特两位，他接受莫尔和柯列特的建议，开始着手研究实际的工作。伊拉斯谟还从柯列特讲授《圣经》的课程中认识到学习希腊语的重要，于是，在离开英国后，他就开始自学希腊语，两年后便熟练掌握了希腊语。公元1506年，他到了意大利，很快就发现，这里没有值得学习的东西，于是开始选编圣杰罗姆的著作，还计划编著一本希腊文（附有新拉丁译文）《新约圣经》。十年后，他终于完成了这些工作。公元1509年，伊拉斯谟从意大利前往英国，这是他第二次访问英国，他在那儿停留了五年之久。在这段时间里，他对激发英国的人文主义产生了巨大影响。

现在还有人读的唯一一本伊拉斯谟的著作是《愚人颂》。在这本书里，"愚人"兴致勃勃地发表自白，这些自白涉及人生的各个领域、职业和阶级：如果没有他，人类就会灭亡；最幸福的人是抛弃理性的近乎畜类的人，因为建立在幻想上的幸福代价最低，因此是最高的幸福，的确如此，想象当国王比实际当国王要容易得多。

之后，伊拉斯谟又嘲讽民族骄傲和职业自负，他指责教授们太过自负，因为他们要从自负里获得幸福。有时，这样的嘲讽又变成了谩骂，借"愚人"之口，伊拉斯谟批评了教会的各种弊端。批评了教会，伊拉斯谟也没有忘记指责教皇，他认为，教皇应当效法主谦逊的品质和清贫的生活。

既然伊拉斯谟对教会和教皇有如此多的不满，那么他应该是支持宗教改革的，但实际上不是这样。伊拉斯谟认为，真信仰是一种愚痴——关于愚痴，通篇只有受到嘲讽的颂扬和受到真心的颂扬两种。其中，后者的那类愚痴是从基督徒纯朴的性格中显露出来的。伊拉斯谟厌恶这种颂扬。它还有更深刻的一面：这是卢梭《萨瓦牧师》中的见解的第一次出现。根据这一见解，神学全部是多余的，真正的宗教信仰发于情。在本质上，这种看法是北方重情主义排斥希腊尚智主义，目前已被新教徒普遍接受。

伊拉斯谟的文字怪僻生硬且不知廉耻。他写过一本名叫《基督教骑士手册》的书，在那本书里，他奉劝没受过教育的军人读读《圣经》和柏拉图、安布罗斯、杰罗姆、奥古斯丁等人的著作。为了普及拉丁语的用法和习惯，他编著了一部内容丰富的拉丁语格言书。除此之外，他还编著了一本名叫《对话》的书，教导人们用拉丁语谈论日常生活和事物。那时候，拉丁语是唯一的国际语言，因此，伊拉斯谟普及拉丁语的作用比现在我们认为的大得多。

宗教改革以后，伊拉斯谟先是居住在充满旧教正统的卢凡，后来又移居已经信仰新教的巴塞尔，旧教和新教两派都极力拉拢他，但他都不为所动。众所周知，他曾猛烈抨击教会的弊端和教皇的罪恶，在宗教改革运动兴起的 1518 年，他创作并发表了讽刺教皇尤利乌斯二世进天国未果的作品《吃闭门羹的尤利乌斯》。由于讨厌马丁·路德蛮横的作风以及憎恨斗争，伊拉斯谟最终还是投进了旧教的怀抱。

公元 1524 年，伊拉斯谟发表了一部旨在维护自由意识的著作，与否定自由意识的马丁·路德展开了辩论。结果，马丁·路德凶狠的答辩迫使伊拉斯谟进一步走向反动，地位也日渐衰落，最终脱离了时代。面对这种局面，如果不能获胜，正人君子只能选择殉教，比如他的朋友莫尔。伊拉斯谟继续活着，后来又进入了英雄骨气和不容异己的时代，可是，这两样本领他一样也没有学会。

尽管托马斯·莫尔要比伊拉斯谟更值得人们敬佩，但地位和影响比伊拉斯谟差很多。

莫尔是一个虚心而真诚的人文主义者。在牛津大学读书时，他对希腊语很感兴趣，这被认为是对意大利的"不信者"表示好感。因为这个原因，他被开除了。之后，莫尔迷上了卡尔图斯教团，并打算加入这个教团。就在此时，他认识了伊拉斯谟，在伊拉斯谟的影响下，他放弃了这个打算。由于父亲是法律家，因此，莫尔又决定从事法律这个行业。公元1504年，身为国会下院议员的莫尔带头反对亨利七世增税的决定。虽然莫尔取得了胜利，但愤怒的亨利七世把他的父亲关进伦敦塔，囚禁了一段时间。

公元1509年，亨利八世即位，莫尔不仅得以重操旧业，而且还被亨利八世重用，五年后被封为爵士。尽管亨利八世对莫尔宠信有加，但莫尔并不对这位国王抱有幻想，他认为，亨利八世很可能会因为一座城池的好处而牺牲他。果然，不久之后，由于反对亨利八世为迎娶安·布琳而与凯萨林离婚，莫尔失宠了。失宠之后的莫尔于公元1532年辞去公职，但他与亨利八世的斗争并没有就此结束。最终，莫尔被亨利八世判处死刑。

人们记得莫尔是因为他写了《乌托邦》。《乌托邦》跟柏拉图的《理想国》一样，主张所有东西都归公有，没有共产制度就没有平等。但莫尔还是反对说，共产制度会让人变得懒散，还会破坏对长官的尊敬。

乌托邦中的54个城市，除了首都外，格局都一样：街道都是20英尺[1]宽，住宅也都一模一样，乡下有年老贤明的夫妻管辖的不少于

---

[1] 英尺：英美制长度单位，1英尺等于12英寸，合0.3048米。

40个人和2个奴隶的农场。奴隶都是因为犯罪而被判刑的人,或者是收容的在其他国家犯了死罪的外国人。

乌托邦的所有居民衣着统一而一成不变,但区分男人、女人、已婚者和未婚者。人们每天只在午饭前和午饭后各工作三小时,晚饭后娱乐一小时,晚上8点准时上床睡觉。如果长官发现生产出的物品还有剩余,就可以暂时缩短工作时间。

学者是从所有人中选举出来的,他们可以被免除做其他的工作。承担政治工作的人又是从学者中选举出来的。乌托邦的政体是采用间接选举制的代议民主制,最高领袖是终身制的,但人民有权废黜他。此外还有为数不多的只有尊荣而没有实权的祭司。

乌托邦的福利设施非常完善,有医院、吃饭的会堂——当然,人们也可以在家里做饭,只是规矩比较烦琐。在婚姻方面的规矩也不比吃饭简单。按照规定,不论男女,如果结婚时不是纯洁之身,就要受到严厉的惩罚;如果夫妻任何一方犯有通奸或其他不能容忍的罪行,另一方可以提出离婚,有罪一方不能再次结婚;如果夫妻双方愿意,也可以无条件离婚;破坏他人婚姻的人会被贬为奴隶。

尽管乌托邦居民鄙视战功,但不论男女都乐于学习作战,不过不会强迫任何人作战。他们通常会因为家园受到外敌侵犯、拯救盟邦或解放某个受压迫的民族这三件事发动战争。不过,只要有可能,他们就设法让雇佣兵为他们卖命。因此,他们储备了大量金银,用来支付雇佣兵的报酬。除此之外,他们还发明各种巧妙的兵器。总之,在战争的态度上,尽管乌托邦居民也很勇敢,但总体是理智胜过勇武。

乌托邦居民认为快乐即是福,他们认为善有善报,恶有恶报。他们不禁欲,能包容一切宗教,几乎人人都信仰神和永生,无信仰者无权参加政治生活。

《乌托邦》一书的很多观点带有惊人的进步性,这主要体现在它关于战争、宗教自由、反对杀害动物和赞成宽大刑罚方面。不过，乌托邦里的生活好像也很单调和枯燥。这恐怕是一切计划性制度的共同缺陷。

从严格意义上讲，伊拉斯谟和莫尔都不能算是哲学家，我论述他们，是因为他们可以说明革命前的时代的特征；在人们普遍主张温和改良的时代，怯懦之人还没有被吓得倒向反动。此外，他们还体现出了反对经院哲学的特点。

第五章 宗教改革运动和反宗教改革运动

宗教改革运动和反宗教改革运动的共同点是，都是较低文明的民族对意大利精神统治的反抗。但这些反抗也有不同之处：宗教改革是政治和神学的反抗，反宗教改革只反抗文艺复兴时期的精神和道德自由。笼统地说，宗教改革是德国的运动，而反宗教改革是西班牙的运动。

关于西欧其他国家对待文艺复兴时期的意大利的态度，可以用一句英国谚语加以概括：意大利化的英国人将是魔鬼的化身。的确如此，在莎士比亚的剧作里，恶棍、混蛋大多是意大利佬。亚哥是其中很著名的一位，但《辛白林》里的埃契摩比他更具有代表性。他们对意大利的憎恨，起初仅限于在与宗教改革有关的道德方面，后来又演变成在思想认识方面否定意大利对文明的贡献。

和他们之前的伊拉斯谟、莫尔这一类人相比，在思想认识方面，宗教改革和反宗教改革的"三杰"（马丁·路德、约翰·加尔文和伊纳爵·罗耀拉）的哲学观是中古式的。也就是说，宗教改革开始的那个世纪是个野蛮的世纪。

路德和加尔文主张的神学是削弱教会权力的神学。这种改革阻碍了新教教会在新教国家的势力发展。在刚开始的时候，国家在宗教事务有多大权力的问题，就在新教徒中引起了分歧。路德承认所有信奉新教的君主为本国的宗教首脑，但认真对待个人主义的新教徒们不愿如此。于是，再洗礼派被镇压了，而他们的教义却传播到了荷兰和英国。

罗耀拉创立耶稣会使新教徒的成功受挫。耶稣会信仰自由意志，他们认为得到解救依靠的是信仰和功德；除了对待异端外，他们比别的教士更宽厚仁慈；他们重视教育，并因此获得了青年人的心；在政治上，他们团结而有纪律，不怕危险和辛苦；他们尾随着西班牙人的战火，在意大利重新塑造了如异端审判所般的恐怖氛围。

尽管结局是好的，但宗教改革和反宗教改革起初给知识界造成的后果是恶劣的。人们坚信，无论是新教徒还是旧教徒，谁都不可能获得全胜，必须放弃中世纪的统一教义的愿望，这扩大了人独立思考的自由。由于国家之间的信仰不同，因此也可以通过出国逃避迫害。越来越多的人厌倦了宗教争斗，便开始注意研究数学和自然科学等现世学问。因此，17世纪出现了很多伟大的科学家，他们代表了希腊时代之后最引人注目的科学成就。

第六章　科学的兴盛

科学是近代世界与以前世界所有差异的根源，在17世纪取得了极大的成就。从思想方面看，17世纪才是近代社会的开始。

的确如此，科学的新概念对近代哲学产生了深远的影响。要理解近代哲学的发源，就要先了解一些天文学和物理学，还要了解哥白尼

（1473—1543）、开普勒（1571—1630）、伽利略（1564—1642）和牛顿（1643—1727）这四个创立 17 世纪科学的伟大人物。

有着纯真无瑕的正统信仰的波兰教士哥白尼生活在 16 世纪，但在生前一直默默无闻。年轻时，哥白尼曾旅居意大利，受到了文艺复兴的熏陶，并在公元 1500 年获得罗马数学讲师的工作。回到祖国后，哥白尼成了弗伦堡大教堂的僧侣会员。那段时间，他利用闲暇时间研究天文学，并开始相信太阳是宇宙的中心，而地球则有自转和公转两种状态。虽然他很想将此意见公布于众，但他害怕教会的压力，因此迟迟不敢公开。

直到哥白尼逝世的公元 1543 年，他的著作《天体运行论》才正式出版。在他的朋友奥希尔德写的序言里，人们知道"太阳中心说"只是哥白尼的一个假设，而且在正文里也有类似的说法。但对此说法，我们并不知道哥白尼本人在多大程度上认同。由于这本书是献给教皇的，因此，在伽利略之前，天主教会并不认为哥白尼有罪。

哥白尼认为，天体都做着等速圆周运动，"周转圆"的中心是太阳或邻近太阳的一点。虽然哥白尼听说过毕达哥拉斯的观点，但他似乎没有听说过阿利斯塔克的"太阳中心说"，他的主张都是希腊天文学家能够想到的。因此，哥白尼的最大成就就是把地球推下了几何学的宝座。这样一来，基督教神学赋予人类的在宇宙中的重要位置便不再归人类所有了。不过，哥白尼应该不会承认这种后果与他有关，他会反对他的学说与《圣经》抵触的说法。

哥白尼最大的困难之一是观测不到恒星的视差现象，但这并不妨碍他做出"恒星比太阳遥远很多"的推断。直到 19 世纪，人们才通过精密的测量技术观测到了少数最近的恒星的视差。另一个困难是关于落体的，在哥白尼时代，这个问题是无解的，直到伽利略提出惯性定律才找到了答案。

有本名为《近代物理科学的形而上学基础》的书记载了近代科学的创立者们做出的很多大胆的假设。这本书指出，即使在哥白尼时代，也没有足以让人们相信他的体系的任何已知事实，相反倒有很多与此对立的事实。这本书的最终目的是想贬低近代科学，但这是对科学态度的误解。科学家的本色不在于他信什么，而在于他是以什么样的态度和理由相信的。科学家的信念是依据事实提出的，而不是权威和直观感觉，这是一种尝试性的信念。哥白尼称自己的主张为假设没有错，但敌对派不允许出现新的假设就不对了。

近代科学的创立者有极具耐心的观察力和勇敢无畏的假设观这两个不一定共存的优点。和他的一些后继者一样，哥白尼同时拥有这两种优点。当时的仪器知道的关于天体的外观运动哥白尼也都知道，而且他认识到，地球每天自转一周是个较为简单的假设。

除了影响人们对宇宙的想象以外，新天文学还有两大贡献：一是承认相信已久的东西也未必是对的，二是承认验证科学的过程就是耐心收集证据的过程。然而，无论是哪一点，尽管都体现在了哥白尼的事业中，但哥白尼都没有他的后继者发挥得充分。

包括路德派信徒在内的一些人听说了哥白尼的观点，路德大为愤怒，他表示哥白尼是一个突然发迹的星相术士，他想在天文学上颠倒黑白，这是违背《圣经》记载的。除了路德，加尔文也对哥白尼嗤之以鼻。

由于哥白尼没有确凿的证据证明他的假设，因此天文学界都迟迟不认可他的主张。另一位名叫泰寇·布剌（1546—1601）的天文学家采取折中立场，认为太阳和月亮绕地球转动，而别的行星绕太阳转动。针对亚里士多德"月球以上万物不变"的观点，第谷·布拉赫提出两点反对意见：一是公元1572年出现的一颗新星没有周日视差，可以断定比月球远；二是观测发现，彗星也很遥远。

第谷·布拉赫还制定了一个"恒星表",用于记录许多年间各行星的位置。在他即将死去之时,他提拔年轻的开普勒做了助手,第谷·布拉赫的所有成果都成了开普勒的无价之宝。开普勒是继哥白尼之后主张"太阳中心说"的第一个重要的天文学家,但通过研究第谷·布拉赫的观测资料,他发现哥白尼所谓的"太阳中心说"并不是完全正确的。

开普勒最重要的成就是发现"行星运动三定律"。第一定律是:行星是沿椭圆轨道运行的,而太阳就在这个轨道的一个焦点上。第二定律是:在相等时间内,行星与太阳之间的连接线扫出的面积是相等的。第三定律是:行星的公转周期的平方,与它和太阳之间的平均距离的立方成正比。当时,只有火星的情况可以证明前两条定律。

现代人体会不了因为发现第一定律而要承受的传统压力。"一切天体都做着圆周运动"(或者"一切天体都做着圆周运动组成的运动")是所有天文学家唯一一致赞同的事情。如果遇到圆周运动不能说明的情况,就用周转圆加以说明。简单而近似地说,月球绕着地球做圆周运动,地球又绕着太阳做圆周运动。经过精密观测,人们发现,所有周转圆都不符合事实。开普勒的假设要比托勒密和哥白尼的假设更接近事实。

天文学界要放弃从毕达哥拉斯以来的审美偏见,因为要接受椭圆取代圆的观念。圆是完美的弧线,天体也是完美的,显而易见,完美的天体就应该做完美的弧线运动。人们很容易想象,圆弧是很自然的运动,而椭圆运动是不可想象的。但是,要接受第一定律,就必须放弃这种成见。

第二定律反映的是行星在轨道的不同位置上的速度变化。第二定律得出结论说,在距离太阳最近时,行星的运动速度最快,反之最慢。

相比之下，第三定律很重要，因为它比较了不同行星的运动。这条定律说：如果某个行星与太阳的平均距离是 R，运行周期是 T，那么对不同的行星而言，R3 除以 T2 的结果都一样。

在近代科学的奠基人中，除了牛顿，大概就属伽利略最伟大了。伽利略是重要的天文学家，但他还有另一个更为重要的身份——近代科学之父。

伽利略是第一个发现加速度在动力学上的重要性的人。人们原先一直认为，地面上的物体做直线运动，但会逐渐停止。而伽利略认为，如果任由这些物体自然运动，它们将一直匀速运动下去；在这期间的任何变化都是由于受某种力的作用。这一规律被牛顿命名为"第一运动定律"，也就是惯性定律。

伽利略还是第一个确定落体定律的人。落体定律说，如果除去空气阻力的因素，那么物体在自由下落过程中的加速度是不变的。落体定律认为，如果物体在真空中下落，速度会逐渐按一定比例加快。第一秒末，速度是每秒 32 英尺，第二秒末是每秒 64 英尺，第三秒末是每秒 96 英尺；以此类推，每过一段相等的时间，速度的增加率（即加速度）是一样的。

人们一直认为，水平打出去的子弹，会沿水平方向飞行一段时间，然后突然垂直落地。而伽利略认为，除去空气阻力的因素，根据惯性定律，水平速度是保持不变的，但还要加上一个按照落体定律逐渐增大的垂直速度。的确如此，粗略计算的结果是，子弹的飞行轨迹是一条抛物线。

上述内容其实讲的是这样一条原理：多个力同时发生作用时，效果跟这些力按顺序发生作用时一样。这一原理是更普遍的"平行四边形律"的一部分。这个原理同样也适用于力。

伽利略积极接受了"太阳中心说"，认可开普勒的所有成就。伽利略制作了一架望远镜,通过望远镜,伽利略发现,银河是由无数颗星星汇集而成的。他还观测到了金星,证明了哥白尼的一些推论。接着,他发现了遵守开普勒定律的一些木星卫星,并取名为"美第奇家族之星"。

一直以来,人们都说太空有太阳、月球和 5 个行星共 7 个天体,这是个神圣的数字。但如果再加上木星的 4 颗卫星,就变成了普普通通的数字"11"。这是人们不愿意接受的。因此,守旧派不肯承认伽利略的发现,还断言由望远镜看到的都是假象。

公元 1616 年,伽利略受到异端审判所的秘密审判,十七年后又被公开审判。在第二次审判时,伽利略表示要悔改。就这样,异端审判所终于如愿以偿。意大利的科学之旅结束了。不过,值得欣慰的是,这并没能阻止科学家们接受"太阳中心说"。

沿着哥白尼、开普勒和伽利略开辟的道路,牛顿取得了最后的成功。牛顿认为,力是运动变化(即加速度)的起因,并由此提出"物体之间是相互吸引的,吸引力的大小与这两个物体的质量的乘积成正比,与它们的距离的平方成反比",这就是著名的"万有引力定律"。利用这一定律,牛顿推导出了行星理论中的所有事实。后来,人们发现,由引力定律也能推导出行星的轨道与椭圆之间的微妙偏差。

17 世纪时,科学的其他方面也是遍地开花。

公元 1590 年左右,人们发明了复式显微镜;公元 1608 年,荷兰人汉斯·利伯希发明了望远镜;公元 1650 年,格里克发明了抽气机。伽利略也没有落后,他发明了温度计,而他的弟子托里拆利发明了气压计。有了这些发明,科学观测变得更准确和广泛了。

此外,还有如下一些科学成就:公元 1600 年,吉尔伯特发表了关于磁体的著作;公元 1628 年,哈维发现了血液循环;列文虎克或史特芬·哈姆发现了精细胞;列文虎克还发现了原生动物(即单细胞有机体）和细菌；罗伯特·波义耳发现了由他的姓氏命名的定律；公元 1614 年，约翰·纳皮尔发明了对数；以笛卡儿为主的一个数学家小组发明了坐标几何；牛顿和莱布尼茨分别独立发明了微积分。

科学的发展使知识分子的思想和见解发生了翻天覆地的变化。以前的知识分子常做的蠢事和无知的主张，在这以后都不会有了。

物理定律几乎消灭了物活论。活的动物能自己运动，而死的动物只在受外力时才运动。亚里士多德认为，动物运动是由灵魂催动的，神灵是一切运动的根源，如果任其自然运动，没有生命的物体很快就会静止，除非灵魂对它持续发力。然而，"第一运动定律"改变了这一切。一旦让无生物质运动起来，没有外部因素的制止是停不下来的。只要能找到运动变化的外部原因，那么它本身必然是物质性的。

人们对于人类在宇宙中的地位的认识也随着科学的进步发生了变化。中古时代，人们认为地球是宇宙的中心，任何事物都与人有关联。牛顿时代，人们认为地球只是一颗小小的卫星，庞大的宇宙系统绝不是为这个小小的卫星上的小生物安排的。人们可以仍然相信上天是为神而存在的，但人们不能干涉天文。也许宇宙另有其目的，但这在科学解释中已经没有任何位置了。

本来，哥白尼的学说伤害了人类的自尊，但实际上不是这样，科学的胜利使人恢复了自尊。因为神总是惩罚狂傲和愚蠢，因此在神面前谦卑是正当而明智的，而且还能避开现实的灾难。然而，后来，神说"要有牛顿""一切都要光明"，人就不能保持谦卑了。当然，神也不会因为神学上的一点儿小过错就惩罚谁。

现代理论物理与牛顿体系在某些方面是不同的。牛顿认为，力是物体运动时起变化的根源。牛顿把力想象成了移动物体时所感受到的东西，因此，人们也多了一个反对万有引力定律的根据，那就是有时吸引力是远距离起作用的。牛顿也承认，一定有一种传递引力的介质。

后来，人们发现，即使没有力的概念，方程也是可以写出来的。通过观察，人们得到了加速度和位置的关系，认为这种关系是力造成的结论没有任何新鲜感。因此，现代的物理学家只是引用确定加速度的公式，从而避免了提到"力"。

一直以来，没有什么事物能改变前两条定律的基本原理，但量子力学的诞生改变了这一切。如果用加速度来表达动力学的原理，那么哥白尼和开普勒也该被当作古代人。牛顿指出，用加速度表达的动力学原理并不超乎近似性定律。然而，关于加速度的"万有引力定律"在牛顿之后的两百年间还被认为是十分精确的。虽然能量守恒定律是关于速度的定律，但在应用时，使用的是加速度。量子力学的变革的确深刻，但同时也是并无定论的问题。

牛顿相信有一个由许多个点构成的空间，还有一个由许多个瞬间构成的时间，而且它们是独立存在的。牛顿还认为，物理现象能使人分辨出绝对运动。但最新的观点也认为，绝对运动会造成一些困难。然而，如果运动是相对的，那么地球旋转假设和天空回转假设就只在字面上有差别，但我们又认为，天空回转是不可能的。

对这个问题的解答已经让我们比较满意了，因此几乎所有物理学家都认为运动和空间是相对的。这一认识和"空时"使我们的宇宙观与伽利略、牛顿的宇宙观大不相同。

第七章 弗兰西斯·培根

尽管弗兰西斯·培根（1561—1626）的哲学思想有不够圆满之处，但他是近代哲学归纳法的创始人和对科学程序进行逻辑组织的先行者，因此在哲学史上有着重要的地位。

培根出生于贵族之家，他的父亲和姨妈都是爵士。23岁时，培根便成了国会下院议员，并且做了艾塞克斯伯爵的顾问。后来，艾塞克斯伯爵倒台了，他又摇身一变，成了起诉艾塞克斯伯爵的帮凶。这一经历使他饱受非议。总体来说，伊丽莎白女王当政时期，培根的仕途并不顺利。詹姆斯一世即位以后，他才时来运转。

公元1617年，培根获任他父亲曾经担任过的掌玺大臣一职，一年后便升任大法官。在当了两年大法官后，培根因接受诉讼人的贿赂而受到惩罚。他不仅被罢免了公职，还被处以罚款和监禁。不过，这份判决并没有完全执行——他只被监禁了四天，也没有人强迫他缴纳罚款。此后，培根远离官场，专注于著书立说。五年后，在一次冷冻实验中，培根意外受了寒，就此死去。

其实，培根并不是因为道德败坏、收受了贿赂而获罪，他获罪是因为党争风波和政敌的攻击。虽然培根不像前辈托马斯·莫尔那样品行端正，但他也绝不是大奸大恶之人，他的道德和同时代的大部分人一样，处在不优不劣的水平。

人们通常认为，培根创造了"知识就是力量"的格言，这被认为是体现了培根哲学强调实用的特点。实用性是培根哲学的基础，表现为利用科学技术，使人类发现或发明能够控制自然的力量。培根信仰传统宗教，主张哲学和神学应该分离。虽然他认为从理性出发，也能证明确实存在神灵，但在他看来，除此之外的神学都是凭借启示认识的。

培根认为，从没有启示协助的理性上看，教义就显得很荒唐，这时，信仰的胜利才是伟大的；但哲学不同，哲学只依据理性。由此看来，培根支持"二重真理论"（理性真理和启示真理）。"二重真理论"在13世纪时受到了教会的谴责，因为对正统信徒而言，"信仰胜利"

是一个危险的结论。

也许是认为数学的可实验性不强,因此培根也很轻视数学。他不喜欢亚里士多德,但对德谟克里特的评价很高。他认为,任何事物都是由致效因引起的必然结果。他不否认世间万物都遵从神的旨意,但反对在具体研究中夹杂功利之心。

在培根的哲学体系里,列举他所认为的幻象是最著名的内容。幻象是指使人陷入荒谬的不良心理习惯。培根列举了种族幻象、洞穴幻象、市场幻象和剧场幻象四种幻象,其中,种族幻象是人性固有的幻象,洞穴幻象是少数研究人员的个人成见,市场幻象是关于语言和人心的幻象,剧场幻象是与思想体系有关的幻象。学者们的错误是,在研究中以为如三段论等现成的套路能取代判断。

虽然培根的兴趣和见解都与科学相关,但他还是忽视了当时正在发生着的科学事件。他不仅反对哥白尼的学说,也不信服开普勒的《新天文学》。培根最欣赏的是吉尔伯特,因为吉尔伯特对磁性的研究是归纳法的经典事例。

培根似乎没有听说过近代解剖学的先行者维萨里的事迹,而且对他的私人医生哈维的工作也好像一无所知。在培根死后,哈维发表了他对血液循环的新发现,但有人认为培根了解哈维的研究。而哈维对培根很不以为然,认为他写的是法官的哲学。的确如此,如果培根一直都能淡泊名利,他在哲学上的成就会更好一些。

因为不重视假设,培根的归纳法也因此不够完美。在事实上,很难像培根希望的那样,通过系统的整理观察资料得到正确的结论。提出假设是最难的科学工作,人们至今还不能够按一定的规律提出假设。假设是收集事实的必要前提,如果没有假设,事实会让人们无处下手。当人们必须要验证一个假设时,从假设到结论之间有一段漫长的演绎过程。通常来说,这是一个数理推演的过程。在这一点上,培根低估了数学的重要性。

时至今日,"单纯列举归纳"还是一个悬而未决的问题。在涉及科学研究的细节方面,培根排斥单纯列举归纳是完全正确的。在研究细节时,可以假设一种妥善的法则,并以此为基础建立比较有力的方法。

科学的理论组织化可以把任何下一级的归纳简化成少数(甚至一个)高度概括了的归纳。可以证实这一过程的事例很多,因此有人认为,单纯列举归纳应该被认可。这种情况实在让人不满意,而培根和他的后继者一直都没有找到解决之道。

第八章　霍布斯的《利维坦》

给经验主义者托马斯·霍布斯(1588—1679)归类不是一件容易的事情。作为哲学家的霍布斯很欣赏数学方法在哲学中的应用,在伽利略的影响下,他形成了自己的一套见解。霍布斯没有欧洲大陆哲学家过分强调纯思维的作用的缺点,也没有英国经验主义哲学家不能正确认识科学方法的缺点。因而,直到现代才出现了一些类似于霍布斯的哲学家。

霍布斯的严重缺陷在于没有耐心从事一些细致微妙的研究,喜欢大删大减,他利用合乎逻辑的方法和删除碍事的事实取得成果。不过,这不影响人们重视他的关于国家的观点,因为它们甚至比马基雅维利的观点还要近代化。

霍布斯自小便遍览古典著作,14岁时翻译了欧里庇得斯的《美狄亚》,15岁时进入牛津大学学习经院派逻辑和亚里士多德的哲学。然而,在晚年时,霍布斯认为这段大学经历没有给他带来任何收益,因为经院派逻辑和亚里士多德哲学成了他憎恶的怪物。公元1610年，22岁的霍布斯成了哈德威克男爵之子也就是后来的德文郡公爵威廉的家庭教师，得以跟随威廉周游世界。就在这时，霍布斯了解到了开普勒和伽利略，这影响了他的一生。公元1636年，霍布斯终于得以拜访伽利略。

霍布斯主张极端的王政政见，他的著作《利维坦》和《公民论》在本质上都表达了这种政见。公元1628年，英国国会起草"权利请愿书"，霍布斯发表了一部反映民主政体种种弊端的书籍的英译本。公元1640年，长期国会召开，自觉情况不妙的霍布斯出走法国。

在巴黎时，霍布斯得到如笛卡儿等许多知名科学家的欢迎。但是，当他于公元1651年发表《利维坦》后，却因此招致灾难：《利维坦》宣扬的理性主义惹恼了在法国的英国流亡者，而对旧教的尖锐抨击又得罪了法国政府。霍布斯只好再次逃回英国，并退出一切政治活动。

霍布斯的一生是忙碌的一生。他曾与布兰霍尔主教就自由意志问题展开论战；他幻想自己发现了怎样"化圆为方"，并与牛津大学的几何学教授瓦里斯就此展开辩论；王政复辟时期，霍布斯受到王党人士的抬举，他的肖像甚至被国王挂在了自己的寝宫内。然而，大法官和国会却对霍布斯这个无神论者得到此等恩宠感到不满。后来，国会下院下令检查包括霍布斯的著作在内的所有无神论书籍，这带来的结果是他的几乎所有著作都不得在英国出版。

公元1688年，霍布斯的著作合集在阿姆斯特丹出版。在他老年时，他在国外的声望远远大于在英国国内。84岁时，霍布斯用拉丁韵文写了一部自传，87岁时又翻译出版了荷马作品的英译本。

霍布斯的声望主要是通过《利维坦》获得的。在这本书的开篇，他就表示，他信仰彻底唯物论。他认为，生命是四肢的运动，机器人的生命是人造的。国家（即利维坦）是人的技巧创造的，是一个模造的人，主权是它的灵魂。在结尾部分，霍布斯说，这本书有趣而易读，希望主权者也可以看到这本书，以便成为一个绝对的主权者。

《利维坦》第一编探讨个体的人和霍布斯认为的一些必不可少的哲学。他把"第一运动定律"应用在心理学上，认为：想象是衰退中的感觉，它们都是运动着的；梦境是由睡着时的想象产生的，异教徒因为分不清梦境和现实，所以才产生了他们信仰的宗教。同样，相信梦境可以预见未来，相信巫术和鬼神都是不对的。

霍布斯还是唯名论者。他认为，名目之外别无普遍之物，真假都是语言的属性，没有语言就没有真假。在霍布斯看来，几何学是当时唯一的科学，应该从定义出发进行推理，然而定义要避免矛盾，哲学却做不到。霍布斯认为，一般命题的错误均出自自相矛盾，为此，他列举了自由意志观念等实例。

尽管霍布斯很钦佩开普勒和伽利略，但他始终没能正确领悟如何使用归纳法求得普遍定律。与柏拉图相反的是，霍布斯认为理性是靠后天的勤奋得来的。然后，霍布斯开始探讨各种激情，认为意识的趋向就是欲望，反之就是厌恶。意识只是考虑再三后剩余的欲望或厌恶，是冲突中最强烈的欲望或厌恶。

与大多数专政拥护者不同的是，霍布斯认为人人生而平等。在没有诞生任何政治制度之时，人们都希望自身自由，同时又希望能控制他人。这两种期望都源自保持自身自由的冲动，一切人类之间的战争也都是因此而发生的。

《利维坦》的第二编探讨人类是如何形成服从于若干个集权政府的小团体的。这被理解为是借助社会契约形成的。我觉得并不能将其当作明确的历史事件看待，而应当作近乎神话的传闻，用来说明人类为什么会为了获得个人自由而愿意接受某种权力的制约。霍布斯也说，人类约束自己，是为了在因希望自身自由和控制别人而引起的战争中保护自己。

关于为什么人不能像蚂蚁、蜜蜂那样互相合作的问题，霍布斯认为，蚂蚁、蜜蜂的合作是天生的本性，而人类的合作却是契约的产物。为保证合作正常进行，人类要把权力集中给一个人或一个组织。这种契约是人们为服从于大多数人选择的那个权力集中者（即主权者）或组织（即议会）而互相签订的。之后，人们便失去了政治权利，只拥有统治者或统治阶级许可的权利。被这样结合起来的人就形成了"利维坦"，它就好像是一个人世间的神。

毫无疑问，霍布斯喜欢君主制，他的抽象的观点也适用于这样的政体。霍布斯也能容忍议会的存在，但不能容忍议会和国王分享权力。他认为，正是因为国王和议会分享了权力，英国才爆发了内战。

在《论臣民的自由》一章里，霍布斯写道：没有外界干扰的运动是自由。按照这个定义，人们可以自由地做他想做的事，但也要做神想做的事。在没有法律干涉时，人们拥有自由，但这不是限制主权，如果主权者不是自愿让出权力，人们无权跟他对抗。在霍布斯看来，古代的知识分子歌颂自由其实就是鼓动人们参与暴乱。他认为，如果正确理解这些人的意思的话，他们歌颂的其实是主权者的自由（即不被外敌统治的自由）。他甚至还反对对主权者进行正当的反抗。

霍布斯把人们的自我保护视为组织政府的动机，认为应该有限度地服从主权者，人们有绝对的自我保护权，在面对主权者时甚至有自卫权。因此，他认为，人们有权拒绝上战场打仗的命令。这可是任何一个现代政府都不容许的。霍布斯利己主义伦理观的结论之一是：只有在自卫时，对主权者的反抗才是正当的，为保护别人而反抗主权者就是犯罪。另一个结论也很例外而合理，即人们对没有能力保护人民的主权者没有任何义务。

书中还列出了各种导致国家解体的原因，如主权者的权力太小，人们拥有私人判断的权利，等等。其他观点有：做出违背良心的事即犯罪，相信灵感，主权者受民法约束，认可私有财产，分割权力，俗权与神权分离，主权者无权征税，强势的大臣获得人心，可以与主权者辩论。霍布斯还认为，教导人们服从主权者应该很容易，他提议可以安排一些特定时间专门学习如何服从主权者。

专制和无政府状态这两种制度存在于一切社会之中，霍布斯经历过狂热主义的斗争，因此他恐惧无政府状态。据此他认为，最坏的专政也强过无政府状态。大体上看，他提出的"由国家取代无政府状态是唯一的途径"是正确的。然而，暂时的无政府状态也要好过公元1789年时的法国和公元1917年时的俄国。政府如果不畏惧反叛，那么政府的暴政倾向就无法遏制了。如果人们真的如霍布斯要求的那样顺从政府，政府肯定比现在还坏。因此，不仅要看到无政府状态的危害，也要看到政府的全能化带来的危害。

与前辈政治理论家相比，霍布斯有着显而易见的高明，他的观点清晰合理，人民也完全可以理解他在伦理学上的见解。除了见识更为狭隘的马基雅维利，霍布斯是第一个阐述政治理论的近代著述家。即使他有错误，也不是因为他的思想基础不现实，而是由于失之简单。

除了形而上学和伦理学的弱点，霍布斯还有别的弱点。霍布斯并不理会马克思"社会变革的主要原因是不同阶级之间的冲突"这一意见的重要性，总把人民的利益视为整体，认为它们是一致的，同时还假设国王与人民的利益也是一致的。在战争时期应该会是这样，但在和平时期未必如此。在这种情况下，提倡国王的绝对权力就不是避免无政府状态的途径了，相反，分享权力才是避免内战的上策。霍布斯早就应该认识到这一点了。

在国家之间的关系问题上，霍布斯的主义同样过于狭隘。除了在《利维坦》一书中提到国家之间时常有间歇性的战争之外，霍布斯再没有提及国家之间的其他关系。按照霍布斯的观点，由于没有一个统一的国际政府，因此各国的关系是自然状态之下的，在这种状态下，国家效率的提高未必有利于全体人类。

如果霍布斯支持政府的理由都是正确的，那么他支持国际政府的理由也是正确的。在国家之间战乱不断的情况下，降低效率是保全人类的唯一途径。如果不能阻止战争而提高国家的战斗力，人类必定走向毁灭。

第九章　笛卡儿

人们一般把勒内·笛卡儿（1596—1650）视为近代哲学的始祖。的确如此，他是第一个拥有高超的哲学能力，而且接受了新物理学和新天文学影响的人。他另起炉灶，创造了一个完整的哲学体系。这是自亚里士多德以后从未有过的，是科学带来新的自信的标志。笛卡儿以发现者和探索者的身份写哲学，文笔平易近人，异常出色，一般明白事理的人都能看懂。对近代哲学而言，这种令人敬佩的文学感是值得庆幸的。

笛卡儿的父亲是一位拥有大量地产的地方议员，他死后，笛卡儿卖了这些地产，转而投资商业，使笛卡儿每年能有六七千法郎的收入。在公元1612年之前，他有八年的时间在一所耶稣会学校读书，在这里，他获得了比一些大学生还要好的数学教育。这之后，他隐居到巴黎郊区，在那里潜心研究几何学。公元1617年，他的朋友们扰乱了他的生活，他又躲进了荷兰军队之中。

在军营里的头两年，他依然过着不受干扰的沉思生活。后来，三十年战争爆发了，他参加了巴伐利亚军。在巴伐利亚，由于天气寒冷，他经常躲进一个火炉里沉思。他自己说，他一半的哲学思想就是在那时形成的。苏格拉底有在雪地里沉思的习惯，笛卡儿的大脑似乎在觉得暖和时才能思考，这也不无可能。

公元 1625 年，笛卡儿在巴黎定居，但他的朋友们经常在一大早就来拜访他，而此时的笛卡儿还没有起床。这让他苦恼不已，于是，在公元 1628 年时他再次参军。之后，他在荷兰住了二十年，因为 17 世纪的荷兰是当时世界上唯一有思想自由的国家。

尽管笛卡儿是个胆小懦弱的天主教徒，但他还是成了伽利略那样的异端。不过，由于含有"地球自转"和"宇宙无限"这两个异端学说，他终究还是没有发表他花费了很大力气写就的《宇宙论》。

说笛卡儿胆小懦弱，倒不如说他不喜欢招惹麻烦，只想清静地专注于学问。作为虔诚的天主教徒，他希望促使教会不要像对待伽利略时表现的那样对待近代科学。有人据此认为，他的信仰只是权宜之计而已，但这只是一种猜测，未必可靠。

在荷兰，新教中的顽固派认为笛卡儿的意见会导致无神论，因此猛烈地抨击他。不过法国大使和奥伦治公救了他。几年之后，莱顿大学禁止师生提及笛卡儿和他的学说，奥伦治公再次出面批评了莱顿大学。

有段时间，笛卡儿与瑞典的克里斯蒂娜女王有了信件联系。笛卡儿赠给她一篇关于爱情的论述，还送她一篇论灵魂的论述。为了答谢笛卡儿，克里斯蒂娜邀请笛卡儿到她的王宫里居住。公元 1649 年 9 月，笛卡儿搭乘克里斯蒂娜派来的军舰到了瑞典。但是，除了笛卡儿睡意正浓的凌晨 5 点，她再也抽不出任何时间听笛卡儿给她讲解哲学。对体质一向孱弱的笛卡儿而言，在斯堪的纳维亚的冬日里早起，实在不是一件好事。加上其他一些原因，笛卡儿终于一病不起，于公元 1650 年 2 月逝世。记载着他的大部分科学观点的《哲学原理》出版于1644年，阐述几何学和光学的《哲学文集》出版于1637年，此外还有《论胚胎的形成》等著作。

笛卡儿不是一个勤奋的人，他很少读书，工作时间也很短。他的成就仿佛都是在短暂的精神集中时取得的。在哲学和数学上，他的成就非常重要，但在科学上的成就就不如同时代的一些同行了。他发明了坐标几何，率先使用解析方法，还把代数应用到了几何领域。但他的首创之举是使用坐标系。尽管笛卡儿并没有挖掘出坐标方法的全部精髓，却为这一方法的发展铺平了道路。这是他对数学最大的贡献。

笛卡儿把人和动物的肉体视为机器，但人与动物不同的是，人有蕴藏在松果腺里的灵魂，它在松果腺里与"生命精气"发生接触，并和肉体相互作用。灵魂不能改变运动总量，但能改变生命精气的运动方向，从而间接改变肉体其他部分的运动方向。笛卡儿承认第一运动定律，按照他的说法，就不会存在牛顿说的超距作用。根本就不存在真空，也不存在原子，但任何的相互作用都有碰撞的性质。

笛卡儿发展了与柏拉图以前的某些哲学家相近的宇宙演化论。他说，世界是像《创世记》所说的那样创造的，但是看它本来应该怎样自然形成也很有意思。因此，笛卡儿提出了"旋涡说"，说太阳周围有巨大的旋涡，行星都在这个旋涡里运行。但这个精妙的理论不能解释行星运行的轨道为什么是椭圆的。寇次认为，"旋涡说"打开了无神论的大门。

在纯哲学方面，出版于1637年的《方法论》和出版于1642年的《沉思录》是笛卡儿最重要的著作。为了使他的哲学思想获得牢固的基础，笛卡儿决心怀疑他能够怀疑的一切事物。他首先从怀疑各种感觉开始。他说，在我把所有事物都想象成虚幻时，这时的"我"一定是存在的某种东西；我明白"我思故我在"是可靠和准确的真理，就连怀疑论者的任何狂想都不能否定它，因此，我可以百分之百地断言，这是我追求的哲学里的第一条真理。这是笛卡儿认识论的核心，包含了他的哲学思想中最重要的内容。

笛卡儿的哲学带有主观主义倾向，喜欢视物质为只有从对精神的所知出发，并通过推理才能认识的东西。欧洲后来的唯心论者以此为荣，而英国经验论者却恰恰相反。近代哲学很多提出问题的方法都源自笛卡儿，但没有接受他提出的解答。从认识到笛卡儿的论点的重要意义来看，认可他所有创新的见解是正确的。

笛卡儿接着说，已被证明存在的"我"是由"我思"推知的，因此，在"我思"（甚至是只有"我思"）时我才存在。如果停止了"我思"，我便没有存在的根据。可以得出这样的结论：灵魂与肉体完全不同，不过比肉体更容易认识，即使不存在肉体，灵魂也会保持原状。因此，笛卡儿得出这样一种一般准则：能想象得清楚明白的事物都是真的。但困难的是，要分清楚哪个才是真的事物。

笛卡儿还说，"作思维"的东西具有怀疑、假设、肯定、否定、意识、想象和感觉的特征。即使在睡着时，精神也在"作思维"，因为思维是精神的本质。

笛卡儿认为，认为自己的观念和外界事物相似是最常见的错误。观念有固有的、从外界得来的非固有的和自己创造的三类。我们通常假定第二类观念与外界事物相似。不过，假设外界的一个事物正把它的影子留在我的心里也是合理的。这时，说"受自然的教导"其实就是说有相信它的一种倾向——但是如果只是倾向，也可能偏向于错误的事。

感官的不随意不能成为理由，原因是，源自内部的梦也不是随意的。因此，"感官来自外界"这种假设不能使人信服。通常来说，对同是来自外界的事物也有两种不同的观念。这些理由不能解释对外界抱有怀疑的看法，只有首先证明神的存在，才能解释这些。

证明存在神，剩下的事情就容易了。神是善良的，他不会学习笛卡儿，不会像想象中的那个喜欢欺诈的恶魔一样做事。神使我如此强烈地相信物体的存在，但如果物体不存在，神就是欺诈，而神不会欺诈人，所以物体必定存在。

笛卡儿认识论的破坏性部分要比建设性部分更有味。在建设性部分里，笛卡儿利用了经院哲学的各种准则。尽管它们比人自身的存在更缺乏自明性，但也很轻易地获得了认可，反而是人自身的存在有一番声势浩大的证明。

尽管笛卡儿本人在使用"批判的怀疑"这一方法时显得心不在焉，但这一方法依然有着非常重要的地位。从逻辑上看，只有在一个地方停止怀疑，这个方法才能起作用。如果双方都有逻辑知识和经验知识，那么也必须有两个怀疑的停止点，即毫无疑问的事实和毫无疑问的推理。

在笛卡儿这里，毫无疑问的事实是按最广泛的意义使用"思维"一词。"我思"是原始前提，但笛卡儿应该把这一前提叙述为"思维是有的"才对。他接着说，"'我'是作思维的东西"，这时他已经在应用经院哲学传下来的范畴工具了。不论是在什么地方，他都没有证明思维需要"我"这个思维者，而且也没有理由相信这个证明。当时，把思维视为原始的经验这一论断非常重要，对后世哲学的发展影响深远。

笛卡儿哲学的另外两点也很重要。一是他完成（或者说是几乎完成）了由柏拉图开创的经基督教发展起来的哲学精神和物质二元论。笛卡儿提出精神和物质两个彼此平行且独立的世界，研究其中的一个，能不影响和牵扯另一个。"精神不推动肉体"这一新颖想法是由格令克斯明确提出的，但源头来自笛卡儿。二是笛卡儿对于外界物质与活的有机体都持有严格的决定论。笛卡儿认为物质的一切运动都受到物理定律的支配，因为平行关系，精神事件也肯定是确定的。但这也是笛卡儿派关于自由意志问题的困惑所在。

在笛卡儿身上，有一种两面性不可动摇：一面是他学到的当时的科学，另一面是青少年时期在学校学到的经院哲学。这种两面性是他陷入矛盾的原因，也是他思想广博丰富的原因之一，这种思想是任何完全符合逻辑的哲学家所难企及的。如果他选择自圆其说的话，他也许只能成为一派新经院哲学的开创者，但自相矛盾可以使他成为两个不同的哲学派别的鼻祖。

第十章　斯宾诺莎

从人格和性情方面讲，斯宾诺莎（1632—1677）是最高尚、最温和的一位哲学家。有些人的才华也许能超越他，但在道德方面绝对没有人能超越他。在他生活的那个时代（即使是他死后），他都被视为坏得可怕的人：他是犹太人，却被犹太教驱逐；基督教对他也是恨之入骨；他的哲学思想充斥着"神"的观念，正统信徒却斥责他为无神论者；他对莱布尼茨的影响很大，后者却没有赞扬过他，甚至在与他的私交问题上造假。

斯宾诺莎的经历简单而平凡。早年时，为躲避异端审判所的迫害，斯宾诺莎一家从西班牙（也许是葡萄牙）迁居到了荷兰，先后住在阿姆斯特丹和海牙。斯宾诺莎漠视钱财，因此物质生活简单，只有很少的人认识他，但即使是不赞成他的哲学观点的人也很拥护他。在45岁时，斯宾诺莎因肺痨死去。

斯宾诺莎的《神学政治论》是一部融汇了《圣经》批评和政治理论的奇妙的著作。在对《圣经》的批评方面，斯宾诺莎为一部分现代观点开了先河，主要表现是他判定的《旧约》各卷的写就时间比传统认为的时间更靠后。他的另一部著作《政治论》讲述的全都是政治学的理论。大致说来，斯宾诺莎继承了霍布斯的政治学说。他认为，主权者不会有过错，教会从属于国家。他还反对包括反抗坏政府在内的叛乱。不过，斯宾诺莎与霍布斯也有观点不一致的地方。比方说，斯宾诺莎认为民主制是最自然的政体，人们没有义务为主权者放弃所有权利，政见和言论方面的自由很重要，等等。

在斯宾诺莎死后，他最主要的著作《伦理学》才出版。《伦理学》从形而上学谈起，然后又转而探讨各种炽情和意志的心理学，最后才探讨以形而上学和心理学为基础的伦理观。探讨伦理观的部分是全书中最富有价值的地方。

斯宾诺莎对科学很感兴趣，还写过一些关于"虹"的论述，但他最关心的还是宗教和道德问题。他接受了源自笛卡儿时代的一套唯物主义和决定论的物理学，并以此为基础，试图给虔诚的心念和献身于"善"的生活寻找一块栖身之所。这一宏伟的举动得到了几乎所有人的肯定和钦佩。

斯宾诺莎继承了巴门尼德所创造的形而上学体系，这种体系认为只有"神即自然"这一个实体，任何有限事物都不能独立存在。笛卡儿则认为有三个实体：神、精神和物质。由思维和延伸性限定的精神实体和物质实体可以独立存在，并且从属于一个绝对的实体——神。但在斯宾诺莎看来，神处处都是无限的，思维和延伸性也是神的属性。

由斯宾诺莎的观点可知，支配一切事物的是一种绝对的逻辑必然性，精神领域中不存在自由意志，物质领域也不存在偶然性，但凡发生的事都是神不可思议的本性导致的；因此，从逻辑上看，各种事物不会与现实状况产生差异。在罪恶问题上，斯宾诺莎的这种说法遇到了困难，饱受批评者指责。

很多神秘论者曾以各种形式发表过这种观点，事实证明，它与正统教义的罪业降罚说的冲突不能调和，与它有密切关联的是斯宾诺莎完全否认自由意志。尽管斯宾诺莎不喜欢争辩，但他为人诚实，所以虽然当时的人觉得他的意见是荒谬的，但他也毫不隐藏。

《伦理学》第三卷讲述的完全是利己主义心理学。最后两卷分别为《论人的奴役或情感的力量》和《论理智的力量或人的自由》。在多大程度上，我们遇到的事由外因决定，相应地，我们受到的奴役就有多大。而我们的自由取决于我们有多少自决权。斯宾诺莎还相信，知识上的错误是造成一切不当行为的原因，行事作风聪明得体的人必然能适当认识个人所处的环境。斯宾诺莎认为，主宰人们行为的是某种意义上的自私自利或自我保全。

斯宾诺莎视时间为非实在的东西，他认为，关联到过去或未来的事件的情感都违反理性。通常人们会认为，结局好就是全都好，我们关心眼前的灾难胜过关心成吉思汗时代带给我们的灾难。但这在斯宾诺莎看来是不合理的，正如神看到的那样，任何一件已经发生了的事情都是永恒的超时间世界的一部分，与日期毫无关系。对此，斯宾诺莎的决定论解释说，正因为我们无知，所以才以为我们能改变未来，其实该发生的总会发生，未来和过去一样不可改变。希望和恐惧的产生都是因为缺乏智慧。

只要是从我们自身产生的事都是善的，从外界产生的事才是恶的。因为宇宙整体不受外界的影响，所以也不会遇到任何恶事。个人只要被动地成为整体的一分子，就必然会被奴役；但是，只要他理解了整体的唯一实在性，他就获得了自由。

斯宾诺莎反对过分的热情。所谓过分的热情，就是使我们显得处于被外界掌控的被动状态下的情感。使精神得到控制情感的力量的方法是理解所有的事物。以理智对神表示敬爱是思想和情感合二为一后才产生的结果，这种结果其实也是真实思想把握真理的快感。因为真实思想的一切快感没有否定成分，因此它才是以理智对神表示敬爱的真正的一部分。智慧指的就是这种爱。

斯宾诺莎还说，神不会被任何情感打动。因为任何事情都是神的一部分，因此，要增加对遇到的事情的理解，就要把这件事和神的观念联系起来。把任何事情都当作神的一部分看待就是对神表示敬爱了。把所有的事物都和神的观念联系起来以后，神的观念便占据了精神。

斯宾诺莎说，敬爱神的人不会希望神也同样敬爱他。"神不会敬爱任何人"与"神只敬爱他自己"没有矛盾。神只敬爱自己这件事很容易办到，更何况以理智表达敬爱毕竟是一种很特殊的爱。

此时，斯宾诺莎表示，他已经开出了矫治各种过分的感情的所有药方。人死之后，如果人格还能残存，那是妄念，但仍能保留某种精神方面的东西。只要肉体存在，精神才能有想象和记忆。个人体会到以理智向神表示敬爱时，这种敬爱就包含在了被保留的精神之中。一切福祉并不是对道德的补偿，而是因以理智对神表示敬爱而产生的，是道德本身。也就是说，我们享有福祉并不是因为控制了欲望，而是因为享有福祉才控制了欲望。

斯宾诺莎主张的形而上学是"逻辑一元论"的最好实例。"逻辑一元论"认为，宇宙的整体是单一实体，按逻辑讲，任何部分都不能独自存在。"逻辑一元论"最后的依据是，任何命题都有一个单独的主语和谓语。由此，可以得出结论，"关系"和"复杂"是不实在的。

斯宾诺莎认为，如果能按照逻辑，从一些不用证明就能明了的公理出发，可以推演出宇宙和人生的本质。任何事物都是逻辑必然性的结果，因此对待它们要像对待"2+2=4"这样，时刻准备接受和默认。然而，这套形而上学的理论是不可信的，因为它不仅跟现代逻辑相抵触，与科学方法也不能兼容。仅凭推理是不能发现事实的，要想发现事实只能不断观察。如果我们能准确地推断未来，那么这种推断所借助的必然不是逻辑的必然原理。

如果能放下形而上学这个基础，斯宾诺莎伦理学中的有些观点也可以接受。大体来说，斯宾诺莎试图说明，如果人类的能力真的是有限度的，那么人还怎么过高尚的生活呢？斯宾诺莎所说的这种能力的限度很狭隘，甚至比实际体现出来的还要狭隘，这都是因为他主张必然论。但是，在人的能力是有限度的情况下，斯宾诺莎的观点是最好的处世箴言。不过，即使在这时，也应该避免某种焦虑和恐惧，而是要冷静地采取各种手段，尽可能地把心思转移到其他事情上去。同理，其他任何个人的不幸都可以这样处理。

然而，当我们所爱的人遇到不幸时该怎么办呢？这时，还要保持平静吗？肯定不是。一般而言，这时你的第一反应就是报仇。如果对你造成的伤害很严重，而且还引起了不相干的人的愤怒，这时你选择报仇甚至会得到很多人的鼓励。我们无法指责这种报仇，因为它是由惩罚的动力产生的。众所周知，在很多时候，惩罚是完全有必要的。从精神健康方面看，如果不能使一个人的报仇心理得到发泄，他的人生观可能会变得畸形而偏狂。

但是，从另一个方面看，报仇心理是很危险的。如果认可了报仇心理，就相当于诉讼人自己给自己当法官。这是法律要防止出现的情况。通常情况下，报仇心理是过火的动机，在这种动机的支配下，它可能会施加过分的惩罚。这样说来的话，对伤害最好的反应并不是报仇。

除了能说出基督徒该说的话，斯宾诺莎还能说出一些令人颇感意外的话。在他看来，一切罪恶皆源于无知，不过，斯宾诺莎也会引导你避开他所认为的目光短浅这一罪恶的本源，他会告诉你，即使遇到天大的灾难，也不要让自己孤独地游荡在悲伤的世界里。相反，他会建议你联系原因分析这一罪恶，把这一罪恶视为自然力的组成部分。这样就能理解罪恶了。

斯宾诺莎认为，如果按照灾难的实质看待灾难，把它当作起于时间的开端，止于时间的结尾的因果的一环来看，你就会发现，这灾难并不是针对整个宇宙的灾难，它只是针对你的灾难。对宇宙而言，这场灾难不过是为加强最后的和声而出现的暂时的杂音罢了。

但我不接受这样的说法，依我之见，单个事件的性质应该是确定的，不能因为要被纳入整体而有所改变。各种灾难永远都是宇宙的一部分，不管以后发生什么，都不能把灾难变为幸事，当然，也不能一味地认为包含着那个灾难的整体具有完善性。

然而，话虽这样说，如果你确实必须要忍受比别人更糟糕的事，那么，斯宾诺莎所说的想象比你遭遇的事更悲痛的事情的原则，依然还是有用的。在有些时候，我们仔细品味人类的生活，包括仔细回味其中全部的灾难和不幸，发现它们只是漫漫宇宙里的一粒小分子，是能够让我们感到欣慰的。也许这些思想还不能发展成为宗教信仰，但是在这充满苦难的人世间，它们倒也是一种促使我们清醒的推动剂，也是一剂医治绝望和麻木不仁的良药。

第十一章　莱布尼茨

莱布尼茨（1646—1716）堪称前无古人的大智者。他具备勤劳、俭朴、有节制和在财务状况上诚实等所有的优秀品质。不过，他缺少斯宾诺莎所具有的那些崇高的哲学品质，因为他发表的都是一些刻意讨好王公贵族的观点，而把最精彩的思想束之高阁，因为它们并不能给他带来声望。结果，人们发现了两个代表莱布尼茨的哲学体系：一个是他公开宣扬的，这个体系乐观、正统而又浅薄；另一个是后人从他的手稿中总结出来的，这个体系深奥而又有惊人的逻辑性。

在三十年战争即将结束的两年前，莱布尼茨出生在莱比锡的一个伦理学教授之家。20岁时，莱布尼茨获得了阿尔特道夫大学的博士学位，之后他拒绝了留校任教的机会，到美因茨大主教手下工作。后来，莱布尼茨受命游说法国皇帝路易十四进军埃及，但没有成功。公元1672年，莱布尼茨到了巴黎，在那里度过了大约四年的时间。当时，巴黎在哲学和数学领域领先于世界，因此这段经历对莱布尼茨才华的发展至关重要。在那段时间，他发明了无穷小算法，这在后来引发了他和牛顿的发明优先权之争。

莱布尼茨在德国学到了一种新经院主义的亚里士多德哲学，但接触到笛卡儿主义和伽桑狄的唯物论以后，他就放弃了经院哲学。对他产生的最后一次重大的影响来自斯宾诺莎。公元1676年时，莱布尼茨见到了斯宾诺莎，与斯宾诺莎高谈阔论达一个月之久，甚至还得到了斯宾诺莎的部分原稿。然而，在他的晚年，为了附和众人对斯宾诺莎的声讨，他又极力掩盖这段经历。

公元从1673年开始，莱布尼茨在汉诺威王室任职。公元1680年以后，他担任王室图书馆馆长，正式开始编修布伦斯威克史。他曾费尽心力地推行一项旨在使基督教各派再次统一的计划，但最终不了了之。他与牛顿的争执导致英国对他全无好感，因此在英王乔治一世当政时期，他一直待在汉诺威王室。尽管得到了英国太子妃的支持，莱布尼茨最终还是寂寥地死去了。《单子论》和《自然与圣宠的原理》这两本著作反映了莱布尼茨主张的流俗哲学，而《辩神论》则反映了他的乐观主义的基础思想。

莱布尼茨的哲学也是建立在实体的基础之上的，他认为，实体不具有拓展性，因为拓展性含有繁复之意，只能体现在由若干个实体组成的事物上。因此，他相信有无数个能称之为"单子"的实体。抽象看来，这些单子各自都具有若干个物理性质，实际上一个单子就是一个灵魂。这个结论是否认实体的拓展属性后必然要得到的，此外只有思维者一个本质属性了。莱布尼茨用无数个灵魂代替了物质的实在性。

莱布尼茨继承了笛卡儿学派主张的"各实体不能相互作用"的观点。他认为，两个单子之间不能存在因果关系，但这带来了动力学和知觉两方面的难点。从动力学角度讲，在碰撞现象中物体间似乎有影响；从知觉方面讲，知觉似乎是外界对知觉者产生的作用。按照莱布尼茨的主张，单子反映宇宙，这是因为神赋予了单子这种性质，然后自发产生的结果。

莱布尼茨认为，无数个各有灵魂、永不死亡的单子构成了人的肉体。不过，其中也有一个起主宰作用的单子，它是人的固有灵魂。在一般情况下，为了支配单子，人体发生了种种变化。举个例子，我活动手臂的目的不是要支配构成我手臂的单子，而是要支配起主宰作用的那个单子。意志支配手臂是错误的认识。

相比之下，莱布尼茨比斯宾诺莎更注重体系中所容许的自由意志。根据他自认为有充足理由的原理，如果没有原因，什么都不会发生，但自由动原发生的原因有倾向但无必然性。人的所有行为都是有原因的，但没有逻辑上的必然性。神的行为同样也有这种自由。神以善意的目的行事，并未受到任何逻辑的强制。莱布尼茨还认为，虽然神也不能违反逻辑定律，但可以做逻辑上可能的事。

莱布尼茨发展了存在神的各种形而上学的证明。他有高超的逻辑技巧，他的叙述比以往任何人的都要高明。这些论证共有本体论、宇宙论、永恒真理说和前定和谐说四项。

本体论论证的依据是存在与本质的区别。任何人或事物既是存在的，同时又具有某些构成本质的性质。比方说，即使把一个人描述得很细致，但我们还是搞不懂他是否真的存在。关于这一点，经院哲学会说：有限实体的本质不代表它的存在。不过，根据神是最完善的"有"的定义，本质应该代表着存在，因为若存在拥有一切完善性的"有"，那还不如不存在。

莱布尼茨说，他还需要补充证明上述那样定义神是可能的。在这个补充证明里，莱布尼茨定义神为一切完善性的主语。这样一来，他很快证明了上述那样定义的完善性不能互容。

宇宙论论证是"初因"论证的一种。"初因"论证认为，有限的事都是有原因的，原因也有原因，逐个类推，但这些原因不会无穷无尽，至少第一个原因是没有原因的，这就是神。莱布尼茨说，所有的个别事物是偶然发生的，可能它本来不存在，整个宇宙也可能是这样。按照莱布尼茨的说法，整个宇宙得有个充足的理由，它就是神。

莱布尼茨认为，必然命题与偶然命题有差别，只有必然命题才能被逻辑规律推导得出，除了存在神的断言之外，其他所有关于"存在"的断言都是偶然命题。虽然神的存在是必然，但他并没有在逻辑的强制下创造世界，这种选择也不是由善良必然注定的。

显然，宇宙论论证和本体论论证不无关系。如果必须用必然的"有"的存在来证明世界的存在，那么这个"有"的本质必然也包含存在。如果真是这样，那么理性足以规定这样的"有"，它的存在也可以由本体论论证得出。这是莱布尼茨的意见。这样看来，宇宙论论证在表面上也不比本体论论证更有道理。

大体来说，永恒真理说这个论证有时是真的，有时是假的，不过也有个标准：但凡和本质相关的命题，要么永远是真的，要么永远是假的，比方"2+2=4"永远都是真的。"永恒真理"指的就是永远真的命题，是永恒精神的一部分，反之就是"偶然真理"。关于二者的关系，莱布尼茨认为，在永恒真理中可以发现偶然真理的理由。

莱布尼茨的前定和谐说论证的内容是，由于在毫无因果的相互作用之下，所有的"钟"都保持一致的步调，那么它们一定是被一个独立的外因校正过了。这个论证没有依附于莱布尼茨主张的形而上学，把它视为一个仁慈的论证要更合理一些。

前定和谐说论证的结论是基于经验性前提和经验推理的一般规则得出来的，在形式逻辑上没有毛病，是否认可这个结论要经过细节上的考虑才能决定。与其他论证不同的是，如果这个论证是可靠的，那么它证明了存在的神未必具有形而上学的通常属性，也就是说，那个神未必全知全能。

虽然莱布尼茨解决罪恶问题的办法在逻辑上讲得通，但不能使人信服。摩尼教徒可以讽刺他说，在所有可能的世界里，现在的世界是最坏的，就连善事都能加重它的罪恶。我认为，比起莱布尼茨的观点，我的这个例子并不显得荒谬，即如果不否认世界上本来就存在着善恶这个事实，那么任何罪恶问题都不存在。

在莱布尼茨的秘传哲学里，有一个关于他的学说的解释，说明了一些显得牵强或玄虚的观点。如果在一开始人们就听说了这个解释，那么他们就更难接受他的那些流俗观点了。公元1901年或1903年出版的由路易·库图拉编成的两部文集，成了我们了解莱布尼茨秘传哲学而必须依据的原稿。然而，在莱布尼茨死后的近两个世纪里，却没有人建议把它们印出来。

在莱布尼茨的哲学中，从"主语和谓语"这个逻辑范畴生成的"实体"概念是个基本概念。有些词语既是主语又是谓语，另外一些词语只能是主语（或与之相关的一个项），人们认为这是指实体。只要不被神毁灭，实体就永远存在。

莱布尼茨坚信，逻辑在本门范畴内和被当作形而上学的基础时都很重要。如果当初他发表了有关数理逻辑的研究成果,那么他会成为这门学科的鼻祖,让它提前一个多世纪问世。但是,由于他怀疑亚里士多德的三段论学说的一些成果是错误的,也由于他不敢相信他崇拜的亚里士多德会出错,所以他就以为是他错了,也就没有发表他的成果。不过,他还是希望能发现一种普遍化的"万能数术"以代替思考。

莱布尼茨哲学的基础是矛盾律和充足理由律这两个逻辑前提。矛盾律说,分析命题都是真命题。莱布尼茨秘传体系里的充足理由律说,真命题都是分析命题。他还论证说,又由于实体的各个主语发生的事都是它的概念的一部分,所以实体之间不起作用,这是永久决定了的。

对人类而言,经验和逻辑认识到的两种真理有两方面的区别:一是,如果存在亚当其人,我们可以由概念推知亚当的遭遇,也可以由经验发现他的存在;二是,所有单个实体的概念都极尽复杂之能事,只有神能做分析,因为对神而言,这些区别都不存在。所以,即使人类很无知,也不能完全逃脱决定论。

在很多场合下,莱布尼茨把创造世界视为神行使意志的自由行为。这样说来,必须通过神的善良才能决定现实存在什么,促使神创造可能的最好世界的也是神的善良。除此之外,再没有任何理由证明为什么有的事物存在而有的事物不存在。在莱布尼茨未公开的手稿里,他对此又有不同的见解。按照这个意见所言,尽管不是所有可能的事物都能够存在,但它们都在为存在而奋斗。

在莱布尼茨眼里,指存在量的似乎是"形而上学的完善性"这一词语。他认为,这代表的不过是严格意义下的实际的大小。他否定真空,因为他认为神尽可能多地创造了事物。莱布尼茨有一个普遍信念,即存在胜过不存在,还有人据此教育孩子孝敬父母。他还认为,神的善良的一部分表现,是尽一切可能创造一个丰富的宇宙。这是莱布尼茨的一个很显而易见的观点，从这一点出发，可以得出是最大的"共可能者集团"构成了这个现实世界。因此，一个很伟大的逻辑学家完全可以只从逻辑出发而断定某个实体是否存在。这还是不难办到。

莱布尼茨未公开的思想体系可以反映出，他是哲学家利用逻辑解决形而上学问题的一个实例。与斯宾诺莎、黑格尔相比，莱布尼茨在依据构句法对现实世界做出推论方面显得更清楚明白。我不愿武断地对语言能否对非语言的事实做出正确推论进行表态，但至少在莱布尼茨和先验哲学家们的著作里，是不能对这一观点做出正确推论的，他们的推论都是在有缺陷的逻辑基础上做出的。

过去的这类哲学家都假定主语、谓语式逻辑，要么忽视"关系"的存在，要么用错误的论证证明不存在"关系"。到了莱布尼茨，又融合进了多元论，但由于一些多元论的命题不属于主语、谓语形式，这就构成了一个极特殊的矛盾。要避免这个矛盾，就要像一元论者一样，相信一切命题都属于主语、谓语这种形式。但莱布尼茨对动力学感兴趣，他排斥一元论。

莱布尼茨枯燥的文笔把德国哲学也影响得迂腐而乏味。在康德《纯粹理性批判》一书出版之前，莱布尼茨的学生用沉闷的学究思想称霸着德国的大学，幸而在德国以外莱布尼茨的哲学思想没有大的影响。然而，在现在看来，莱布尼茨时代比以前的任何时代都更伟大，这一点体现在数学、数理逻辑、哲学和物理学等多个领域。

第十二章　自由主义哲学

自由主义在政治和哲学领域的兴起，为研究"政治社会对有创新见解的思想家的观点有何种影响"这个问题提供了材料。一方面，相比于实际事务，更熟悉书本知识的绅士们总是对哲学家的影响估计过高。实际上，哲学家只是碰巧主张了政党肯定要做的事，才赢得了这份对政治社会的"影响"。但是，在另一方面又出现了新的错误，即理论家几乎是对社会发展没任何影响的被动产物。以我之见，真理应该在这两个极端中间。但我不准备在这个抽象的问题上浪费精力。我要先从历史的角度考察从17世纪末到现在，自由主义及其支派的发展。

带有明显特征的初期自由主义是英国和荷兰的产物，它属于天主教派的新教，维护宗教宽容，认为宗教战争是愚蠢的；它支持商贸和实业，进而倾向于支持正在崛起的中产阶级；它尤其尊重凭劳动获得财产的权利；它赞成"至少在起始阶段，一切社会都有选择政体的权利"。显然，经财产权调剂过的民主主义是初期自由主义的总体趋向。当时的社会有一种模糊的信念，即人人生而平等，后来的不平等是后天环境造成的。基于此，当时的人们很重视后天的教育。在那时，国王或贵族把持着几乎所有的政府，而这些当政者总是不了解（或者是无视）商人们的需求，因此，社会上充斥着反政府的偏见。

初期自由主义乐观而充满生机，但也不缺乏理性和冷静。它代表着一种不断增强的力量，看上去这种力量会很容易获得胜利，而且能用胜利带给人们前所未有的利益。由于中世纪的思想曾被用来认可教会和国王的权力，阻碍科学的发展，因此，但凡是中世纪哲学和政治领域的东西，不论好坏良莠，初期自由主义统统反对，不过，它也反对当时还算是近代的狂热主义。总之，它希望能了结政治和神学领域的斗争。

当时，整个西方世界都充满了开明精神，所有的阶级都蒸蒸日上，最高的愿望似乎也有了实现的保障。然而，这些愿望终究还是导致了法国大革命，拿破仑诞生了，神圣同盟出现了。这一番折腾之后，自由主义需要歇息片刻，才能再次迎来19世纪的复苏。

在详细论述之前，应该先考察一下17世纪至19世纪自由主义运动的大体形式。起初，这些形式很简单，后来就变得极其复杂了。按某些广义的说法，整个运动最显著的特征是个人主义。从我要讲的意义上看，希腊哲学家（指亚里士多德及其前辈）不是个人主义者。亚历山大时代之后，希腊丧失了政治自由，以犬儒派和斯多葛派为代表的个人主义发展了起来。

斯多葛派说，无论在何种社会状况下，人都可以善良地生活。但在中世纪，包括大部分哲学家在内的人的思绪都受教理、法律和风俗的统一体支配，什么是真实的，什么是善良的，都由宗教会议的智慧决定，个人不得通过独立思考决定。后来，基督新教宣称教务总会也有犯错误的可能，此话一出，这个体系便被破坏了，决定善恶真理成为个人的事。不同的人有不同的决定，于是发生了斗争，主教会议里再也找不到神学的定案了。后来，由于双方谁也没有绝对的优势，因此就设法调和这一堆矛盾。初期自由主义就致力于解决这个主要问题。

与此同时，哲学领域也出现了个人主义的身影。笛卡儿"我思故我在"的观点改变了认识的基础，对个人而言，认识的出发点不是整个社会或者他人的存在，而是自己的存在。这种思想上的个人主义或多或少地体现在笛卡儿以来的哲学上。通常来说，思考方式带有个人主义的大多是科学发现者，如果他依据一般公认的真理标准得出新结论，那是因为在他看来，这个结论是正确的。从本质上讲，科学领域里个人与社会的冲突都是暂时的，大致原因在于，科学家们认可的是同样的标准，因此最终总能达成一致。

在与知识和经济有关的问题上，初期的自由主义都是个人主义，但在情感和伦理方面不是这样。

逐渐发展起来的另一个运动成了自由主义的宿敌。在这个运动中，个人主义扩张到了过分热情的地步，无政府主义表现得更明显了。但是，不能人人都当领袖或者英雄，也不能人人都尽情舒展个人的意志；因此，如果采用了这种哲学，势必要出现"英雄"独裁的局面。

洛克的著作是最早的关于自由主义哲学的详尽论述。洛克是近代哲学家里影响最大的一位。在探讨洛克的哲学之前，我们先来回顾一下17世纪英国的一些背景。

从英国内战爆发到克伦威尔自立为"护国主"的过程，在当时来看是空前的。在"普莱德大清洗"之后，国会中的多数议员被克伦威尔改造成了唯命是从的胆小鬼。所以，当他要索性取消国会制度时，据称是"狗也没叫一声"。的确，战争的结果，使人们开始藐视宪政形式，觉得军事力量是最强大的。在克伦威尔生前，英国一直实行军事独裁。

在王政复辟时，国王查理二世发誓再也不参与逃亡了，于是，他被迫接受了某种妥协：不要求征收被国会否决的赋税，颁布《人身保护条例》，被剥夺了任意逮捕臣民的权力。也就是说，查理一世的政敌原本提出的限制王权的要求在王政复辟时代大部分得到了满足。

尽管詹姆斯二世打算和非国教会和解，以便能够藐视国会，但由于他执着地信仰旧教，所以他反倒成了国教会派和非国教会派共同的敌人。为了避免在战时征收必要的税务，斯图亚特王朝的国王们先后对西班牙和法国屈膝媚外。

后来，出于种种原因，几乎每个英国人都想除掉詹姆斯二世，但他们也不想再回到内战的年月和克伦威尔独裁的年月。于是，他们酝酿了一场高难度的革命：为了不让破坏势力得逞，革命必须尽快完成；革命之后，国会的权力必须得到永久巩固；詹姆斯二世退位，改立一个新国王；要保全依赖立法裁决和国会的君主制政体。由于贵族和大企业主团结到了一起，革命在瞬间就完成了。

新国王从他的祖国荷兰带来了商业和神学上的聪明才智。旧教徒和非国教会派虽然依然要接受"信教自由令"的种种限制，但也脱离了实际迫害。英国反对法兰西的政策几乎一直持续到了拿破仑失势。

第十三章　洛克的认识论

英国1688年光荣革命的倡导者约翰·洛克（1632—1704）的大部分著作是在革命之后的几年内发表的，这些著作如实地表达了这次革命的精神。其中，《人类理解论》完稿于光荣革命的前一年（出版于1690年），《论宽容》的三个书简分别发表于1689年、1690年和1692年，《政府论》出版于1689年，《论教育》刊行于1693年。洛克对政治哲学的影响重大而深远，他不仅是认识论中经验主义的奠基者，还是自由主义哲学的鼻祖。

洛克在牛津大学读书时，正是克伦威尔当政时期。当时，牛津大学讲授的仍旧是经院哲学，但是洛克受笛卡儿影响很深，因此憎恨经院哲学和独立教会的狂热。后来，洛克做了沙夫茨伯里勋爵的私人医生，公元1683年随沙夫茨伯里逃往荷兰。光荣革命之后，洛克回到英国，在商业部任职。在1688年光荣革命之前，洛克没有冒险参与政治，而是静心创作了他这一生最重要的著作《人类理解论》。

洛克是最幸运的哲学家，他的祖国的政权由与他政见一致的人掌握，这使得他可以顺利地完成自己的理论哲学著作。经孟德斯鸠发展的洛克政治学说深刻地留在了美国宪法之中，英国和法国的宪法同样也受过他的政治学说的影响。

洛克在18世纪的法国具有极大的感召力，哲学家和稳健派改革家都信奉他。当时，只要是他的观点，不论是否正确，都能应用在实际事物上。贝克莱之后，尽管洛克的二元论在哲学领域已经有些过时了，但还是支配着实验物理学。物理学家们以洛克的观点为假设，取得了丰硕的成果。

全面地看待《人类理解论》，会发现它既有优点又有缺点，但不论是优点还是缺点都很有用，因为只有从理论上看，缺点才能称其为缺点。洛克发表过一些可能会推出奇怪结论的一般原理，不过，每当奇怪的结论要萌芽时，他总是能委婉地避开。既然世界是实际的，那么可靠的原理加上妥当的推论，就不会得出错误的结论。但是，在理论方面，依据一条无限接近于正确的原理，人人可能会产生让我们觉得荒谬的实际结论。因此，人们便有了在哲学中运用常识的理由。

洛克还给整个自由主义运动流传下了"少独断"的精神。显然，这种精神与宗教宽容、议会民主政治、自由放任主义及自由主义的整套准则有关。洛克是一个虚心的人，也是一个热诚的基督教徒，他给声言的启示加上了理性保证。热爱真理被洛克看得极其重要，不过，热爱真理和热爱那些被称为真理的学说不同。在《论同意的程度》一章里，洛克说，给予一个主张多少的同意，应当取决于支持它的概率的多少。

一般说来，洛克蔑视形而上学。当时在形而上学中占统治地位的是"实体"的概念，洛克却认为"实体"没有任何用处。不过，洛克也承认，形而上学中证明存在神的种种证据都是正确的。除此之外，他什么也没有说，似乎承认这一点让他很不自在。

洛克发表新思想时，并不是像其他的哲学家那样，仅仅是重复传统的东西，相反，他是从具体细节着手进行思考的。这样一来，他做哲学工作就好像是在做科学工作一样。

众所周知，洛克堪称经验主义哲学的鼻祖。经验主义认为，除了逻辑学和数学之外的全部科学都是通过经验获得的。洛克《人类理解论》的第一卷就论述了没有天生的观念的原则。洛克认为，人类的所有观念来自感觉作用和对自身心灵活动的知觉。我们不会先于经验获得任何知识，因为不仅我们的思考要借助观念，而且我们也是通过经验获得所有观念的。

洛克认为，可以被称为"走向认识的第一步和第一阶段"的是知觉作用。也许，现代人会觉得这是一个不言自明的真理，但在当时那个时代，对洛克而言，"认识要依赖知觉作用"这种彻底经验主义的观点是带有革命性质的。从柏拉图时代到笛卡儿和莱布尼茨的时代，在这漫长的时期里，几乎所有的哲学家都认为，许多可以被我们人类称为"最宝贵的知识"的东西不是由经验得来的。

《人类理解论》第三卷的《论实体的名称》一章驳斥了经院哲学的本质说。各种东西可能具有的实在本质是它们的物理构造，但是大体说来我们不了解这种构造，但这也确实不是经院哲学家所说的本质。

无论是经验主义还是唯心主义，都面临着同一个问题，这问题就是：我们如何对自身以外的事物和自己的心灵活动产生认识。而且，对这个问题这两个"主义"一直都找不到满意的解答。虽然洛克也解答过这个问题，但是，他的回答也不尽如人意，让人无法接受。因此，我们可以断定，我们不可能知道别人或物质的存在，即使他们确实存在，也不只是我们心里的观念。这么说来，我们在认识论上必定被关在了自身之内，与外界没有接触。洛克据此说，我们有三类知识涉及实在的存在，分别是直觉知识（指关于自身存在的知识）、论证知识（指关于神的存在的知识）和感觉知识（指关于感官事物的知识）。

然而，如果严格遵循经验主义的原则的话，我们怎么可能知道这一点呢？我们的经验察觉到了感觉，但没察觉到产生感觉的原因。即使自发产生了感觉，我们的经验也会是完全一样的。坚信有感觉必然有原因，甚至坚信感觉与原因相似，这也是一种信念吗？如果要公布这种信念，那么它的基础必然是与经验完全没有关系的。

到现在为止，对于创造一种既可信又能解释圆满的哲学这个事业，还没有人声称取得了成功。洛克只做到了可信这一点，而且还是以牺牲一贯性和连续性为代价才做到的，其他很多伟大哲学家的做法与洛克的恰恰相反。众所周知，不能解释圆满的哲学不是正确的哲学，但解释圆满的哲学也可能是彻底错误的哲学。包含明显的自相矛盾是富有成果的各派哲学的一贯缺陷，但也正是因为自相矛盾，才可能取得局部的正确。和洛克的明显有错误和矛盾的哲学体系相比，一个自称能够圆满解释的哲学体系未必包含更多的真理。至少我是这样认为的。

我们可以把洛克一部分的道德原则当它的本身讲，再把另一部分当边沁的前驱讲。在这里，洛克实际为人的道德倾向不是我所说的洛克的道德原则，我这里所说的洛克的道德原则是指他的关于人怎样做事和应当怎样做事这些一般理论。跟边沁一样，洛克也是个具有亲切感情的人，当时，他却认为，在行为上，包括他自己在内的所有人，必定永远会被一种欲望驱使，这种欲望是每个人追求个人幸福或快乐的本能。

某些道德规矩是神制定的，如果能恪守这些规矩，就能进天堂，否则就很有可能下地狱。基于这个原因，要想做个有远虑的追寻快乐的人，就一定要有道德。后来，"罪行是地狱之门"这种说法衰落下去，而要提出一个纯利己的理由，以支持有德生活也很难了。作为自由思想家的边沁把人类的制法者摆到了神的位置上，之后，他又指出，法律和社会制度的任务，是协调公众利益和个人利益，因此，既要允许人们追求个人利益，也要要求他们在追求个人利益的同时承担一些公众利益。然而，比起借助天堂、地狱协调公众利益和个人利益，边沁的主张明显不够好。

相比于将来的快乐，我们更重视现在的快乐；同样，相比于遥远的将来的快乐，我们更重视最近的将来的快乐。洛克也承认，即使是最虔诚的信徒，也时常犯信条上规定的将来要入地狱的罪行。还有一些人迟迟不去看牙科大夫，假如他们是在合理地追求快乐，那么他们就不应该拖这么久。由此可见，即使我们的动机是追求快乐或避免痛苦，那样也不能忽略这样的考虑：按照快乐或痛苦的远近程度划分，远处的快乐的魅力会因遥远而减小，远处的痛苦的恐怖也会因为遥远而减小。

按照洛克的意见，就长远而言，自我利益和全体利益是一致的，因此，人应该尽可能地以自己的长远利益为指南。换句话说就是，人可以没有近忧，但一定应该有远虑。由于一切失德都是失于远虑，因此唯一需要继续倡导的美德就是远虑。自由主义的一个特色就是强调远虑，众所周知，有远虑的人能很容易发家致富，没有远虑的人只能固守贫穷；因此，强调远虑和资本主义的兴盛有一定关系。自由主义的另一个特色是有关协调公私利益这一信念的，洛克认为，在它所具有的神学基础崩溃之后，这种特色和信仰仍然存在了很长一段时间。

洛克认为，追求幸福的必要性和控制我们的激情是自由的依靠。他的依据是：在短时间内，公私利益不一定能一致，但长期来看是一致的。因此，如果社会上的公民都是虔诚而有远虑的，那么即使很早地给予他们自由，他们也会按照公众利益的要求做事。能这样的话，人间法律就没有存在的理由了，因为这样已经够好了。因为虔诚、有远虑和自由，人们会放弃任何阴谋，渴望过善良的生活。只有在虔诚、有远虑的情况下，法才可能完全实现自由。

遗憾的是，洛克没有充分发挥这些想法，尽管他一再重复道德可以论证，他的伦理学也不能给它提供辩护。在将远虑视为唯一美德的学说体系里，抛开它有某种使人反感的地方不说，反对它还包括一些非感情方面的理由。

在几乎所有的哲学家的伦理学体系中，他们首先创立的都是错误的学说，即使假设这一学说是正确的都不可能。洛克就是这种类型里的一个实例。

第十四章　洛克的政治哲学

一、世袭主义

在1688年光荣革命之后的第一年、第二年里，洛克先后发表了他的两篇题为《政府论》的文章。

第一篇文章主要是对"世袭权力说"的批评。当时，有位名叫罗伯特·费尔默的爵士写了一本名为《先祖论》的书。在这本书里，这位拥护王权神授说的爵士表示，依照宪法，国会上院的职责只是给国王进言，而下院的职责更是小得可以忽略不计。他认为，由于法律都是按国王的意志发布的，因此法律只能由国王一个人制定。他还说，国王不应受任何人的管制和束缚，甚至他自己也不能干涉自己的行为。

有两大原因导致了英国王权神授说的失败：一是教派繁多，二是国王、贵族和资产阶级上层人士之间的权力斗争愈演愈烈。玛丽女王和詹姆斯二世竭尽全力想把英国拉到支持罗马的队伍当中，而内战的胜利者则竭尽全力想把英国拉到日内瓦的队伍里去,但是他们都被英国国教会战胜了。公元1688年之后,英国国教会的势力已经到了稳如泰山的地步。不过,危险的是,反对教会的非国教派信徒还没有彻底销声匿迹,不仅如此,他们还一个个朝气蓬勃,在银行家和富商的领导下,势力不断增强。

国王不但是英国教会的首脑,也是苏格兰教会的首脑,因此他具有奇特的神学立场。在英格兰他要支持国教而排斥加尔文派,在苏格兰则恰好相反。这也许会让他的精神出现混乱。斯图亚特王朝的国王普遍信仰正统宗教,因此,让他抱这种正反两面的神学立场太困难了。对他而言,在苏格兰比在英格兰更令人头疼。然而,公元1688年之后,为了获得政治上的利益,国王只得对同时信仰两种宗教之事表示默许。这样一来,他就很难被人们神化了。

在不同的时代,根据不同利益的需要,国王、贵族和资产阶级之间曾结成同盟互相斗争。在爱德华四世和路易十一时代,国王联合资产阶级打压贵族。到了路易十四时代,国王又联合贵族排挤资产阶级。到了公元1688年,国王又遭到了贵族和资产阶级的联合反对。在这个三角关系中,国王是特殊的一环,不管和谁联合,他都能取得胜利,否则他必将被打倒。其实,这样说更准确一些:联合一方总能获胜,而单打独斗一方必然失败。

洛克在说理方面很有优势。他表示,在教育儿女方面,母亲的权利和父亲的权利是相等的。他认为长子继承法是不公平的,可是如果要以世袭作为君主制的基础,长子继承法就是必须的了。费尔默主张说,从某种实际意义上说,君主们是亚当的继承人。这种主张简直是无知可笑的,洛克嘲弄说:亚当只能有一个继承人,可是世界上有这么多人,谁知道这个继承是哪个呢?

在政治领域,世袭主义几乎已经是泡影了,一些对建立世袭王朝没有兴趣的统治者取代了他们的地位。现在，除了英国，贵族阶级在欧洲其他国家都已经没有了特权。即使在英国，所谓的贵族特权，也只是一种历史性的形式了。

世界上的大多数国家最近才发生了这一系列变化。究其原因，居然和独裁制的卷土重来有关。这也不是没有可能，这一系列变化清空了传统的权力体制，而成功实行民主体制的条件还没有完全成熟，独裁制就趁势抬头了。

除了国家，一些经济组织也发生了这种情况，比如美国的大公司就是如此。那些大公司拥有和政府几乎相等的权力，至少在美国，珍珠港事件之前他们有这样的权力。有一点让人很奇怪，在政治上，民主国家容不下世袭主义，但在经济上并不在意任何世袭主义。也就是说，虽然在政治权力上我们反对世袭主义，但在经济权力上承袭了世袭主义。尽管奇怪，但是人们都能理解和接受，因为儿女继承父母的财产是天经地义的。就这样，政治王朝消失了，经济王朝却一代代传了下去。

如果想知道人们为什么会相信费尔默的理论，就要理解以下的道理：土地所有人拥有很多重要的权力，其中之一就是决定谁可以使用这片土地。土地的所有权可以世袭，人们会认为，世袭得到土地的人，就有了要求获得法律容许的一切特权的资格，但是他的地位其实跟费尔默为自己的要求而为国王的地位辩护一样。

二、自然状态与自然法

在第二篇《政府论》的开篇，洛克就提出了他认为的统治权的根源。他先假设说，在社会上出现政治权力之前，有一个"自然状态"。在这个状态里，有一种"自然法"。这个自然法系并不是人类的立法者创立的，而是由神的命令组成的。

至于自然状态到底有几成是真的，几成是洛克想象出来的，就不得而知了。在洛克看来这只是一个说明性的假说，这个问题实际上是无解的。但是我发现他好像每次都把这个状态确立为实际出现过的一个时代。在这个状态里，民主政治由社会契约设立，人类借助这个契约脱离了自然状态。就连洛克自己也或多或少地把这个假设当成了事实。

人们认为，整个中世纪的自然法都谴责有息借贷。教会当时的产业几乎都是地产，而土地所有人都是借债人。但是新教一旦兴起，援助新教的主要是富裕的中产阶级。这些富裕的中产阶级就是放债人。因此，加尔文、别的新教派、天主教会都先后认可了有息借贷这种行为。这样一来，自然法也有了另一种理解，但是谁都相信确实存在自然法。

除了自然状态和自然法，洛克的政治学说里再也没有新颖的玩意儿了。在这点上，洛克和凭思想博得名声的人很相似。一般说来，最先想出新颖见解的人往往走在时代的最前列，这样导致的结果是别人都以为他是无知的，他就这样默默无闻了，然后被人忘记。后来，人们逐渐接受了他当初的见解，在这个时候再次发表那个见解的人便获得了全部的功劳。

在自然状态的提法方面，洛克没有霍布斯有创见。在霍布斯看来，自然状态是这样一种状态：里面有人对人的战争，而且人的一生是险恶、卑贱和短暂的。霍布斯被认为是无神论者，但洛克接受的自然状态和自然法有神学根据。

大多数人处于自然状态时，仍然会有几个人不愿意依照自然法生活，于是自然法在一定范围内包括打击犯罪的条款。根据洛克的说法，在自然状态下，人们都有权保卫自身安全和财产安全。当有小偷偷东西时，可以把他杀死，这个权利在出现政治制度之后也存在。当然，在出现政治制度的社会，如果小偷逃跑了，就必须通过法律手段才能惩罚他。

其实，洛克提出的自然状态有一个重大的漏洞：在这种状态下，人只有依靠自己才能保障自己的权利，所以每个人都是自己的法官。政治是补救这个漏洞的唯一手段，但政治并不是自然法的手段。根据洛克的意见，要想脱离自然状态，必须创立政府的契约才行。然而，并不是任何契约都可以结束自然状态，只有组成一个政治统一体的契约才有这个作用。

这套自然状态和自然法学说，在某种意义上说是清楚明白的，但在另一个意义上就有些不知所云了。洛克的想法很容易明白，但他为什么会有这种想法就不好明白了。我们已经知道，功利主义的伦理学就是洛克的伦理学，但是当他探讨权力时，却没有提出功利主义的意见。这样的情况在法学家的法律哲学中有很多。

一般来说，人们对自己的财产有法权，但是如果有个人拥有很多海洛因，而有人偷了他的海洛因，那么他就没有权利惩罚那个小偷。因为海洛因是违禁物品，他犯法在前。但是立法者总要决定创立何种法权，于是就依赖自然权力的概念，把这种权力作为应该受到法律保护的权力。

正像洛克所说，在国家关系上，自然法同样适用。只要还没有任何国际政府，那么类似"在什么情况下打仗是正当的"这类问题，就不是法学上的问题了，而是伦理学上的问题。

道德规范是独立在法规之外的，因此也可以把自然法视为等同于道德规范的东西。如果说好的法律和坏的法律之间一定要有区别，那么就是道德规范的区别了。神已经制定了道德规范（《圣经》里有），因此，这个问题对洛克而言就没有任何难度了。但是一旦去掉道德规范这个神学根据，难度就很大了。不过，只要承认在道德上正当行为与违法行为有区别，那么，就可以得出这样的结论：在没有政府的社会里，哪种行为在道德上算正当，哪种行为在道德上算违法，都由自然法决定。在可能范围内，任何法律条文都应该以自然法为准。

从绝对形式的层面上讲，"人有任何人都不能剥夺的某种权利"的说法与功利主义自相矛盾。不过，为了让自然法学说成为适当的法律依据，它不必在所有可能的情况下都保持正确，只要在大多数情况下保持正确就足够了。同样，从功利主义的角度看，也许有必要给每个人都保留一定的自由范围。如果真能这样，即使人权有例外情况，也不影响人权说作为相应的法律根据。功利主义者不能总是指责人权说违背了伦理学，而是要从实际效果出发分析看待人权说。

三、社会契约

关于政府起源的理论在17世纪的政治思想中主要有两类：一类是以费尔默为代表的理论，另一类是以洛克为代表的理论。

以洛克为代表的理论认为，民主政治是契约的结果，是纯现世的事物，不是由神权确立的。有的哲学家把社会契约看成是历史事实，有的则看成是法律条文；但是，对他们而言，更重要的问题是找到统治权力的一个现世起源。然而，遗憾的是，除了一个想象中的契约外，他们再也创造不出任何能取代"王权神授说"的学说。每个人都觉得必须为服从政府一事找出一个依据——当然，意欲谋反者也许能被排除在外。同时，他们也觉得，所谓"对大多数人来说，政治权力是方便的"根本不能成为依据。

在某种意义上，政治必须有一种强迫别人服从的权力，既然不能说那是神的命令，好像只能说是契约规定的了。因此，"契约设立了政治"这个学说得到了几乎所有反对"王权神授说"的人的赞同。

也许，契约论可能会成为一种为专制政治辩解的工具，不过在当时还不存在这样的风险，因为在洛克的契约里，政府是契约的一方，如果不履行契约规定的义务，就有可能被人民推翻。从本质上说，洛克学说或多或少是民主的，但是民主成分受到了"没有财产的人不是公民"这种见解的限制。

洛克说，在自然状态下，每个人都是自己的法官，并由此产生种种不便，政治是补救的手段。但是如果国王是另一个当事人，那么政治也就无能为力了，因为国王既是当事人又是法官。由于这些不便，于是又产生了这样一个规定：政府不能是专制政府，而且司法机构应该独立于行政机构。

洛克说，人生来就有权惩治对他本身或财产造成侵害的人，甚至还可以为此杀人。当人们被迫把这个权利移交给社会或法律时，才会有政治社会。君主专制不算是一种民主政治，因为不存在裁定国王和臣民之间争执的中立威权。实际上，在对臣民的关系上，国王依然处于自然状态。希望一个性格残暴的人因为当了国王就仁慈是不可能的。依据契约，国王的权力决不能越出公益范围的规定。

洛克认为，政府的经费必须由公民负担，但是要经至少半数公民的同意。但为什么有半数人的同意就够了？洛克也说了，必须由个人的同意，政府才有正当理由拿走公民财产中的任何部分。

即使在过去的某个时代，社会契约确实创造了我们所说的那种政府，但总体来说社会契约还是一种虚幻的东西。美国就是一个例子。当初，美国制定宪法时，美国人有权利选择是否同意这项宪法。当时，有些人投票反对，因此他们就不是契约的一方当事人。他们可以选择离开美国，但他们没有离开，结果被视为接受了他们没有同意的契约的约束。但是实际上离开祖国通常是很难的事。

民主主义者认为如果政府代表了半数以上的人，那么它就有权强制少数人服从多数人的利益。这种说法未免太轻率了些。在某个范围内，这么说没有错，因为强制是政治不可或缺的因素。但是如果过分强调多数派的利益，它也会成为和"王权神授说"同样残暴的东西。在《论宽容》一文中，洛克主张，信仰神的人不该由于宗教见解而被治罪。

进化论以前的说法是契约创立了政治学说，然而政治也是逐渐发展的。人们在没有研究人类学之前，完全不知道政治萌芽里所涉及的各种心理过程，也不知道各种古怪的理由，尽管这些理由曾经促使人们接受后来才发现有好处的风俗制度。但是，社会契约说给政治找的根据也是有道理的。

四、财产

在洛克的著作中，不仅有预示高度资本主义的论调，也有比较隐晦地预示社会主义的论调。这两种论调就这样矛盾地并存在洛克的哲学体系内。

洛克认为，人们对自己劳动所得的产品拥有所有权，至少是应该拥有这种权力。在工业生产早期，应该说，这种说法还不够现实，但到了后来就越来越具有现实意义了。在当时的工业生产中，这种权力主要体现在拥有自己的生产工具、销售手工艺品方面。在农业生产中，洛克学派宣称小自耕农制度是最好的制度。

在这一点上，洛克学派似乎显得很随意，并不理会欧洲其他国家的态度。事实是，如果不经过革命和流血，这种制度根本不可能实现。原因很简单，虽然在农田里劳作的是农民，但农田的所有权几乎都在贵族的手里，农民们劳作一年的绝大多数收获都变为地租交给了贵族。在当时的英国、法国和意大利，都是这种情况。在东方的俄国和普鲁士，农田里都是为地主干活的农奴，没有一点权利，甚至连西方的农民都不如。

然而，幸运的是，这些陈旧的制度后来都结束了。在法国是因为大革命而结束，在意大利北部和德意志西部是因为法国革命军的入侵而结束。东方的俄国在克里米亚战争失败后，就放弃了农奴制度，而普鲁士在被拿破仑打败后也废止了农奴制度，但俄国和普鲁士的贵族还算保住了地产。然而，东普鲁士的农奴制度虽然受到纳粹的严格管理，但还是保留至今。

伦理层面和经济层面是劳动价值说的两个方面。也就是说，所谓劳动价值说，既可以是产品的价值应该与耗费的劳动成正比，也可以是耗费的劳动多少决定着它价格的高低。洛克认为，第二种说法只是大致正确。洛克认为劳动让事物有了价值差异，比如土地，若是没有耕种，那土地就是毫无价值的。他似乎没有想过，只要有人在土地上劳动，即使没有实际的行动，也可以获得价值。可以举个例子来说明：假如有人在属于你的一块荒地上发现了石油，虽然你从来没有为这片土地耗费任何劳动，你一样可以将它以高价卖给别人。但在洛克生活的那个时代，人们都没有想过这种情况，只想到了农业生产，洛克也是这样。洛克学派提倡的"小自耕农制"一旦遭遇到这种需要大规模开矿的情况，就完全不适用了，因为开采矿石需要工业设备和大量工人。

通常来说，倡导劳动价值说是出于对某个被看成掠夺阶级的敌意。历史上经院哲学家只要一提倡劳动价值说，不用说，就是用来反对犹太高利贷者的；李嘉图提倡劳动价值说，反对的是地主；马克思主张劳动价值说，反对的是资本家。然而，奇怪的是，尽管洛克似乎不反对任何阶级，但他还是在一种真空中提倡这种学说。如果真要说洛克反对谁，那他似乎只反对君主一个人，但这与劳动价值说没有任何关系。

贵金属的不被腐蚀性被洛克看得很重。他认为，货币的来源是贵金属，同样，财产分配不均的来源也是贵金属。在这时，他似乎以一种空想的学究精神感叹经济的不平等，但是，在他看来，无论采取何种措施防止经济的不平等都不是明智的。也许，在这个问题上，他和当时的所有人一样，认为富人应该给文学、艺术的创造者带来利益。现代的美国人也有这种观念，因为富人支持着美国的科学和艺术事业。然而，我们必须承认，在一定程度上，社会不公推进了文明的发展。

五、制约与均衡说

表现在政治领域的自由主义的特色，就是立法、行政和司法三种职权的分离。洛克认为，为了防止滥用权力，立法机构和行政机构必须分离。在这里，立法机构指的是国会，行政机构指的是国王。在洛克的主张里，除了能被社会罢免以外，立法机构的地位凌驾于行政机构和司法机构之上。可是，等立法机构和行政机构真的分离了，那么，如果它们之间起了冲突又该怎么办呢？洛克回答道：如果行政机构违规召集立法机构的官员，就代表着它向全体人民宣战，人民就有权罢免行政机构。

毫无疑问，洛克的主张透露出这样一种信息：在当时，正直的人都知道什么是公正合法的，一旦出现了纠纷，每一个人都会按照公共利益的要求，依据法律解决纠纷。但是，在事实上，如果这种纠纷足够大或足够严重，往往是靠真正掌握的实力（很多时候是军事实力）解决的，正义和法律反倒没有用处了。洛克也承认这种事实，但他似乎也没有拿出具有可行性的应对之策。

总体来说，包括洛克在内的任何划分政治权力的学说总离不了这类见解。如果划分政治权力的学说真的体现在了宪法里，那么，要想不打内战，唯一的办法就是有一方妥协。宪法之所以没有体现妥协的结论，是因为妥协是人的本性，文字体现不了。

美国是把洛克的分权主义应用得最充分的国家。美国的行政机构总统和立法机构国会彼此是真正完全独立的，而作为司法机构的最高法院又独立于总统和国会之外。尽管看上去最高法院与国会之间也是独立的，但在无形之中，最高法院似乎是作为国会的一个分支存在的。这也有其合理之处，只要最高法院不认为是法律的，它就不是法律。从名义上看，最高法院只有对法律的解释权，但实际上解释权才是更大的权力。这样的话，那些想当然的"法律"受到的指责就少了。

在工业革命之前，洛克的政治哲学在国家中基本上都很适用。但是，在工业革命之后，它就基本上不适用了，主要表现在越来越无法处理各种重大纠纷。仅就国家而言，各种必要的职权都增强了，国家主义出现了。而反过来，国家主义又造成了经济权力和政治权力的联合甚至融合，这时适用的主要竞争手段变成了战争。更重要的是，这个时候的个人已经没有洛克赋予的那些权利和正义感了。

现在这个时代最明显的特点就是组织化，冲突的双方也变成了组织。正如洛克所说，国家与国家之间还存在着自然状态。要想享受在政治方面可以得到的恩惠，就要先建立一个新的国家与国家之间的社会契约。一旦建立了这样的社会契约，虽然洛克政治哲学中关于私有财产的那部分不能适用了，但有些部分还能再次沿用。

第十五章　洛克对后世的影响

洛克时代以来的欧洲主要有两类哲学：第一类是洛克的观点和方法，第二类先后是笛卡儿和康德的观点和方法。尽管康德认为他综合了笛卡儿和洛克的哲学，但从历史的观点来看，康德只继承了笛卡儿一派的传统。若论继承了洛克一派传统的，应该是贝克莱、休谟和法国哲学界的非卢梭派，此外还有边沁、哲学激进者和马克思一派。

在18世纪，法国的知识分子正在和老朽腐败的君主专制做斗争，在他们看来，自由的故乡是英国，因此，他们对洛克的政治学说怀有好感。由于休谟曾经在法国生活过，认识一些法国的知识名流，因此，在法国大革命到来之前，休谟通过他的个人影响，增强了洛克政治学说在法国的影响。

在法国大革命之前，包括贝克莱、休谟在内的信奉洛克哲学的英国人对洛克的政治学说并无兴趣，因为当时的英国政局平稳，哲学家不必操心政治。然而，法国大革命改变了这一切。不过，起初占主导地位的依然是纯哲学中的传统思想。直到公元1781年康德发表《纯粹理性批判》，新的经验主义方法才逐渐压倒老的哲学传统。不过，好景并不算好，也不算长。首先，新的经验主义方法没有在德国盛行过；其次，公元1792年以后，它变成了法国大革命期间发生的种种恐怖事件的替罪羊。

这种种迹象表明，康德一派的观点和方法在这一时期占有优势。康德不仅是自由主义者，同时还是民主主义者和和平主义者。这里着重讲一下自由主义。卢梭和康德之后，自由主义分别被人们称作"冷头脑"和"柔心肠"两派。其中，"冷头脑"派最终按照逻辑的阶段发展到了斯大林；而"柔心肠"派同样也按照另一些逻辑的阶段，最终发展到了希特勒。的确，这个过于概括的说法不够准确。

黑格尔辩证法的性质一直贯穿在思想的演进阶段，这种表现是：通过一些看上去很自然的步骤，各种学术发展成了相互对立的一面。而且，这种朝着对立面的发展不是出自思想的内在活动，而是被外界状况和人的情感反映左右。在美国，自由主义思想没有经过这个发展阶段，所以至今还保持着洛克思想的影子。

现在，我们来考察一下哲学上的大陆派和英国派的不同点。首先，比起大陆哲学来，英国哲学带有明显的片段性，即在认可了某个一般原理后，就立即开始检验和证明它的应用性。通过广泛地观察大量事实，洛克（也许是休谟）得出了一个结论，这个结论与莱布尼茨在针尖似的逻辑原则上建造金字塔似的大厦不同，洛克的"金字塔"建在通过观察得到的事实的基础之上，而且塔尖还是朝上的，比莱布尼茨的大厦平衡稳定得多，即使个别地方出现了裂口也不至于彻底倒塌。康德看到了经验主义的这些优点，并有意吸收。不过，在此后的漫长岁月里，大陆哲学和英国哲学在上述方法上的不同一直都还存在着。

与方法的差异相关联的有很多种差别。首先是形而上学上的。洛克虽然开创了这个哲学方向，但当时的发展并不充分，一直到休谟时代，这种新哲学的发展才日渐完善。休谟否定形而上学，认为下功夫推理形而上学所处理的题目不会有任何发现。以后的经验主义学派都继承了这种见解，而康德一派则抱有相反的见解。

两派在伦理学方面也有区分。首先，洛克认为快乐就是善，而康德一派有比洛克的见解显得更崇高的伦理体系，例如霍布斯和斯宾诺莎就普遍重视权力胜过快乐。总而言之，康德将伦理学摆到了首位，并进而提出了他的形而上学观点。

两派在政治学上的差别通常和伦理学上的差别有连带关系。在发表个人意见时，洛克没有权威主义气派，心态是试探性的，希望通过自由讨论解决任何问题。这导致的结果是，洛克一派最终信仰了逐步的渐进式改革。在政治见解方面，他们是试探和尝试性的，主张就事论事。而康德一派则号召追求大目标，崇尚暴力，以爱好和平为耻。

抱有功利主义伦理观的人通常视战争为蠢事，洛克学派反对战争，相反地，康德一派大多赞赏战争。在19世纪时，由于不满于战争妨碍贸易，抱有自私自利动机的资本家和洛克学派走得比较近。不过，这并不能说明资本家的态度是坚决反对战争的，事实是，他们对战争的态度一向飘忽不定。18世纪时，资本家支持了英国的大部分战争，因为这些战争可以赚钱。然而，到了19世纪初，资本家又反对战争了。不过，总体来讲，资本家是厌战的。

与自私自利的动机相比，贬斥它的人抱有的动机往往比它更坏。大体上说，倡导开明自利的洛克学派与斥责他们的学派相比，在提升人类幸福方面的贡献大过扩大人类灾难方面的作用。时至今日，我依然没有忘记工业社会初期的那些惨事，好在它在制度之内得到了缓解。如果拿俄国农奴制、战争的危害和蒙昧主义与这些惨事相比的话，我认为这些惨事并不惨。

第十六章　贝克莱

爱尔兰人乔治·贝克莱（1685—1753）由于持"物质并不存在"的主张而在哲学界获得了重要的地位。早在22岁时，贝克莱就做了都柏林大学的特别研究员。后来，他怀揣在百慕大群岛建立一所学院的梦想前往美国，却没有成功。在罗德艾兰住了三年之后，他离开美国回到欧洲。在美国期间，他写下了著名的诗句"帝国的路线取道西方"，就因为这一句诗，加利福尼亚州以他的名字命名了一座城市。公元1734年，他担任了克罗因的主教。晚年时，他放弃研究哲学，转而研究他认为有种种神奇药性的焦油水。

与其他哲学家不同的是，他最优秀的著作都是在很年轻的时候写的：写《视觉新论》时，他24岁；写《人类认识原理》时，他25岁；写《海拉斯和斐洛诺斯的对话》时，他28岁。从这以后，他的著作就不是特别重要了。

在《海拉斯和斐洛诺斯的对话》里，他发表了令他声名远播的否定物质存在的观点。他以为他是在证明一切实在都是属于心的，其实他所证明的也就是我们感知的是种种性质，不是东西。性质是相对于感知者而言的。

贝克莱的观点主要分为两个方面。第一个方面的主题说，我们只是感知到了颜色、声音等性质，并没有感知到物质实体；第二个方面的主题说，所有感知到的都属于心（或在心中）。贝克莱关于第一个方面的说理完全可以说服任何人，但第二个方面的说理就有些毛病了，因为"属于心"的说法没有任何定义。贝克莱之所以提出这样的观点，主要是因为他以为所有事物必定是物质或心灵的。在哲学领域，这是一种习以为常的见解。

贝克莱说，我们感知到的只是物质的性质，并不是物质的实体，而且，我们也没有认定"常识认为属于同一个东西的各种性质，一定是在一个与它们都有区别的实体里"这一说法的理由。这时，我们就完全可以接受他的观点。但是我们的接受只是瞬间的、短暂的，因为他后面的观点就要出现毛病了。接下来，贝克莱又说，所有感知到的性质都是属于心（或在心中）的，与前一种观点相比，这个观点是不同的种类，而且确定性也降低了。这里提到的观点，一部分要证明逻辑必然性，另一部分要比较经验性。

贝克莱的著作《海拉斯和斐洛诺斯的对话》里，涉及一个谬论，与下面的这个例子类似。众所周知，没有舅舅就没有外甥。假如甲是外甥，那么按照"没有舅舅就没有外甥"的逻辑关系，甲必然有舅舅。如果已知甲是外甥，那么他有舅舅就是逻辑必然的，但是，分析甲可能知道的任何事情都推不出这种逻辑必然性。这样一来，某物如果是感觉的对象，那么必然有一个心和它产生关系，但并不能由此推断出，这个物品如果不是感觉的对象就不会存在。

这是一个很常见的谬论。我们可以用由经验得来的概念组成一些关于种类的命题，不过种类里的分子可能是没有被经验发现的。如果"必"是指逻辑必然性，那么只有甲"必"是可感对象，贝克莱的这个观点才成立。对于"除了甲的可感觉性之外的其他性质能推出甲是可感觉的"这一问题，这个观点并不能对其加以证明。同样，这个观点也不能证明"本质上与我们所见的颜色区分不开的颜色不能因没有被发现而存在"这个问题，根据视觉方面的经验性理由，我们完全可以相信不存在这种颜色。因此，在逻辑上，我们没有理由说"没有眼睛和头脑就不存在颜色"。

根据贝克莱经验论据的说法，将逻辑论据和经验论据合到一起就表示有弱点，显然，如果前者能成立，后者就没有存在的必要了。举个例子，我认为正方形不是圆形，那么我不必举出所有城市的正方形广场都不是圆的这个事实。然而，现在还是有必要按照经验论据的是非考察一下经验论据，因为我们已经否定了逻辑论据。

第一个经验论据很奇怪。这个经验论据说，最强烈的热是很大的痛苦，我们也不能想象没有知觉的东西会感受到痛苦或快乐，因此热不在对象之中。在这里，"痛苦"一词有两层意思，它首先可以是某个感觉的痛苦性质，其次可以是具有前述性质的痛苦感觉。举个例子，说"一条折断的腿很痛"时，与这条腿在心中的意思无关。同样，也许是热引起了痛苦，因此，说"热是痛苦时"，指的大概也是这个意思。这样就可以发现贝克莱这种论据的愚蠢了。

从严格意义上说，恐怕关于把手放进温水的提议只能证明，在此时感知到的是较冷或较热，并不是极冷或极热，而且也不能证明这些感知是主观的。同样，在提到味道时，贝克莱说，甜和苦都是属于心的感知，快乐是甜，痛苦是苦。此外，他还多次主张说，在健康时感知到是甜的东西，在生病时也许就觉得是苦的了。众所周知，气味只有快感和不快两种，因此在提到气味时，贝克莱认为，气味不能存在于有知觉的任何实体中。不论提到什么，贝克莱都假设说，任何东西都不能既是心灵的又是物质的，因此，如果不是物质固有的东西，就一定是心灵固有的东西，反之亦然。

以记忆为代表的整整一类与习惯有关系的作用，在某种程度上可以说是心灵特有的现象。举例来说，被火烧过的孩子怕火，但不怕点火铲子。生理学家认为，他们没有必要违背物理主义的解释，于是，他们把和习惯类似的事情都视为神经组织。按物理主义的解释，被感知到是指某个事件有某种作用。按这个说法，似乎也可以这样说：河道感知到了冲击它的水流。或者说：河道是对以往奔流的河水的记忆。如果用物理主义的说法解释，即使是静止的物体，也一样有习惯和记忆。在有习惯和记忆这一点上，活动的物体和静止的物体的差异只存在于感知程度上。

在认识论里，贝克莱的做法和大多数哲学家的做法一样，是从支持我们信仰科学的任何知识出发的，并不是从已完成的科学出发的。这样的话，我们就不必急于提前给知觉对象下定义，而要面临"我们能否从自己的知觉对象里推断出其他事件"这个问题。

和黑格尔及其后继者一样，贝克莱也认为"只能存在心和精神上的事件"这一命题是可以得到轻松证明的，只不过黑格尔及其后继者依据的是别的方面的理由，而贝克莱依据的是逻辑方面的理由。但是，我的意见是：这是一个根本性的错误（贝克莱、黑格尔及其后继者都犯了这个错误）。有这样一个命题：过去有过一个时代，那时，这个星球上还不存在生命。我要说明的是，这个命题的真假都无所谓，因为它就如同"世间存在着永远没有人算过的乘法算式"这个命题一样，不能根据逻辑理由驳倒它。被察觉就是成为知觉对象，但这只是说事件具有某种作用。同样，从逻辑上看，没有理由断定所有事件都有这个作用。

除此之外的另一个观点虽然没能确定唯心论为一种形而上学，但如果被证实是正确的话，它则可以把唯心论视为实践的方针立即确定下来。一般认为，不具有意义的命题也是无法验证的。众所周知，知觉对象是验证命题的依据，因此，可以得出这样的结论：除了现实的知觉对象或可能有的知觉对象之外，其他任何命题都是不具备意义的。依我之见，如果严格解释这个结论的话，就会发现，这个结论否定我们没有亲眼见到的任何事物。如果我的这个理解没有出错，我还可以肯定，在具体实践中，没有哪位哲学家愿意持有这样一个结论。对一个依据实际理由得出的结论而言，这是一个很严重的缺陷。我知道，关于验证（当然也包括验证和认识之间的关系）的任何问题都太过复杂和艰难，因此我就暂且不自找麻烦了。

因果性是先验的，而且，不管是何种规律，只要是能够通过观察得到，那就一定是和知觉对象联系在一起的。这样说来的话，可以通过知觉对象表述出来的物理学定律，好像都是可以被证明的。也许，这个表述不仅复杂古怪，还缺乏物理定律应该有的连续性（连续性是至今仍被人们认为是物理定律该有的特征）。

排除实体以后，种种事件所构成的某种集团或结构一定是"心"，划分这类集团的过程，必定是由我们称作心的那类现象所特有的关系完成的。在这里，可以用记忆作典型的关系说明问题。也许我们可以采取简单化的方法，把心的事件定义为进行记忆的事件或被记忆的事件，这样一来，借记忆之力与已知事件联系起来的那些事件的集团，就是某个已知的心的事件所隶属的心。

根据以上定义，我们可以知道，一个心和一块物质各是一个事件集团，但是，我们不能确定说，任何事件都属于某个事件集团，因为没有这样的依据。同样，我们也不能确定说，没有同属于两个集团的事件，因为也没有这样的依据。也就是说，可能某些事件既不属于心也不属于物质，而另一些事件可以既属于心又属于物质。要想给这一点下决断，只有依据详细的经验方面的考察了。

第十七章 休 谟

把洛克和贝克莱的经验主义哲学发展到逻辑终点的大卫·休谟（1711—1776）是一个在哲学家里最重要的人物。休谟最引人注目的成就，是把经验主义哲学研究到了前后一致的程度。这意味着，因为他的努力，经验主义哲学已经成了一种令人难以置信的科学。这意味着，从某种意义上看，他已经走到了路的尽头，在他之后的人已经无法踏着他的足迹继续前进了。

在法国居住时，休谟写成了他的主要哲学著作《人性论》。当时的休谟才20多岁，还很年轻，因此也没有名气。虽然发表了所有学派都不喜欢的观点，但他还是满怀信心地希望引起别人的注意。然而，他失算了，甚至连个抨击他的人都没有。此后，他转而写作散文，很快就出版了一部散文集。公元1744年，他打算在爱丁堡大学谋得教职，也遭遇了失败。这以后，他先后担任了社会上流人士的家庭教师和秘书，借以提高自己的名气。当他有了一定的名声之后，他又投入对哲学的研究之中。有了名气就好办事了。此时，他精简了《人性论》的内容，重新以《人类理智研究》为名出版，结果取得了比《人性论》好得多的成功。公元1763年，休谟访问巴黎，得到了法国哲学界的赏识，而且还结识了卢梭。在休谟看来，认识卢梭也许是天底下最倒霉的事了。起初，他和卢梭很要好，后来，两人发生了矛盾，最后，患有被害妄想症的卢梭提出跟休谟断绝来往。两人最终不欢而散。

《人性论》共三卷，分别讨论理智、情感和道德方面的问题。其中，休谟哲学中最新颖和最重要的观点都集中在第一卷。在这一卷里，休谟首先探讨了印象和观念的区别。休谟认为，印象和观念都是知觉，其中，印象因为带有更多的力量而具有猛烈性，而单纯情况下的观念与印象相似，只是较为模糊。但是复杂情况下的观念就不是这样了，虽然我们没有见过带翅的马，但是想象得出带翅的马，不过，构成这个复杂观念的要素全都来自印象。印象居先的证据出于经验。举例来说，天生的盲人对颜色没有观念。在各种观念里，保持很大程度的原印象的生动性的观念是记忆，其他观念则是想象。

至少就休谟而言，心理学上的缺点比较严重。在休谟的整套理论里，观念被视为印象的仿本，这种见解的弊病是忽略了含混性。否认自我观念非常重要。首先，即便有自我这种东西，我们也从来没有感知到过，因此我们不应该有自我观念。如果大家可以接受这个结论，那就有必要详细加以说明。比方说，没有人能感知到自己的脑子，但在一种重要意义上，人人都有"脑子"这个观念。这个观念是复合观念，具有描述性，不属于逻辑意义上的基础观念，而是知觉的推论。如果休谟所说的所有单纯观念都出自印象是对的，那么事实一定也是这样。

不过，单纯自我[1]未必是不存在的，我们只能说，我们并不知道是否存在单纯自我。除了被视为知觉，自我并不是我们的知识的任何组成部分。如果除去实体的使用，在形而上学方面，这个结论很重要。这个结论另一个很重要的方面是在神学领域，它废除了神学领域关于灵魂的一切假想。此外，在对认识的分析方面，由于指明了主体和客

---

[1] 休谟认为人没有一个独立并单纯的自我，所谓自我是一束知觉经验，这些知觉经验是由稳定一致的属性或因果关系连接或组装起来的。

体并不是基本的东西，因此这个结论也很重要。总而言之，比起贝克莱，休谟在自我这个问题上取得了重大的进步。

《论知识和概率》这一节是整部《人性论》中最重要的部分。休谟在这里所说的概率不是指数理概率论，事实上，在所有专业的意义上，数理概率论本身都不具有概率的性质，它具有的是知识所能具有的有限确定性。靠非论证性推论，由经验得到的不确定的概率才是休谟提到的。这个概率包括我们已知的有关未来的所有知识，还包括没有观察过的关于过去和现在的所有知识。实际上，它包括数学、逻辑和直接观察结果之外的所有知识。

刚开始，休谟先区分出了七种哲学关系，简单来说，这七种哲学关系分别是类似、相反、同一、因果、时间和地点关系、量或数的比率、任一性质的程度。之后，休谟表示，这七种关系又可以进一步分为仅存于观念的关系和能使观念改变的关系两类。这样一来，属于仅存于观念的关系一类的是类似、相反、量或数的比率、任一性质的程度这四种，属于能使观念改变的关系的是因果、时间和地点关系。其中，又只有仅存于观念的关系能提供确定的知识，而其他各种关系的知识都是概率性的。这样说来，只有数学这一学科同时具备这两个条件：能够进行长串推理和有确定性。

我们该如何看待休谟的学说呢？我们知道，休谟的学说分客观和主观两部分。其中，客观部分主张：就甲和乙而言，在断定"因为甲所以乙"时，实际发生的事情是，多次发现二者相连，即甲后面跟着乙，但是我们没有理由断定甲后面一定跟着乙（或将来会跟着乙）。主观部分主张：因为多次发现甲和乙相连，因此"因为对甲有印象，所以对乙有观念"。如果根据客观部分，将甲、乙定义成"因为……所以……"的形式，那么我们就要换一下上文的说法：因为多次发现甲和乙二者相连，而这种相连后面经常跟着这种情况，即关于甲的印象后面跟着关于乙的观念，且这一点又多次被观察到。

尽管我们承认了上述陈述的真实性，但这个陈述未必具有主观部分的那个范围。休谟多次主张说，尽管甲和乙发生了多次相连，但它只是推断两者将来也会相连的原因，由这一情况并不能推断出两者将来一定会相连。不过，如果承认了客观部分，那么过去多次发生相连这个事实并不能成为推断以后还会继续多次发生相连的理由，同样也不能成为类似情况下还会发生新的相连的理由。

其实，休谟在心理方面相信存在着他所指责的那种因果关系。假如我看见了一个苹果，我会断定，如果吃了它，我就能品尝到苹果的味道。然而，根据休谟的说法，我不一定总能品尝到这种味道，因为习惯的规律只能说明存在着我的这种断定，但不是它的根据。可是因果规律里面也包括习惯规律。因此，如果我们对休谟的观点认真一点，就应该这样说：在过去，虽然我看见苹果就能断定是苹果的味道，但我没有证据证明，当我下一次再看到苹果时还能断定是苹果的味道，也许只能断定是烤肉的味道。也许现在你觉得不一定会这样，但这并不意味着五分钟后你还觉得不一定会这样。如果休谟的客观学说部分是正确的，那么，比之于物理世界，在心理世界我们的推断也没有合理的理由。

我还不打算讨论归纳这个很有困难的大题目，我更情愿这样说：即使我们认可了休谟的前半部分学说，要想否定归纳，还得让关于未来的一切推断都变得合理——我并不是说，也许我们的推断是错误的，但无论如何，我们必须承认这个错误。

主张因果是一种特殊关系的人，都是和休谟意见不合的人。他们认为，既然存在这种关系，就一定还存在先后顺序；但相反就不能成立了，即有了先后顺序未必能有这种关系。笛卡儿派的时钟说认为，尽管两个完全准确的时钟可以始终先后报时，但谁也不是谁报时的原因。一般而言，认可这种意见的人还会有如下的主张：在大多数情况下，虽然我们必须根据事件的经常相连推断因果关系，但在极少数情况下，我们也能感知因果关系。

在我看来，从物理学因果定律的性质，休谟或许可以得到最有力的论据。据说，在科学中，除了不得当作初期阶段的不成熟提法之外，再不会允许出现"因为甲所以乙"这种形式的简单定律。在发达的科学里，复杂的因果定律代替了这种简单定律，而且，很明显的是，这些因果定律都是由已经观察到的自然趋势做出的细密推论，因此没有人认为它产生于知觉。

到此为止，我还没有算上能更进一步验证上述结论的现代量子论。从自然科学的角度看，"因为甲所以乙"这样的说法是不会被认可的，休谟说得对。我们之所以打算认可它，可以从习惯定律和联想定律的角度加以解释。如果按严密的形式来讲，这两个定律本身就是对神经组织的生理、化学和物理原因的最细致解释。

休谟认为，做到把因果关系的证据还原成对事件的屡次相连的经验，还完全不够。因此，他继续主张说，并不能由这样的经验推出将来还有类似连接。举一个并不陌生的例子，在我看见苹果的第一眼，我就能凭借过去的经验推断出它的味道不像烤肉而像苹果。这个推断没有理性的理由。从逻辑上讲，这个原理不是必然的，因为我们还能设想自然进程会有所变化。这样一来，这条原理就应该和概率有关，但是只有先假设这个原理成立，才能有关于概率的讨论。这样说来，这个原理本身是不能被关于概率的讨论证明的，甚至关于概率的所有讨论都不能让它拥有正确的概率。

休谟在研究了我们通常认为的知识以后，得出的最后结果并不是我们希望他得到的那样。"关于在精神学科中导入实验推理方法的探究"是他的著作的副标题，由此副标题可以看出，他在最初进行工作时，抱有这样一个信念：通过科学的方法可以得到全部真理，而且只能得到真理。然而，到了最后，他又坚信这样一个信念：信念并非合理的东西，因为我们一无所知。在提出支持怀疑主义的所有依据以后，他停止了对它们的驳斥，反而幻想通过盲目轻信的天性接受这些依据。

其实，对整个18世纪的重理精神而言，不论休谟哲学是对是错都无所谓了，因为都代表着重理精神的破灭。这样看来，休谟和洛克一样，起初怀有明事理、重经验、不轻信的精神，参与到追求由经验和观察得到的一切知识的潮流中。不过，和洛克相比，休谟有一个很明显的优点，即智力比洛克高，因此分析问题很敏锐。不过，休谟也有显著的缺点，他度量小，即使是无可厚非的矛盾，他也接受不了。这个缺点导致他得到了一个晦气的结论：从经验和观察出发，什么都得不到。

尽管怀疑论是休谟的重要哲学主张，但他也并不总是以此为中心，比如在《人性论》的后半部分，他就把根本怀疑全都忘到了脑后。在这种时候，休谟写出的内容就和当时所有开明的道德家没什么区别了。在自己的怀疑里，他用上了他推崇的"不关心、不留意"的原则。由于休谟不在实践中坚持怀疑主义，因此，从这个意义上说，他抱有的是一种不真诚的怀疑主义。这种怀疑主义产生的一种后果会让人觉得非常尴尬，即让证明一种方针优于其他方针的所有企图统统落空。

否定归纳原理是休谟怀疑论的根据。举个关于因果关系的例子。归纳原理是这样说的：如果一直发现的情况是甲经常伴随乙出现（或者乙跟在甲的后面），在没有发现（或者不知道）甲不经常伴随乙出现（或乙没有跟在甲的后面）的情况时，那么可以确定，在下次遇到甲时，它会伴随乙出现（或者乙跟在甲的后面）。

如果休谟的原理是错误的，那么可以肯定，所有打算通过个别观察总结出普遍规律的做法都是错误的，对经验主义者而言，休谟的怀疑论就是他们无法避让的理论。但是，如果没有利用循环论法，休谟的怀疑论也就推导不了了。休谟在这个限度里证明了科学的充足基础不是纯粹经验主义。不过，一旦承认了这个原理，其他的原理都能在经验这个理论的基础上，按照我们的全部知识推导出来。然而，这是违背纯粹经验主义的。非经验主义者也许会问，既然允许了第一种违背纯粹经验主义的情况发生，那么为什么不允许后来违背的情况发生呢？这些问题是由休谟观点间接引起的。休谟想要证明的问题是"归纳是独立的逻辑原理，从经验或其他逻辑原理上都推导不出来"。的确如此，没有这个原理，就没有科学。

第二篇
从卢梭到现代

第十八章　浪漫主义运动

从 18 世纪后期到今天为止，不论是艺术领域、文学领域、哲学领域还是政治领域，全都受到了浪漫主义运动所特有的一种情感的影响，而且这种影响还很难定性，因为既有积极的影响，也有消极的影响。在初期，浪漫主义运动与哲学领域没有任何关系，但是，通过一个名叫卢梭的人，浪漫主义运动很快就和哲学有了关系。

尽管在有些方面卢梭只是表现了已经存在的潮流倾向，但卢梭仍旧是浪漫主义运动推出的第一个大人物。不论从学术还是从趣味方面讲，卢梭都是一个民主主义者。在他生命的很长一个时期里，他的身份是一个流浪四方的游民，在情况稍微比他好一点的人的帮助下生活。但是，对于别人给予的照顾，他时常表现得忘恩负义，有时甚至会使别人恨他恨得牙痒痒。作为一个流浪汉，卢梭自然而然地厌烦巴黎交际界的种种拘束。于是，他带给了浪漫主义者蔑视习俗束缚的性格。

与卢梭忘恩负义的行为相反，浪漫主义者并不是没有道德。相反，他们的道德更真实，真实得让人感觉到刺痛。不过这种道德的依据完全不同，前者的依据是历来被人们接受的。不过，从公元 1660 年至卢梭生活所处的年代，其间充斥着战争的回忆；无论是法国、德国，还是英国，其中既有宗教战争，又有内战。这些战争给大家留下的印象是混乱的局面、无处不在的危险、无政府主义者的热情、生命的重要，以及为了正义做出的牺牲。此时，谨慎行事的人，被认为拥有最高的美德；冷静、理智的人，被认为最具有杀伤力；彬彬有礼的人，被认为是阻止野蛮习气蔓延的最好屏障。

但是到了卢梭时代，许多人已经厌烦了谦虚谨慎和小心翼翼，他们想要刺激一把。法国大革命和拿破仑满足了他们的愿望，让他们好好刺激了一回。公元1815年，法国政界逐渐恢复平静，原先那种沉闷、刻板的气氛重新笼罩在人们心头。但这次除了保守派，没有一个人甘心忍受，不像大革命前很多人在思想上默认现状，此时的人心已经变了。

19世纪，社会上对旧体制的反抗此起彼伏，这些反抗大体可以分为两类。一类是工业主义对君主制以及贵族政治的反抗，这类反抗中工业主义的主体是资本家，同时他们又是无产阶级。另一类便是浪漫主义的反抗，浪漫主义者摒弃安静与稳定，想要过一种热情奔放的个人生活。所以他们的反抗有时转化为反动，甚至革命。在浪漫主义者眼中，工业主义想尽一切手段敛财，并且经济组织、经济联盟大大妨碍了个人自由的发展。总之，工业主义丑陋无比。

浪漫主义者还支持民族主义，并通过民族主义进入了政治领域。他们认为每个民族都有自己的自由、自己的精神，如果国家的版图与民族的版图不重合，那么民族的自由与精神就会受到破坏。在19世纪上半期，民族主义是革命最好的一个借口。

要想了解浪漫主义者的性情，最好的方法是研究一下他们热衷的小说。他们不喜欢平凡和朴素的小说，那对他们来说太过乏味。他们喜欢那些描写妖魔鬼怪、没落贵族、阴森城堡的故事，这些故事中的主人公一般都是炼金术士、魔法师、巫师、暴君、海盗等。这些故事场面宏大、虚无缥缈、充满恐怖和刺激，只有这样的故事能让浪漫主义者获得灵感。菲尔丁和斯摩莱特都曾经写过以平淡生活和普通人物为主题的小说，用来反抗浪漫主义的幻想，但是在那个时代，这注定是失败的。

浪漫主义虽然最初起源于卢梭，但在最初阶段先是在德国形成了规模。18世纪末的德国浪漫主义者还很年轻，年轻人是最有创造力的，也是最能接受新事物的。那些没有接受浪漫主义的人，最终被天主教融化掉了自己的个性。德国的浪漫主义还影响到了后来的柯勒律治与雪莱；19世纪初叶，浪漫主义开始在英国流传开来。

浪漫主义在法国的发展，从王政复辟一直持续到维克多·雨果，尽管当时的浪漫主义已经有些衰退了，但是规模依然盛大。在美国，浪漫主义的代表人物有梅尔维尔、梭罗、爱默生、霍桑等，前两位的作品中，浪漫主义非常纯粹；爱默生与霍桑作品中的浪漫主义观点则不是那么强烈。整体上说浪漫主义者是倾向于旧教的，但是在个人主义方面，他们则倾向于新教。在破除旧风俗、摧毁旧制度方面，浪漫主义者能够取得伟大胜利的国家，全是新教国家。

浪漫主义者最后失败的原因并不是不够热情，而是衡量热情的价值标准出现了问题。他们崇尚热情、鼓励热情，恋爱只要够激烈、够浪漫、够热情就会得到人们的赞赏，成功与否并不重要；但是他们没有意识到最热情、最激烈的感情都是带有破坏性的，比如怨恨、嫉妒、绝望，还有恼羞成怒和压抑后爆发出来的破坏力，以及崇尚战争和蔑视弱者，等等。

浪漫主义的观点之所以能打动人，是人的本性与社会环境共同决定的。为了生存，人不得不群居，但是人的本性一直是孤独的；于是人们用宗教和道德来约束自己，面对现实。为了将来不得不违背人的本性，这让人感到沮丧。所以当浪漫主义将大家的热情激发出来之后，人们便对宗教和道德的约束难以忍受了。人们纷纷摆脱束缚，享受人性解放后的自由；他们当时没有注意到后来可能遭遇到的不幸。

浪漫主义带给无政府主义者更大的幻想，他们认为自己就是神。真理和义务是相对于同类来说的，但是神不必遵守；同时，自己认为对的便是别人的真理，自己的决定便是别人的义务。遵照本性，孤独地生活，不用劳动并且享受着自由带来的快乐；历来只有独裁者和疯子过着这种美妙的生活，我们为什么不能呢？

我们所说的情操，需要在孤独的本性、浪漫主义的热情和现实之间折中一下才能得到。但是热烈的爱恋是一个复杂的问题。人们赞赏热恋是将它看作对桎梏社会的反抗；但事实上呢，现实中的热恋用不了多久便会变成社会桎梏的一种。这时恋爱遇到的阻碍便会被人们憎恨，阻碍越大，恋爱谈得越艰难，这种憎恨就越剧烈。这就是人们认为恋爱就是战斗的原因。

按照上面的说法，爱情的对象，以及一切保持友好关系的对象，最好是另外一个"自我"，这样两者之间的关系则会亲密无间。现实中，有血缘关系的人更接近于"自我"，血缘关系越近的人之间代沟越小。这便导致了近亲结婚，像托勒密的家族便是族内通婚。

对血统和民族精神的崇尚，与反犹太主义有着很大的关系。浪漫主义重视贵族的意见，同时崇尚热情，不重视交易，这也是他们不重视商业和金融的原因。因此他们反对资本主义。这种反对与无产阶级反对资本主义有着本质上的不同，浪漫主义者反对资本主义是因为他们厌恶商业和金融，还因为他们厌恶的犹太人在资本主义中的权势越来越强大。

浪漫主义运动将人的本性从社会道德的约束中解放出来，这便是浪漫主义的本质。社会道德的约束中有一大部分是无益的，属于特定社会发展阶段的产物。但是，心中的热情一旦被解放，便会变得不再受约束。浪漫主义运动鼓励个人自由，消除社会协作，这也使得人们不得不面临无政府或者独裁统治的状态。浪漫主义希望人人都能从别人那里得到父母般的温暖，但是，他们一旦发现别人也包括自己，就感到很愤慨，寻求温情的欲望落空了，便转成了憎恨和厌恶。人不是离群寡居的动物，只要社会生活还在继续，伦理的最高原则就不可能是自我实现。

第十九章　卢　梭

18世纪时，在法语意义上被称为"哲人"的让·雅克·卢梭（1712—1778）并不是现在我们所说的"哲学家"。尽管他并不能被称为现代意义上的"哲学家"，但就像给风尚界、文学领域和政治领域带来有力影响一样，他也有力地影响了哲学领域。

卢梭被称为"浪漫主义运动之父"，他开创了从人的情感角度出发推断人类范围以外的事实的思想体系，还发明了与传统君主专制对立的伪民主独裁的政治哲学。卢梭之后，自称改革家的人就分成了两派，其中有一派追随洛克，另一派就是追随卢梭。现在看来，这两派都结下了丰硕的果实：洛克一派的果实是罗斯福和丘吉尔，而卢梭一派的果实则是希特勒。

生于日内瓦的卢梭从小受的是正统加尔文派教育。在婴儿时代，他的母亲就死去了，因此卢梭是由姑母抚养长大的。12岁时，卢梭停止了在学校学习的生活，之后在很多行业当过学徒，但对于这些行业，他没有不憎恨的。16岁时，他离家出走，独自到了萨瓦。当时，他没有经济来源，衣食无着，只好找到一个天主教神父家里，撒谎说他要改宗。后来，他在都灵的一个公教要理受讲所正式举行了改宗仪式。后来，卢梭回忆起改宗这件事，他才承认说当时他的所有动机都是为了获得报酬以维持生计。

公元1742年，他公开宣称他在1730年住的房子因为某主教的祈祷而躲过了一场火灾。因为这件事，他被赶出了公教要理受讲所，当时的他只有20法郎的财产。后来，卢梭做了德·韦塞利夫人的男仆，三个月后，德·韦塞利夫人逝世了。之后，她的家人发现卢梭有一个原本是夫人的饰扣。那是他偷来的，但他拒不承认，只说是某个他喜欢的女仆送给他的。大家听信他的话，处罚了他所说的那个女仆。

之后，德·华伦夫人接济了他。德·华伦夫人也是一名新教改宗者，她是一名美丽的贵妇，因为在宗教上的贡献，她每年都从萨瓦王那里领取年金。卢梭在她家中住了将近十年，德·华伦夫人成了他的情妇，同时还是他的义母。

最初的时候，他四处流浪，朝不保夕，艰难地寻找糊口的工作。与他一起流浪的一位朋友有癫痫病，一次他俩在里昂大街上走着的时候，这位朋友突然发病，趁着围观的场面混乱，卢梭偷偷溜走了。有一次，他碰到了一位声称是希腊正教修道院院长的人，那人说自己正准备前往圣墓，他稀里糊涂地就当了那人的秘书；还有一次，他改名叫达丁，并说自己是苏格兰人，还冒充是詹姆斯二世的手下，一位有钱的贵妇上了他的当，两人还闹出了一次桃色事件。

公元1743年，在一位贵妇的帮助下，他成了当时法国驻威尼斯大使德·蒙泰古伯爵的秘书。两年后他开始同旅馆中的用人黛蕾丝·勒·瓦色同居，并一直生活在一起，直到死去；两个人一共生有5个儿女。

公元1750年，第戎学院公开悬赏征集答案，问题是艺术与科学有没有给人类带来益处。卢梭参加了这次答案征集，他的观点是否定的。他认为无论是科学、艺术，还是文学，都是道德的敌人，它们给人们带来了幻想和欲望，并且也是奴役的根源。他的理由是美洲的土著人没有幻想和欲望，所以没有阶级和枷锁。看得出，他赞成斯巴达的体制，而不是雅典。他最终获得了这次公开征集答案的第一名，赢得了奖金。对他的写作生涯来说，这第一次尝试来得有些迟。

他小时候喜欢读《名人传》，普鲁塔克笔下的人物让他很感动。斯巴达人将胜利看作唯一的价值标准，卢梭非常认同这个观点；尽管那些野蛮人不是狡猾奸诈的欧洲人的对手，但是卢梭依旧赞美他们。

他认为科学是美德的反义词，它扩大了事物丑陋的一面。例如，天文学源自迷信的占星术，雄辩术源自政治野心的需要，物理学源自无聊，伦理学则源自人类对自卑的认识。由此可见，文明区别于野蛮的全是一些放大的丑陋和缺点。

得到了奖金让卢梭一举成名，同时对他也是一个鼓励，他在生活中也处处体现着文中所赞赏的生活方式。公元1854年，他又写了一篇论文《论人类不平等的起源和基础》，这篇论文继承了第一篇论文的思想，并将这些思想进行了发挥和延伸。不过，这篇论文没有为他带来奖金。

那个时代大部分的政治理论家都谈自然，卢梭也会谈，但是他的话中总带有一些怀疑。他认为自然法出自自然状态，我们不了解自然人，也就不能确定之前给自然人制定的自然法正确与否，以及适不适合自然人。我们只知道服从自然法的人的素质让我们相信他们在自觉遵守自然法而已。

卢梭不反对自然的不平等，如年龄、健康、智力等方面的不平等。他反对的是传统的、人为的特权造成的不平等。私有制中能找到社会不平等的起源。后来，卢梭与伏尔泰终于闹翻了，这并不出人意料，出人意料的是他们怎么拖到今天才闹翻。

卢梭成名之后,他的家乡也记起了他。公元1754年,日内瓦邀请他荣归故里。当时日内瓦市民必须是加尔文派信徒,于是他只好再次改宗,恢复自己加尔文派信徒的身份。他当时也想在日内瓦定居,并把自己写的《论人类不平等的起源和基础》献给日内瓦的长老们。但是这些长老并不领情,他们认为日内瓦的市民怎么能和其他地方的野蛮人平等呢?长老们并不是卢梭在日内瓦的阻碍,真正的阻碍是伏尔泰,他已经先于卢梭在日内瓦居住了。

在关于地震的道德问题方面,卢梭同伏尔泰发生了激烈的争论。卢梭认为地震中死人不是什么大不了的事情,再说了,如果人们按照自然的生活方式散居在森林中,而不是住在高层的楼房中,会在地震中死去吗?双方的争论最后扩大到整个哲学界,两人身后都站着大量的拥护者。

卢梭迎来了生命中的作品多产期。公元1760年出版了小说《新爱洛伊斯》,公元1762年出版了《爱弥儿》和《社会契约论》。《爱弥儿》是一本讨论教育的书,原本不会引起当局的注意,但是在其中一篇《一个萨瓦牧师的信仰自白》中,他对自然宗教原理的理解同时惹怒了新旧两教。《社会契约论》则更是为这怒气火上浇油,他不但在这本书中畅谈民主,还否定了国王的权力是神赐予的。

这两本书给他带来了名气的同时,也让他陷入了困境,官方不断对他进行谴责。他不得不离开法国,日内瓦也回不去了,伯尔尼也将他拒之门外,最后弗里德里希大帝见他可怜,便给他提供了庇护,并允许他在自己的领地上居住。于是他在纳沙特尔附近的莫蒂埃定居下来。

他在那里一住就是三年,但是公元1765年他不得不再次出逃,原因是当地的乡亲与牧师起诉他投毒,并准备将他处死。这次他的目的地是英国,因为1762年休谟曾经说过愿意为他效劳。

在英国生活的最初阶段,卢梭非常得志,甚至还得到了乔治三世赐予的年金。当时他整日与柏克见面,还有休谟,他是对卢梭保持忠诚时间最长的人。但是卢梭最终患上了被害妄想症,他把休谟当成了要害他的人,这种精神病最终将他逼疯。卢梭的晚年是在巴黎穷困潦倒的生活中度过的,有人认为他是死于自杀。

卢梭在一些领域内的地位非常重要,但是大多与哲学无关,这里也就不再涉猎。我们关注的是他与哲学有关的学说,这些学说分为两部分:神学与政治学。

他在神学上的改革现在已经得到大多数新教神学家的承认。自从柏拉图开始,任何一位哲学家如果信仰宗教的话,都会给出支持自己信仰的理由。这些理由在我们今天看来可能非常幼稚或者站不住脚,如果不是深陷宗教之内的话,人们是不会相信这些所谓的依据的。但是这些提出理由的哲学家对此深信不疑,他们认为有素质、懂哲学、相信神存在的人,会通过他们的理由感受到神的存在。

《爱弥儿》第四卷中的一段话,也称为《一个萨瓦牧师的信仰自白》,其中写到了一个引诱未婚女子的牧师,这位牧师后来被发现并因此蒙上了恶名。这段话便是出自这位牧师之口。在这段话中卢梭明确声明了自己的宗教信条。令大家吃惊的是,这段话从一开始便夹杂着大量引自亚里士多德、圣奥古斯丁、笛卡儿等人的话语。

这位牧师宣称自己信仰自然宗教,自然宗教是不需要神来启示的;世界上也只有这一种宗教能称为宗教。他还说,无论是神对人的启示还是默示,都是需要别人的证明才存在的,但人是会犯错的,人的证明是不足信的。而自然宗教不需要中间人来传达,它直接启示到每一个人身上。

在理性与感性中选择感性,这不是一种进步。但在实际中,若理性与宗教是在一起的,谁也不会抛弃理性选择感性。在卢梭所处的时代，理性是与宗教对立的，所以尽管伏尔泰支持理性，但注定要被打倒。再说，当时理性与感性本身就是比较模糊的概念。

卢梭虚构了"自然人"的实质，这点姑且不谈，单就他将内心感情当作对客观事实的信念依据来说，我认为有两个缺陷。第一个缺陷是，无法证明对客观事实的依据是正确的；第二个缺陷是，对同一件事情来说，不同的人的内心会有不同的感情，这些感情被称为每个人的私心。比如说，不同于正常人，有的野蛮人内心认为吃人是正确的、理性的，甚至是一项义务。伏尔泰笔下的野蛮人稍微理性一点，他们的理性告诉他们，只有传教士应该被吃掉。同样是吃，对佛教徒来说，他们内心的佛祖教他们不能吃半点儿荤腥。再说了，就算是所有人内心想的都一样，也不能将内心的情感当作客观事实的依据。无论内心的感情多么统一，呼唤多么强烈，呼唤的事物多么重要，也不能决定这件事物是否存在。

下面说的是卢梭的政治学说。公元1762年出版的《社会契约论》中，卢梭阐述了自己的政治学说。就性质上来讲，这本书与他的其他作品都不一样。他在书中不断夸赞民主政治，但是他的学说中隐含着对集权主义国家的辩护。他生活过的城市和对古代生活的向往使他崇尚城邦制，而厌恶英国、法国之类的帝国模式。书中多次提到了斯巴达，每当提到普鲁塔克笔下的斯巴达，他都抑制不住赞美之词。他认为小国家适合民主制，中等国家适合贵族制，而大国家则适合君主制。需要说明的是，他是赞赏小国家模式的，原因之一便是小国家适合施行民主政治。但是他所谓的民主是指希腊模式的民主，就是每个公民都有权利参加选举。而他所处时代的代议制，被他称为"选举制贵族政治"。他赞赏的民主只能在小国家中才能实现，这表明他在政治学说中是赞赏城邦制的。

卢梭还在书中主张，主权者没有必要向国民发誓或者保证什么，因为组织它的那些人构成了它，人们怎么会与自己过不去呢？他们有着相同的利害。卢梭还说"主权者只需根据它实际是什么，便决定它应当是什么"。读者很容易误解这句话，这是对卢梭的术语用法不了解导致的。他承认政府可能沦为专制政府，但是这里的主权者指的不是政府；并且这个主权者在任何形式的国家机关中都没有充分体现，它是略有一些形而上的实体。

洛克和他的追随者们认为私有制财产是神圣的，应该给予尊重；洛克还同孟德斯鸠一起为权能分离摇旗呐喊过。对于这些，卢梭都不感兴趣。他在后面对前面说过的话做过详细的阐述，但是这些阐述与前面说过的有一些矛盾之处。这种错误他在其他地方也犯过好多次。第三卷第一章中他说，主权者的职责便是制定法律，政府以及各种形式的政府部门是主权者与国民之间联系的中转站。

书的最后一部分，他讨论到了政府。他认为政府部门是一个组织，这个组织也有自己的利益和总意志，并且他们的利益和总意志同社会的利益以及总意志多半是对立的。他认为，大国政府看上去比小国政府更有实力，这说明大国政府更需要主权者的约束。

政府成员的意志有三种：个人意志、政府意志、总意志。三者之间的关系应该是越来越密切。同时，有的人有支配别人的权利，政府职员无论何时都要齐心协力，将这种人身上的正义和理性的部分去掉。

卢梭认为总意志是永远不变的、无比纯洁的、永不犯错的，尽管如此，如何避免暴政的问题依然存在。这是一个老问题了，对于此，卢梭的解决方案有时是在重复孟德斯鸠的观点，有时则认为应该坚持立法部门最高的地位。这里提到的立法部门若是民主的，这个立法部门便是指前面提到的主权者。他在前面提出了一些大的原则，这些原则应该是所有问题的总原则，但是到了后面，这些总原则总是同一些细枝末节的小问题相矛盾，失去了总原则的作用。

《社会契约论》在法国大革命中的地位就相当于基督教中的《圣经》，但是有的信徒并不愿意翻看《圣经》，或者只是随手一翻，不愿意花心思去研究和读懂它。民主政治理论家从《社会契约论》中汲取营养，用总意志的概念将领导者与民众联系起来。这本书在现实中最早的影响体现在罗伯斯庇尔的执政上，卢梭的学说在后来俄国、德国的独裁统治中也都有所体现。这些学说对未来还会有什么样的影响，谁也不知道，我也不敢猜测。

第二十章　康　德

一、德国唯心论

以洛克、贝克莱和休谟为代表人物的英国经验主义哲学支配了18世纪的哲学领域。虽然英国经验主义者是社会化的性情，但他们的理论哲学是主观主义的。其实，早在古代晚期就存在主观主义了，那时的代表人物是奥古斯丁。到了近代，主观主义又被笛卡儿的"我思故我在"复活了。再后来，莱布尼茨的"无窗单子说"使主观主义的发展暂时达到了顶峰。

洛克的自相矛盾只存在于理论上，但是，这并不影响他提出"人有三类关于实在的存在的知识"这一主张。朝着结束自相矛盾迈出重要一步的人是贝克莱。在贝克莱看来，外部世界都已经废除了，存在的只有心和心的表象。但是，尽管比洛克多迈了一步，他还是不能理解由洛克传下来的认识论原理的全部后果。如果他能前后完全一致，也许他会否定关于神的所有知识，也会否定来自心外的所有心的知识。与洛克和贝克莱相比，休谟的进步达到了前后的完全一致。这表明，如果经验主义能达到逻辑的终点，那么此时产生的结果就很少有人能理解和承认了。不仅如此，此时的经验主义还可以在科学领域彻底根除理智相信和盲目轻信的区别。

在洛克、贝克莱和休谟等人对理性渐渐产生厌倦心理的时候，卢梭登场亮相了。卢梭的出现不仅复苏了热忱，而且还承认了理性的破产，情感可以对理性中犹豫不决的问题进行决断了。因此，从公元1750年到公元1794年，情感的言论越来越响亮，至少在法国，凶猛的情感在"热月政变"时暂时终止了。在德国，康德、费希特和黑格尔发展了想要在18世纪末的破坏性学说中保卫知识和美德的一种新哲学。在康德和费希特的努力下，开始于笛卡儿的主观主义倾向发展到一个新的极端。这样看来的话，最初德国并没有对休谟的反作用。

作为德国唯心论奠基者的康德，虽然写了关于政治问题的若干有趣文章，但他在政治上并不重要。相反，费希特和黑格尔都提出了一些政治学说，这些学说对历史进程曾有过深刻影响，而且现在还是有深刻影响的。

康德、费希特和黑格尔的身份是对着学术界的听众授课的大学教授，不是对业余爱好者演讲的"有闲者"。他们起的作用虽然一部分是革命性的，但他们的颠覆性不是故意的，至少费希特和黑格尔明确体现出了尽心维护国家的决心。

二、康德哲学的大意

近代哲学家中最伟大的人物是伊曼努尔·康德（1724—1804）。康德一生都住在东普鲁士首都柯尼斯堡。他先后经历了七年战争、法国大革命和拿破仑当政的初期，然而虽然社会大环境是动乱的，但他个人的生活环境是平稳无事的学院式环境。最初，他接受的是莱布尼茨的哲学，由伍尔夫派传授。然而对他产生深刻影响的却不是莱布尼茨，而是卢梭和休谟。在接受了卢梭和休谟的影响之后，他就放弃了莱布尼茨哲学。康德评价休谟和卢梭时说：休谟是个对手，必须予以驳斥；而卢梭给了他很深的影响。虽然康德接受的是虔诚的宗教教养，但在恐怖时代之前，他一直同情法国大革命，因为不论是政治上还是神学上，他都是绝对的自由主义者，而且还是民主主义者。

康德早期的著作很少涉及哲学，主要以涉及科学。里斯本发生地震之后，他又参与了地震理论的探讨中。此外，他还写过一篇关于风的文章，还有一篇关于气候的短文。在这些科学著作中，最重要的是1755年出版的《自然通史和天体论》。在拉普拉斯星云假说之前，这本书就开始提倡星云假说，论述了一个可能的太阳系起源，只是没有像拉普拉斯那样，提出支持星云假说的正式理由。《自然通史和天体论》的若干部分带有明显的密尔顿式的严肃。

《纯粹理性批判》是康德最重要的著作。《纯粹理性批判》的目的是想证明，我们掌握的知识虽然不能超越经验，但与经验一样，有一部分知识也是先天的，并非由经验按归纳方式推断而来。按照康德的观点，先天的这一部分知识不仅包含逻辑，还包含了许多不能算是逻辑的内容。

休谟推断说，因果定律不是分析性的，因此无法确信它的真实性。康德认可关于因果定律是综合的意见，但是主张先天能认识到因果定律。他认为，数学和几何学是综合的，但同样是先天的。由此，在叙述他的问题时，康德说出了"怎么可能有先天的综合判断"这样优美的语句。

《纯粹理性批判》的主题就是由对这个问题的解答和形成的结论

构成的。康德对解决这个问题的方法非常自信,因为他花费了十二年的时间才找到这个解决办法。于是,在理论成形之后,他只用了几个月就把这部巨著写好了。

康德认为,外部世界只能提供感觉的素材,把这些素材整齐地排列在空间和时间里的是我们的精神装置,此外,我们的精神装置还为我们提供了理解经验的所有概念。我们不能认识物自体,因为它是感觉的原因,而且它不是实体,不在空间或时间里,也不能用"范畴"这样的一般概念来描述。空间和时间是我们知觉器官的一部分,是主观性的。

既然如此,依据同样的道理,这些范畴也是主观的。这样一来,我们会发现,自己被困在了"二律背反"之中了,其实也就是被困在了两个相互矛盾的命题里,更可怕的是,这两个命题都是很容易证明的。

因此,康德举出了四种由正题和反题组成的二律背反。第一种二律背反里的正题是:在时间上,世界有一个起点;而且在空间上,世界是有限的。反题是:在时间上,世界没有起点;而且在空间上,世界没有界限。也就是说,不论是在时间还是空间上说,世界都是无限的。

第二种二律背反是要证明复合实体既由单纯部分构成,又不是全由单纯部分构成。第三种二律背反的正题主张因果关系有依照自然规律的因果关系和依照自由规律的因果关系两种;反题主张只有依照自然规律的因果关系一种。第四种二律背反是要证明既有一个绝对的存在者,又没有一个绝对的存在者。

宇宙论证明的内容是:如果存在一样东西,那么绝对的存在者肯定是存在的。既然我知道我存在,那么绝对的存在者是存在的,而且是最真实的存在者。康德认为,这个证明的最后一步是本体论证明的再次利用,因此这个证明本身也就被上面的内容批倒了。

所谓物理神学证明,即是众所周知的设计论证明,只不过它披了一件形而上学的外衣。这个证明主张,宇宙显示出的秩序是存在着目的的证据。康德指出,充其量这个证明只是证明了有一位"设计者",根本不能证明有"造物主"出现,因此也没有一个适当的神的概念。

在《纯粹理性批判》的后半部分,康德简单论述了理性在实践中的应用。在1786年出版的《实践理性批判》一书中,康德又对同样的内容做了详尽的发挥。这里的论点是:道德规范要求正义,也就是要求有与道德成比例的幸福。只有上帝能保证这一要求,在现实里显然不能保证这一点。因此,神和来世都是存在的,而且也一定有自由,否则就没有道德这种东西了。

1785年出版的《道德形而上学》里,康德记述的伦理体系有很大的历史意义。康德指出,借钱不对,因为如果人人打算借钱,最后就会无钱可借。还有一些行为康德也认为不对,但由于原则不同,他却不能说明它们不对。

1795年出版的《永久和平论》充分表现了老年康德充沛的精力和清晰的头脑。在《永久和平论》中,他倡导各个国家根据禁止战争的条约结成联邦。他理性地认为,只有国际政府才能阻止战争,而各成员国的政体应当是共和的,但是他把共和定义为行政与立法分离。此外,他没有说不能有国王,相反,他认为君主制是最尽善尽美的政府。

因为《永久和平论》是在恐怖时代的影响之下写的,因此康德怀疑民主,他认为,因为民主制确立了行政权,因此它必然是专制政治。

三、康德的空间和时间理论

空间和时间理论是《纯粹理性批判》的最重要部分。解释清楚康德的空间和时间理论是不容易的,因为它本身就不清楚。康德在《纯粹理性批判》和《绪论》里都提到了空间和时间理论,《纯粹理性批判》里的解读很全面,但《绪论》的解读更明白易懂。

康德认为,知觉的直接对象一半来自我们的知觉器官,一半来自外界事物。在康德之前,洛克已经让人们习惯了一个想法:不属于对象本身的次要性质(包括颜色、声音、气味)是主观的。与贝克莱、休谟一样,康德在洛克的基础上更进一步认为,主要性质也是主观的。康德的论证方式和洛克、贝克莱等人的不尽相同。

在大多数情况下,对"我们的感觉是具有原因的"这一说法康德并不怀疑,他还把这个原因称为"物自体"或"本体",把知觉呈现的东西称为"现象"。不过,这个现象是由两部分组成的:一是他称之为"感觉"的对象部分,二是能让复杂情况按某种关系整齐排列的主观装置部分。主观装置部分被康德称作"现象的形式",本身这部分不是感觉,因此不因环境的偶然性而转移,相反会始终如一(因为它是随身携带的),并且是先天的(因为它不依存于经验)。感性的纯粹形式被康德称作"纯粹直观"。这种形式有空间形式和时间形式两个,其中,一个是外部感觉的形式,一个是内部感觉的形式。

康德用两个论点证明空间和时间是先天的形式。其中一个论点是形而上学的,是从空间和时间的本性直接得来的;另一个论点是认识论,是从有纯数学这个事实间接得来的。康德认为,关于认识论的论点在根本上和形而上学的论点相同,因此,相比于关于时间的论点,关于空间的论点讲得更为详细。

康德提出了四个关于空间的形而上学的论点。一、如果要把感觉归于某种外界事物,需要先假设空间,而外界经验通过空间表象才有可能做到;因此,空间不是由外在经验引出的经验概念。二、虽然能想象空间里没有东西,却不能想象没有空间;因此,空间是先天的必然表象,是所有外界知觉的基础。三、只有一个空间,而其他空间只是它的部分，不是实例；因此，空间不是关于一般事物关系的推论或概念。四、被表象为无限和已定量的空间，自身包含各个部分，这种关系不同于各个实例的关系；因此，空间是一个直观[1]，不是概念。

关于空间的先验论点来自几何学。康德认为，虽然欧几里得几何是综合的，只有逻辑是不能推演出来的，但是先天认识到的。他以为，几何学的证明都依赖图形，因此几何学的知识不是来自经验。

形而上学的第二个论点主张，虽然能想象空间里没有东西，却不能想象没有空间。我以为，任何郑重其事的探讨都不能用"能想象什么，不能想象什么"做根据，但我也要坚决否认我们能想象一无所有的空间。我们可以想象，我们在一个阴暗的夜晚眺望天空，但这时我们已经在空间里了，所以你还可以想象看不见的云彩。另一位伟人曾经说，和牛顿的空间一样，康德的空间不仅仅是由许多关系构成的一个体系，而且是绝对空间。但我无法理解的是，在绝对空白的空间里，怎么能够展开想象呢？

形而上学的第三个论点主张说，空间是一个纯粹直观，不是关于一般事物关系的推论或概念。原因是我们只能想象单独的一个空间，如果说到各个空间，也不过是这个唯一空间的组成部分。

形而上学的第四个论点是要证明空间不是概念，是一个直观。这个论点的前提是，空间被表象为无限的和已定量的。

在《绪论》里讲得最好的是先验的论点。先验的论点比形而上学的论点更明确，因而可以更明确地驳倒。现在我们知道的几何学概括了两种不同的学问。第一个学问是由公理演绎结论的纯粹几何，但不问这些公理是否真实。纯粹几何不是综合的，不包括逻辑无法推导的

---

[1] 直观：指人类感官的感觉，康德认为我们的知识与对象必须通过直观才能发生联系。直观是康德认识论的基础，也是其批判哲学中理论构建的起点。

东西，也不用教科书里使用的图形。另一个学问是作为物理学分支的几何学，广义相对论里出现的几何学就属于这一类。这类几何学是一种经验科学，公理和欧几里得的不同，是由测量值推断出来的。总之，这两类几何学一类是非综合的先天的，另一类是综合的非先天的。

康德哲学中的累赘成分是他提出的"物自体"，不过好在他的直接后继者比较聪明省事，直接把累赘的"物自体"抛弃了事。但这样一来，这些只图一时方便的后继者就陷入了一种很像唯我论的思想的境地。不过，这就解释了康德面临的各种矛盾，即受他影响的哲学家必然要在经验主义方向或绝对主义之路上迅速发展。从实际情况看，德国哲学至少在黑格尔去世之前，走的是绝对主义之路。

如前文所述，康德的直接后继者费希特（1762—1814）抛弃了"物自体"，并把主观主义发展到了一种类似精神失常的地步。他认为，唯一的终极实在是自我，之所以如此是因为自我设定自己，而次级实在的非我，也是因为自我的设定才存在的。作为纯粹哲学家的费希特在哲学史上并不重要，但在德国国家史上很重要，他因发表《告德意志国民》而成为德国国家主义的理论奠基者，被誉为"德国国家主义之父"。他提出的国家极权主义哲学在德国产生过很大的影响。

第二十一章　19世纪思潮

与之前任何时代的精神生活相比，19世纪的精神生活显得更为复杂多样，原因主要是以下四点：一、与精神生活相关的区域比以前更辽阔。首先，美国和俄国开始重视精神生活，这使得与精神生活相关的区域包括了东欧和北美；其次，比起以前，欧洲更重视印度古代哲学和近代哲学。二、17世纪以来，以地质学、生物学和有机化学方面为代表的新事物的主要源泉——科学,取得了新的发展。三、社会结构在机器生产的影响下,发生了深刻的变化,人类重新认识了自己在改造自然环境方面的能力。四、哲学和政治学上出现了针对思想、政治和经济传统体系的沉重的反抗,从而引发了对许多古老信念和制度的攻击。浪漫主义和理性主义是这次反抗的两个迥然不同的形式。

下面就来说说浪漫主义和理性主义这两个反抗的形式。浪漫主义的反抗始于拜伦,经历了叔本华和尼采的发展,后来又演变到了希特勒和墨索里尼。理性主义的反抗源自法国大革命时的法国哲学家,在经历了英国激进派和马克思的发展(在马克思身上发展出更深入的形式)以后,终于结出了苏俄这个果实。

大部分学院哲学在黑格尔死后的一段时期内依旧是传统派的,因此没有多少赘述的必要。在英国,经验主义哲学一直盛行到了19世纪末,而在法国也是在相当长的时期占尽了优势。之后,康德和黑格尔逐渐占领了法国和英国的大学,不过,在占领的过程中,有教养的普通民众没有受到大的影响。当时,还有一些继续抱有学院传统的哲学家,他们分属于哲学的各种主义:经验主义的代表人物是约翰·斯图亚特·穆勒,德国唯心主义的代表人物是洛策、西格瓦特、布莱德雷和鲍赞克特。其中,德国唯心主义大体上接纳的是某人的哲学体系,但就他们本人而言,不能和这个人相提并论。在这之前,学院哲学向来与当代最有生机的思想格格不入,在16世纪和17世纪时就是这样。

公元1769年,边沁发现了爱尔维修(1715—1771)的著作,之后就决心为立法的原则奉献终生。爱尔维修在伦理学方面是功利主义者,他认为善就是快乐;在宗教方面他激烈反对教权,是一个典型的自然神论者;在认识论方面,爱尔维修主张简化讲解洛克哲学。此外,爱尔维修对知识评价很高。爱尔维修的学说是乐观主义的，他认为，要想成为完善的人，就应该接受完善的教育。因此他曾经暗示说，如果能除掉传教士，得到完善的教育就是一件容易的事。

与爱尔维修同时代的孔多塞（1743—1794）是个与他见解相近的人，但比起爱尔维修来，孔多塞更狂热和乐观。孔多塞受卢梭影响很大，主张"男女等权"。人口论的首创者其实并不是马尔萨斯，而是这位孔多塞。马尔萨斯之所以知道了人口论，全都是因为他父亲，要知道，他的父亲是孔多塞的门徒。在孔多塞最初提出的人口理论里，还提出了节制生育的理论。

在减低了狂热性，并且更加严谨之后，法国革命哲学家的学说被哲学激进派传播到了英国，边沁是这一派中公认的领袖。边沁最初只是专注于法学的研究，后来，随着年纪的增长，兴趣也越来越广泛，而且见解也日益带有颠覆性色彩。到了公元1808年之后，他彻底变成了男女等权的信奉者、共和主义者、坚定的民主主义者和帝国主义的敌人。

哲学激进派与爱尔维修和孔多塞等人在很多地方存在差异。在气质上，哲学激进派富有耐心，喜欢详细地提出并制定理论；非常重视经济学，并自认为经济学被他们当作科学发展起来了。在边沁和约翰·斯图亚特·穆勒身上，同时存在着狂热的倾向，但是马尔萨斯和詹姆斯·穆勒身上则没有狂热的倾向。在马尔萨斯发表了关于人口论的肮脏结论之后，这种狂热倾向就被制止住了。

和法国前辈相比，边沁主义者与他们有一个重大的分歧。在已经完成工业化的英国，工场主和工人阶级之间的剧烈冲突导致了工会主义和社会主义的兴起。在大体上说，此时的边沁主义者倾向于工场主的利益，反对工人阶级。

起初，边沁主义者带有很温和的革命性，但后来逐渐变化，革命性荡然无存。究其原因,一是边沁主义者在要求英国政府转变对他们的看法一事上获得了成功,二是因为反对社会主义和工会主义的力量也在日益增强。事实上,边沁主义者基本上都是完全的理性主义者,而在当时还没有形成完整的哲学体系的社会主义者基本上也是完全的理性主义者,只是当时他们肩负的任务很艰巨,既要反抗现存的经济秩序,又要反抗排挤他们的边沁主义者。

和理性主义形式的反抗一样,浪漫主义形式的反抗也源自法国大革命和之前的哲学家。浪漫主义的反抗和理性主义的反抗虽然出自同一个源头,但彼此之间也有很多不同。其中,拜伦著作里的是被非哲学的外衣包裹着的浪漫主义,而叔本华和尼采著作里的是学会使用哲学语言的浪漫主义。浪漫主义形式的反抗强调意志,倾向于牺牲理智,还赞成使用暴力。作为民族主义的盟友,浪漫主义形式的反抗在实际政治中很重要。

到此为止,我们考察的各派哲学都得到了传统的、文学的和政治的启发。但是,我们忽略了科学和机器生产,它们也是产生哲学观点的两个根源。从17世纪起,科学这个根源一直就很重要,在19世纪时又有了各种新的形式。而机器生产从马克思时代才开始有了学理上的影响。

达尔文在19世纪获得的地位,相当于伽利略和牛顿在17世纪获得的地位。一般而言,达尔文的理论分为两个部分。在第一个部分,达尔文主张进化论,认为所有生物都有共同的祖先,只是在后来才逐渐产生了区别。为了证明进化论,达尔文拿出了大量的证据。果然,在第二部分,他自己就率先发现了产生进化的原因。他的进化论也因此受到了更广泛的欢迎,获得了前所未有的力量。

生存竞争和适者生存是达尔文理论的第二个部分。达尔文认为,如果动植物都以很快的速度繁殖,那么自然界最后就可能无力供养它们了。因此，不论是什么动植物，在理论上，在达到生殖年龄之前都有可能死去。那么，该由谁来决定谁死去呢？除了几分运气之外，还有一个很重要的原因，就是适者生存，能适应这种环境的动植物就能生存下来，适应不了的只能死去，给其他动植物腾出生存空间。

虽然达尔文是个自由主义者，但在他的理论里，总是出现与传统自由主义相矛盾的结论。达尔文认为，人人生而平等，成年之后的差异是由后天教育形成的。但是，这种观点和他的"同种个体之间的差异是先天因素造成的"这一观点互相矛盾。这样一来，人与人之间的先天差异在根本上就有了重要意义。

受到科学影响的人们在生物学威信的促使下，没有把机械论的范畴应用到世界上，相反，他们把生物学的范畴应用在了世界上。万物都是不断进化着的，因此，它们都有一个很容易想象的内在目的。很多人以为，进化证明了"宇宙是有目的的"这种信念是正确的，因此人们对达尔文的贡献视而不见。

有人认为，18世纪的原子论思想在探索自然规律的科学和哲学解释上已经过时了，取而代之的是有机体的概念。后来，这种观点甚至影响到了理论物理学，导致政治上也开始强调与个人对立的社会。但是，这种变化对国家权力的增长和民族主义而言，都是和谐和可协调的。在民族主义方面，也可以适用达尔文的适者生存理论。

尽管生物学会对机械论解释的世界观产生不利，但近代经济技术的作用与生物学相反。在19世纪之前，人的思想还没有受到科学技术的重大影响，但工业革命引起的工业主义兴起以后，这种影响就开始出现了。不过，在那个时候，科学技术的影响或多或少都是间接的。工业主义受到社会主义者的厚爱，但是这样一来，想从工场主的魔掌中解放工人就更加困难了。社会主义者在长期考察的问题上受到工业主义的影响，但在解决实际问题的方法上，他们受到的影响就很小了。

在19世纪，虽然还有很多真诚的人信仰平等和民主（尽管只是理论上的民主），但人的想象力已经受到了深刻影响，这种影响是19世纪时不讲民主的工业体制造成的社会组织形式带来的。民主制度内部已经出现了分裂，只是生活在民主国家中的普通民众还没有意识到，但这瞒不过哲学家的眼睛，因为民主向来是哲学家共同关心的最重要的问题，这自然会引起黑格尔以后的哲学家的关注。

第二十二章　黑格尔

在德国哲学中，由康德发起的那场运动的顶峰人物是黑格尔（1770—1831）。尽管黑格尔对康德时有批评，但我们可以这样认为，没有康德的哲学体系，黑格尔绝对不可能建立起自己的哲学体系。19世纪末，美国和英国大学里的一流哲学家大多是黑格尔派。在纯哲学领域之外，许多新教神学家也承认自己受过黑格尔学说的影响。

青年时就热衷于神秘主义的黑格尔，原本是耶拿大学一名讲授哲学的无俸讲师，后来当上了海德堡大学的哲学教授。自公元1818年开始直到逝世，黑格尔在柏林大学担任哲学教授。黑格尔在青年时代曾藐视普鲁士，崇拜拿破仑，然而到了晚年，他的态度发生了180度的大转弯。他成为一个普鲁士的爱国者和这个国家最忠诚的公民。

在所有伟大哲学家的观点当中，黑格尔哲学可以说是最难懂的，艰涩深奥，让人不能卒读。在他看来，有限事物在表面上的自立性是一个幻觉。他认为，除了全部整体之外，任何东西都不是完全实在的。但他没有把全体想象成一个单纯的实体，而是想象成一个我们应该称之为有机体一类的复合体系。那些构成全部世界的东西，看起来是独立的，但并不单纯是一种幻象，它们或多或少还有一定程度的实在性。

这些看法都是他心里最初的洞察，显得有些神秘。他著作中反映出来的理智是后来才拥有的。

黑格尔有这样一个论断：现实的就是合理的，合理的就是现实的。应当准确理解这个论断的内涵。他所谓"现实的"的含义，并不是经验主义者所认为的那样。黑格尔认为，经验主义者所有关于事实的看法都是不合理的，而且是必然地、全部地不合理。只有把事实当成全体的一个样本，并在改变它外在的形式特征之后，才能看出它是否是合理的。即便如此，因为经验主义者把现实的等同于合理的，就必然会造成一种自满的情绪。之所以有自以为是、自满自得的情绪，是因为它和一个信念联系在一起：凡是存在的东西都是正当的。

黑格尔和之前所有具有形而上学观念的哲学家相比，有以下两点不同。首先是强调逻辑。在黑格尔看来，"实在"的本性是可以推演出来的，唯一需要考虑的前提就是不能自相矛盾。其次就是他有自己独特的"辩证法"的思想。黑格尔最重要的著作是两部《逻辑学》，只有阅读了这两部书，我们才能正确地理解他为什么对其他问题有那样一个看法。

在黑格尔看来，逻辑和形而上学没有什么区别。他对逻辑的这一看法，与平常我们所理解的逻辑完全不同。他的观点是，假如你把任何一个普遍通用的谓语都看成在限定"实在"这个全体，那产生的结果就会是自相矛盾。没有边界的限定，任何一个东西都不可能是球状的。除非这个东西的外部还有别的东西存在——这也就意味有边界的可能。由此，当我们把整个宇宙假设为球状时，这本身就是一个矛盾的陈述。

对黑格尔来说，过程是认识事物的结果所必不可少的。在辩证法中，事物发展到后一个阶段，其实蕴含前面所有的每一个阶段。每一个阶段都不会消失，不会被完全取代，而是会作为全体不可缺少的一部分而存在。辩证法的每一个阶段都是必需的,不可跨越的,否则我们就不可能认识到真理。

认识在整体上是一个三元运动。认识最开始的阶段是感官知觉,感官知觉只是对客体的意识。接下来是感觉的质疑、思考和评判,此时的认识进入主体的阶段。最后过渡到认识的阶段,此时主体、客体不再有什么分别。最高的认识必须是"绝对"所具有的认识。"绝对"意味着"全部",由此,在它之外就再没有别的任何事物需要认识了。所以,自主意识是认识的最高形态。这一结论在黑格尔的思想体系中显然必须如此。

在黑格尔看来,最好的思维可以让思想四通八达来去无碍。真和假不是直接的对立物,但通常人们并不这样看。任何一个事物都不完全是假的,而我们能认识的事物也不一定就是真的。显然,不能把绝对真理简单地局限在孤立的知识之上。

《逻辑学》一书中的"绝对理念",与亚里士多德的"神"非常相似。绝对理念是思想关于思维的产物。在思维之外,再没有任何东西能思维。

黑格尔哲学有一个很有意思的特色,那就是他与柏拉图、普罗提诺或者斯宾诺莎等人的区别所在。在黑格尔看来,最终是没有时间性的,所谓的时间无非是一种幻觉。这种幻觉是因为我们没能力看到"全部"而产生的,但时间在进程上与纯粹的逻辑辩证法有很密切的关系。全部的世界历史实际上就是在不同范畴的进程中(从中国的"纯有"到"绝对理念")实现的。

按黑格尔的见解,从伦理和逻辑两方面来看,时间都要经历一个从不太完善到较为完善的过程。事实上,这两个方面的意义在黑格尔那里是无法区分的。因为,逻辑之所以拥有完善的特性就在于,它是一个严密的整体,没有外在于这个整体的独立部分。它的边缘是确定无疑的。好比人体或者说理性精神一样，它是一个有机体，它的每一个组成部分既相互独立，又相互依存，且都指向同一个单一的目标。伦理的完善性也在于此。

历史哲学的对象就是精神以及精神发展的过程。精神的对立面是物质，通过两者的比较就可以认识精神的特性。物质的本质是重量，精神的实质是自由。物质在自身之外具有中心，而精神的中心却在自身之内。

精神的发展经历了三个主要阶段：东方人、希腊人，以及罗马人、日耳曼人。一般人常常认为民主制在自由之地是再合适不过的政体，其实不然，民主政治和贵族政治一样，它们的自由还都是某些人的自由。专制政治的自由是一个人的自由。君主制属于所有者自由的阶段。黑格尔这里所用的"自由"在字义上显得很奇特。黑格尔的自由主要与法律联系在一起，没有法律就是没有自由。黑格尔总是说，只要有法律就有自由。

这是一种无与伦比的自由。这种自由不意味着你可以不进集中营，不意味着民主，不意味着出版自由，更不是那些自由党惯常打出来的旗号。黑格尔对所有这些都有所贬抑的。精神把法律强加于自己之上，这样做就是自由的。而用我们世俗的观点来看，在人之上笼罩一个法律，这个"精神"好像是由君主来体现的。而加在人上的法律的"精神"，则是由君主的臣民来体现的。但用"绝对"的眼光来看，君主和臣民之间的区别原本就是一个幻觉，这和其他所有的区别都是一样的。假使君主把自己的臣民关进监狱，即使臣民具有自由的思想，这依然是精神的自由决定。卢梭区分了全部意志和全体人的意志，对此黑格尔极为赞赏。由此可以这样来推论，君主体现的是全部意志，而议会中的多数体现的不过是全体人的意志而已。

日耳曼历史在黑格尔这里被划分为三个时期。第一个时期到查理曼大帝为止，第二个时期从查理曼大帝到宗教改革，第三个时期在宗教改革之后。这三个时期分别称为圣父王国、圣子王国和圣灵王国。黑格尔所谓的圣灵王国是从镇压农民战争开始的——其中多有鲜血淋漓的暴行，这多少还是让人感到意外的。这样的细枝末节黑格尔并不怎么关注。黑格尔赞赏的是马基雅维利，这反而在我们的意料之中。

黑格尔认为，民族的发展靠的是阶级——这是马克思经常讲的。历史发展的源动力在于民族精神。引领世界前进的往往是一个民族，每一个时代都会有这样一个民族。世界通过这个民族走向应当如此的辩证法阶段。在黑格尔看来，引导现代世界的民族显然是德意志。然而，在民族之外还必须考虑到一些独特的个体。他们属于世界、属于历史，他们的目标顺应时代的变化，符合辩证法逻辑。这些个体就是英雄。英雄即便有可能违反通常的道德律令，但这也无可厚非。

黑格尔的政治哲学极力推尊国家的重要性。他尤其强调民族的重要性，阐释自己独特的自由观，这些都表明了他政治哲学的倾向性。黑格尔关于国家的哲学思想，在《历史哲学》和《法哲学》中都有集中阐发，这是我们必须关注到的。

《法哲学》论述国家的章节，更完整地阐述了黑格尔的国家学说。国家是一个理性的存在，它是自在的，不仅仅是为个体的利益而存在。个体可以是国家的组成部分，也可以不是国家的组成部分。但国家和个人之间的关系并非如此简单。国家是一个客观存在的"精神"，并没有确切的实在性，因而在理性上国家是一个无限的存在。个体仅仅作为国家的成员，才有自己的客观性、真实性和伦理性。国家存在的目的就在于，促使个体和这种精神相结合。可能会有坏的国家，这个现实必须得承认，但这种国家只是一个存在而已。

黑格尔对国家的定位和圣奥古斯丁及其追随者们为教会的定位是大体相同的。但是以圣奥古斯丁为代表的旧教传统的定位比黑格尔的更合理些。首先，教会不是一个地域性的组织，也不是偶然成就的。它以成员的共同信仰为纽带结合在一起。由此，教会在本质上更接近黑格尔所谓的"理念"的特性。其次，天主教会只有一个，而国家却有很多。无论如何，这么多国家产生的差异性如何在哲学原则上协调一致，确实是个大难题。

一个民族在特定的状态下，似乎总是无法恰当地避免战争。但黑格尔还是反对创设诸如世界政府之类的机构以阻止此类事情的发生。在黑格尔看来，时不时地发生战争倒还是件大好事。因为战争状态有助于我们认真地对待这个世界以及存在于这个世界上的财物——它们是那么虚无，竟然毫无益处。

黑格尔在形而上的高度同时强调了其他社会组织的重要性。黑格尔重国家但不重教会，我在这里只能看到他对新教确实存在偏见。或许，按照黑格尔的观点，尽力组织起来的社会是好的。这就意味着在国家、教会之外，必须同时存在为数众多的社会组织。按黑格尔的理论推论下去，社会公益事业的发展需要有适当的组织，每一个组织还得保持一份有限的独立性。

也许有人会提出反驳：最后的权力还是要归结在一个地方，除了国家这里之外，没有可能放在别处。最后的决定性权力对人而言或许是沉重严苛的，但是，假使非得如此不可，终究是好事。

这个问题涉及如何去评判黑格尔的全部哲学。全体比部分有更多的实在性，有更多的价值？黑格尔的答案都是肯定的。实在性的问题属于形而上学的范畴，价值的问题属于伦理学的范畴。通常这两个问题几乎区别不开，但我认为分别对待这二者还是很重要的。

黑格尔和其他许多哲学家都这样认为：在宇宙中，部分受制于自己的关系——这部分和其他部分的关系，以及这部分和全体的关系。关于部分，只有确定它在全体中的地位，才能对它有一个真实的认识。

这个真实的认识只能是一个。整体真理之外再无真理，同样，全体之外再无实在之物，因为部分会因外在关系的变动而改变自己的性质。另外，相对于全体而言，部分只能说不是自立的。这是应当具有的一种观念。也就是说，部分只是唯一真正实在的全体的部分，除此之外再无存在的道理。这是形而上学的学说。

假如这一形而上学的学说是正确的，那么以之为基础的伦理学说也必定是正确无误的。反之亦然。这些关于伦理问题的看法有一个重大缺陷，那就是没有考虑目的和手段之间的区别。生命体上的眼睛是有用的，这是因为把眼睛当成了一种手段。但，此时的眼睛并不比和身体分开时有更多的内在价值。当一个东西不是其他东西的手段时还能得到重视，这就说明它是有内在价值的。国家作为手段是有价值的，这是很显然的，因为国家可以保护我们不受罪犯的侵害，它还修建道路，建立学校，等等。同样显而易见的是，它作为手段也可以是坏的，比如发动非正义的战争。

对黑格尔而言，真正的问题是，国家作为目的是不是好的？是人民为了国家而存在呢，还是国家为了人民而存在？黑格尔的观点——人民是为了国家而存在的。这一观点的产生与洛克有很大关系。洛克自由主义的哲学观点认为，国家是为了人民而存在的。

只有把国家视为像人民一样拥有生命时，我们才可能把自己的价值献给国家。这是很显然的。而一个人的生命是单一的，同时是一个复杂的综合体。一个人的身体是由各器官构成的，那么是否存在一个由众多人格组成的超人格呢？这个超人格是否具有单一的生命体呢？这一单一的生命体能否由众多人格的生命总和来构成呢？按照黑格尔的见解，显然是有超人格存在的，而国家或许就是这样一个东西。如果说国家是身体的话，那么我们就是眼睛，它高高地存在于我们自身之上。

跟其他别的事物相比，如果一个事物有一组别的事物都没有的性质，那么这个事物的定义就可以是"具有这样的性质的事物"。如果仅仅是根据这些性质，单凭纯逻辑是推导不出有这些性质的其他事物的。黑格尔又认为，对于一个事物，如果人们有了足以把它同其他所有事物分开的充足知识，那么这个事物的一切性质都能够借逻辑推导出来。但黑格尔的这个见解是错误的。也就是凭借这样一个错误的见解，黑格尔建立了他的整个哲学体系。不过，这个例子也说明了一个真理：逻辑越糟糕，由它得出的结论就越有趣。

第二十三章　拜　伦

与现代相比，19世纪显得更加理性和令人满足，然而，在自由主义的乐观时期，许多最杰出的人物还具备一些与此相反的品质。我们如果把人当作一种力量、社会结构、价值判断或理智见解的变化原因来看，就会发现，面对最新的形势，我们必须大规模调整我们对一些人的评价。的确如此，与过去相比，有些人更重要了，有些人则不如已往重要了。

拜伦在比过去更重要的人里，是个占有崇高位置的人。欧洲大陆是拜伦发生影响的地方，因此不能在英国寻找他的精神影响。当时，拜伦是贵族叛逆者的典型代表。与农民起义或无产阶级起义的领导人相比，贵族叛逆者与他们完全不是同一类人。既然贵族叛逆者不愁吃穿，那么他们的叛逆必定有其他的原因。在这些原因里，潜在根源也许是他们对权力的欲望，但在有意识的思想里，可能也有对政治现状的非难。在拜伦身上这两种成分都有。

显然，如果气质和环境没有什么特别之处，贵族是不会成为叛逆者的。拜伦就是这样一个例子，他是因为小时候生活在父母经常争吵的环境中才变成叛逆者的——当然，还有其他生活环境方面的原因。拜伦在过了一段贫穷的生活之后，突然在 10 岁的一天，继承了叔祖父的爵位，摇身一变成了一位勋爵，拥有了一座名为纽斯泰德府的宅院。在阿伯丁的污泥里生活惯了的拜伦为突然拥有的爵位和宅院欢欣，为了报答赐给他这一切的叔祖父，他决定继承先祖们好斗的性格。虽然这份好斗的性格在最近几年让他们吃尽了苦头，但是拜伦听说，在之前好几个世纪，好斗的性格也给他的家族带来过荣耀。

然而，拜伦的家世和爵位并没有引起他的那些贵族亲戚的重视，他们对他只是敬而远之，这让他觉得在社交上没法儿融入他们的群体。拜伦知道他的恶俗的母亲在亲戚中名声不好，担心自己受了她的影响，由此形成了他特有的势利与叛逆的混合性格。他的礼仪课本是中世纪的骑士小说，他犯罪作孽时就像霍恩斯陶芬家族一样，在战斗时又像十字军一样死在异教徒的刀下。

由于羞怯和孤独，他从恋爱中寻找安慰。但是，在恋爱中，他似乎是在寻找母亲而非恋爱，因此，除了奥古斯塔之外，他对找到的所有恋爱对象都感到失望。奥古斯塔是拜伦家的伊实玛利族系的女子，因此他热忱地爱着她，而且，他这份爱的更单纯的理由就是她对他有一种姐姐对弟弟的亲切照顾。不过，这些还不是她准备给他的全部。

在某些时候，拜伦偶尔也会提出与尼采的意见一致的观点，但是，与拜伦的实际行动相比，他在伦理方面的见解却走向了反面。也就是说，他的实际行动不是传统的，但他的伦理方面的见解是严格传统式的。

要给取得了很大成功的拿破仑添上一件浪漫主义的外衣并不是很难的事，由于这一点，拜伦在寻找英雄的时候，目光并不是在时间上只盯着中世纪，在空间上只盯着东地中海各国。必须承认，对19世纪欧洲人的想象而言，拿破仑带给他们的影响实在是太深了。当时，包括克劳塞维茨、斯当达尔、海涅、费希特和尼采，还有意大利的爱国主义者，这些人或在思想上或在行动上都受到了拿破仑精神的感召。甚至可以这么说，拿破仑的力量强大到了可以逆历史潮流而动，因为他的力量可以反抗工业主义和商业贸易。

拜伦始终追随着拿破仑，甚至在拿破仑建立"百日王朝"的时候，他也毫不掩饰自己对拿破仑的信心，他公开表示他希望拿破仑再次获得胜利。然而，事实让他失望了，在滑铁卢，拿破仑彻底失败了。这个噩耗传到拜伦耳朵里时，他也同样毫不掩饰他的伤心，他说道："我简直难过得要死。"

虽然拜伦始终追随着拿破仑，但在公元1814年时，他也对拿破仑感到了短暂的厌恶。当时他认为，拿破仑应该选择自杀，因为自杀要比退位体面。这种厌恶也使他痛苦不已，他不得不从华盛顿的美德中寻求安慰。

在拜伦生前，他也许只有仰慕和追随拿破仑的份儿，然而在他死后不是这样，在某些人眼里，他终于和自己心目中的大英雄平起平坐了。拜伦死后，法国的许多报纸都说"本世纪的两大伟人（指拿破仑和拜伦）几乎在同时逝世了"。当时，卡莱尔也认为拜伦是欧洲最高尚的人，拜伦死后，他觉得像是死了一个兄弟似的。再后来，尽管卡莱尔又喜欢上了歌德，但他仍然把拜伦和拿破仑摆在同样的高度。对卡莱尔而言，拜伦已经融化进他的血液里了，而歌德只是一个兴趣。

拜伦的性情暴虐得像暴雨一样，并不像传说中那样温和。其实，他自己也用得上他曾经对卢梭的评价。不过，尽管如此，卢梭和拜伦之间的区别还是很深刻的。首先，卢梭感伤，而拜伦狂热；其次，卢梭外表怯懦，而拜伦内心怯懦；最后，卢梭赞美淳朴的美德，而拜伦赞美霹雳雷鸣般的罪恶。这种区别，尽管是非社会性本能触发的反抗中两个阶段的不同，但由于表现出了运动的发展方向，因此还是很重要的。

无论如何，拜伦的浪漫主义只有一半的真诚是我们必须承认的事实。在某种心情下，他会产生一种特别的想法，比方说，他会认为波普的诗写得比他好。为了迎合人们对拜伦简单化的希望，他们删掉了他身上本身具有的很多因素，这些因素包括无边无尽的绝望、对轻蔑的故作姿态等。如果把拜伦当作神话人物来看待的话，他会和其他许多名人一样，获得比真实中更重要的地位。的确如此，在欧洲大陆上，作为一个神话人物，拜伦非常重要。

第二十四章　叔本华

在哲学家当中，叔本华（1788—1860）是一个在很多方面都与众不同的人。从某种意义上讲，其他所有的哲学家几乎都是乐观主义者，叔本华却是个悲观主义者。与康德、黑格尔相比，他不属于"学院派人士"，但又不是完全在"学院派传统"之外。

叔本华一点儿都不喜欢基督教，反而喜欢印度教和佛教。他修养深厚，除了哲学之外，对艺术和伦理也很有兴趣。在他身上看不到国家主义的影子，反而倒是有一点国际主义的味道，也许，他像熟悉自己国家的作家那样熟悉英国和法国的作家就说明了这一点。众所周知，19世纪和20世纪的许多哲学都有强调意志的特征，这其实就是由他开始的。不过，对他而言，在形而上学上，"意志"虽然是基本的东西，但在伦理学上却是罪恶的东西。这种对立，只有在他这样的悲观主义者身上才可能存在。

叔本华哲学的三个来源分别是康德、柏拉图和优婆尼沙昙。但我的意见是,柏拉图对他的影响并没有他以为的那样多。他崇尚和平,蔑视胜利;崇尚无为而治,忽视改革的作用。他的这些特征,和希腊时代有种气质上的亲缘关系。

公元 1788 年,叔本华生于德国但泽自由市的一个商业望族。在他父亲眼里,英国是自由理智之地,因为他信仰伏尔泰主义。同样,他也痛恨普鲁士总是侵扰但泽的独立。公元 1793 年,普鲁士吞并了但泽,叔本华一家迁到汉堡。公元 1803 年,15 岁的叔本华到一所英国寄宿制学校念书。两年后,他回到汉堡,做了商店职员。然而,在内心深处,他还是向往过上文人学者那样的生活。后来,他的父亲死了,母亲准备送他回学校接受教育。公元 1809 年,叔本华进入哥廷根大学学习,在这段时间,他接触到了康德的哲学。公元 1811 年,他又到柏林大学学习科学。八年后,他在柏林大学当了无俸讲师。后来,他独自居住在德累斯顿。

公元 1818 年年终,叔本华发表了《作为意志与表象的世界》一书,这是他的主要著作之一,在他自己看来,这本书确实是非常重要的。然而,令人感到难过的是,根本就没有人注意到他的这本书。直到第二版面世多年之后,他才得到了他渴望得到的一些关注与赏识。

叔本华的哲学体系源自康德,算是康德哲学体系的改制品。他主张,被知觉作用当作身体的其实是意志。尽管大部分康德学派的成员不认为叔本华的这种见解是康德思想发展后的产物,但事实上确实有足够的证据证明这一点。康德的确有"道德规范可以引领我们到达现象背后,然后呈现给我们感官知觉所不能呈现的知识"的观点。同时,康德也认为道德规范和意志有密切的联系。

构成诸多现象背后的意志并不是许多不同的欲望随意组合起来的。按照康德的说法,时间和空间都是现象,叔本华也这样认为,所以物体就不会在空间或时间里了。如果接受"意志是实在的"这种说法,那么,首先,意志必定不能有时间;其次,单独的意志动作也不能构成实在的意志。空间和时间是个体化原则的来源,因此,只有一个没有时间性质的意志。

叔本华的悲观主义并不是始终向着同一个方向发展的,其间还导向了另一种发展。叔本华说,宇宙的意志是邪恶的,进而又说意志都是邪恶的,因此,无论如何变化,意志都是人类无穷无尽的苦难的源泉。苦难是所有生命里的必需品,而且这种苦难还会随着知识的增长相应地加深。对意志来说,它永远也不会满足,能够令它满意的目的永远都不会出现。尽管生命总会被死亡打败,但只要生命还在,我们就仍然要坚持追求,即使目的是毫无意义的也不放弃。如果人的愿望得不到满足,就会产生痛苦,可是愿望一旦被满足了,人又会变得贪得无厌,这样说来,世界上就根本没有幸福可言。即使在本义上讲轮回说都是假的,但它还是借助神话成了真理,因此自杀也没有用了。

至少在实践方面叔本华能和神秘主义者达到完全一致。基督教正统信仰中也有好东西,比如奥古斯丁和路德为反对庸俗的裴拉鸠斯的教义而提出的原罪说就值得注意。但是,《福音书》太缺少形而上学了。在所有的事情上,善良之人都会专注于控制自己的意志,不过他们这样做的目的与西方神秘主义者不同;西方神秘主义者的目的并不是追求积极的善,而是达到与神的和谐。

关于叔本华,有件事从历史的角度讲很重要,那就是他提出悲观论和意志胜过知识的观点。自从他提出悲观论以来,人们解释或研究哲学就可以不用相信一切恶了。也就是说,他的悲观论是一种有用的解毒剂。

从科学的角度来看,不论是悲观论还是乐观论,都不应该存在。关于宇宙存在的理由,乐观论正在试图证明是为了让人类乐观,而悲观论一向主张是为了让人类悲观。其实，无论宇宙存在是为了让人类乐观还是悲观，都是没有科学依据的。悲观论和乐观论，选择信仰哪一个，和理性无关，因为这是一个气质的问题。

尽管与悲观论没有必然的逻辑联系，但意志第一学说确实比悲观论更重要。在叔本华之后，很多主张这种学说的人甚至从中提取到了乐观论的基础。后来，意志第一学说在哲学界盛行，竟然造成了这样的局面：意志的地位上升多少，知识的地位就相应地下降多少。以我之见，这是哲学气质在我们这个时代起的最明显的变化，叔本华是第一个以纯粹的形式宣布这一变化的人。就凭这一点贡献，尽管他的哲学有互相矛盾和浮浅粗简的缺点，但在历史进程中还是代表了一个相当重要的阶段。

第二十五章 尼 采

尼采（1844—1900）认为自己是叔本华的后继者，其实，在许多地方他都超过了叔本华，尤其是在思想的连贯性和条理性方面。

由于父亲是新教牧师，因此尼采在教养方面极具宗教特色。在大学期间，尼采在古典语言学领域取得了突出的成果，因此在还没有取得学位之时，他就接受了巴塞尔大学的邀请教授语言学。这是公元1869年的事，那时他才25岁。后来，由于健康问题，尼采在公元1879年被迫辞职。辞职之后的尼采先后居住在瑞士和意大利。公元1888年，他精神失常了，直到死时都没有被治愈。尼采虽然是哲学教授，但不算是学院哲学家，而是文艺性哲学家。尽管尼采在本体论和认识论领域没有创造任何全新的理论，但因为在伦理学方面的重要作用，他在哲学领域还是有很重要的地位。

尼采另一个很重要的身份是历史批评家,而且非常敏锐。意志在尼采的哲学体系里,不但在形而上学方面占据首要地位,在伦理方面也占据首要地位。

起初,他对瓦格纳怀有高度的景仰之情,但没景仰多久,他就跟瓦格纳发生了争论。争论的焦点是瓦格纳的著作《帕西法尔》。尼采认为,《帕西法尔》的基督教气味太重,抗拒信念的精神也太强烈,这是不好的。在学术争论结束之后,尼采又对瓦格纳进行了人身和人格攻击。不过,尽管看上去他和瓦格纳的分歧很大,但实际上,他的一般看法与瓦格纳的著作《尼伯龙根的指环》所表达的精神依然很相像。

尼采认为自己不是浪漫主义者,他认为,他的看法尽管忽略了俄耳甫斯教义的成分,但也应该属于希腊哲学。他佩服毕达哥拉斯之外的所有苏格拉底以前的哲学家。在思想的亲缘关系上,他与赫拉克利特很密切。他所谓的"高贵者"非常像亚里士多德说的"雅量者",但是,在大体上,他认为苏格拉底之后的希腊哲学家们都比不了他们的前辈。然而,他对苏格拉底也有不满,他不能接受苏格拉底的卑贱出身,因此称他为"平民",指责他以民主的道德偏见败坏雅典的贵族青年。在尼采那里,柏拉图也好不到哪里去,他被谴责是因为热衷于教化别人。然而,更令柏拉图难堪的是,尼采似乎不是很乐意谴责他,最多只是把他说成"了不起的卡留斯特罗"。

尽管尼采批评浪漫主义者,但他的许多观点倒是从浪漫主义者那里继承来的。与拜伦的观点一样,尼采的观点也属于贵族的无政府主义见解范畴。在这方面,他打算兼有这两组价值:一是对无情、战争和贵族的高傲等品质的喜爱;二是对哲学、文学艺术、音乐等知识的无限喜爱。尽管马基雅维利和尼采在一些方面差别很大,但一般认为,拿尼采跟马基雅维利对比是一件合理的事情。马基雅维利的著作《君主论》里体现的政治哲学和尼采的政治哲学很相似，都是已经详细地论述完并能在很多方面应用的哲学。尼采和马基雅维利的区别表现在，以权力为目标、一心反基督教的伦理观方面，尼采要比马基雅维利更坦诚和直接。

对各派宗教和哲学的批评，都是尼采在受了伦理方面的动机的主使之后做出的。他认为，只有少数贵族身上才有一种很特别的气质，并因此对这种气质加以赞美。在他看来，大部分人的存在，是为了体现极少数优秀分子的优秀和优越，因此，这大部分人是没有权利要求获得幸福和福利的。因为抱有这种见解，当尼采提到普通人时，总是习惯性地用"粗制滥造"来形容他们。因此，即使看到了普通人受苦受难的生活，尼采也不会报以同情，因为他觉得，如果他们的苦难对产生伟人是必需的，那么他们理所当然地要受苦受难，这没有商量的余地。

通常情况下的任何意义上的自我放纵的伦理思想，都与尼采的伦理思想不同。尼采信仰斯巴达式的纪律，在面对重大目标时，尼采既可以施加给别人痛苦，同时他自己也有忍受痛苦的度量。这是因为他最赞赏意志的力量。他认为，必须抵制的弱点之一是同情心。而且，他似乎也很好战，因为他曾经用带着某种狂喜的声音预言，一个世界大战的时代就要来临了。然而，他又不是崇拜国家的那种人，相反，他是一个热情洋溢的个人主义者，崇拜英雄。他甚至认为，一个伟人的苦难胜过整整一个民族的不幸。

由于尼采不是崇拜国家的国家主义者，因此他对自己的祖国并没有过分的好感。他希望组成一个国际性的统治种族，全世界都要交由他们这个种族统治。这一点看似和反犹太主义者很接近，但值得庆幸的是，尼采不是一个明确的反犹太主义者，他只是认为，德国已经接纳了太多的犹太人，再多的话就不能同化他们了，因此他反对继续接纳犹太人。他对《圣经》的态度是：讨厌《新约》而不讨厌《旧约》，还愿意用词句赞美《旧约》。

在他的伦理思想方面，有两点值得我们注意：一是他对女人的轻蔑，二是他对基督教的批判。他痛骂女人时，简直可以用持久和不厌其烦来形容。

尼采认为，基督教是虚无主义的宗教，驯化人心是基督教的目的，不过这个目的是错误的。因为即使是野蛮人，也有闪光之处，一旦被驯服，这些闪光之处也就消失了。尼采最希望看到的是，被他视为"高贵者"的人能取代基督教圣徒的地位。然而，这些"高贵者"不是普通人，他们是有统治权的贵族，会做很多残忍的事情，也会做被大多数普通人视为是犯罪的事，而且，他们的义务只能让与他们平等的人享受。此外，"高贵者"还会保护艺术家、诗人和所有精通某种技艺的人。

我们应该怎样看待尼采的学说呢？他的学说的真实性有多大？用处有多大？有客观的观点吗？还是，这些都只是一个病人的空想和幻想？回答这一系列问题或许很难，但有一点谁也不能否认，那就是，虽然尼采一向不在职业哲学家之列，但很多有文学修养和艺术修养的人在很大程度上都受了尼采的影响。

在肯定了他的优点以后，我们还要看到他的缺点。的确如此，他的许多东西仅仅是他自大的体现，我们不要理会便是了。在尼采的白日梦里，他的身份不是哲学教授，而是一个战士，同样的，在他看来，受他景仰的人也都是战士。以他对女人的评价为例，其实这些评价跟别的男人对女人的评价一样，只是他对女人的感情客观化的结果。显然，他对女人的感情是恐惧的。

尼采认为，基督徒的爱是恐惧的结果，因此他谴责基督徒的爱。他说，我害怕别人伤害我，所以我让他相信我爱他。如果我能更坚强和大胆，我就会公然表示对他的理所当然的蔑视。在尼采看来，人是不可能有真诚而普遍的爱的，这都是因为他自己有普遍的憎恨和恐惧。因此，他所塑造的"高贵者"是这样一副形象：缺乏同情心、冷酷、狡猾、残忍、只关心自己的权力。其实，他赋予自己的超过别人的那种权力欲望本身就是恐惧的结果，但这一点尼采没有想到。因此，不把他当回事的人，会理所当然地认为没有压制别人的必要。

自古以来，圣贤分为天生的圣贤和因恐惧而成为圣贤两种。对人类有一种自发的爱的当然是天生的圣贤，这种圣贤为了让自己幸福而做好事。相反，因恐惧而成为圣贤就像因为惧怕警察而不敢偷盗的人一样，如果没有地狱之火或怕被报复的心理约束，他一定会作恶多端。

尼采自然不是天生的圣贤，他只能想象第二种圣贤。因为他的心中充满了恐惧和憎恨，因此他认为不可能有对人类自发的爱。在他的意识里，他不认为有这样一种人，这种人虽然具有大无畏的精神和强烈的自尊心，但不会把痛苦强加给别人，因为他不愿意这样做。没有人会认为林肯的所作所为是因为他害怕下地狱，但是在尼采眼里，林肯是下贱的，远不如拿破仑伟大。

下面再考察一下尼采给我们提出的伦理问题。这个问题是：我们的伦理观应该是贵族式的，还是应该在伦理观上等同看待所有人？抱有民主的伦理思想是边沁学派的最大幸福原则，不过，也许他们也会认为，贵族式的政体更能促进普通人的幸福。但是，尼采认为，普通人的幸福不是善良的组成部分。本身具有或善或恶性质的只是"高贵者"的事，其他人的事就无所谓善恶了。

那么，这个"高贵者"究竟该如何定义呢？实际上，"高贵者"通常是获胜的氏族或世袭贵族；不过，通常在理论上，贵族又是获胜的氏族的后裔。尼采应该会同意我这个定义。

在尼采思想体系里，还有一个与彻底个人主义者极力主张的反对工会的理由非常相近的观点。在人与人之间的斗争中，可能胜利者具有的正是尼采所欣赏的某些品质，但是，即使是不具备这些品质的人，只要他们能团结起来，也可能会获胜。这场普通人集体与贵族的战斗就如同曾经是战斗前线的法国大革命和意识形态前线的基督教。出于这个原因，我们应该反对和阻挠软弱者联合起来，否则他们联合起来之后将会打败"高贵者"的联合。此外，还要促成"高贵者"和精英阶层的联合，完成这项工作的第一步就是宣扬尼采哲学。

然而，遗憾的是，这些道理只适用于现代，不适用于在贵族政治还具有旺盛生命力的时代。美国独立战争和法国大革命之前，几乎所有的大国都是贵族政治，只有埃及政治符合尼采式的原则。因此，我们有必要自问，我们不喜欢有悠久的成功历史的政体，却喜欢民主制，有什么充足的理由吗？在这里我们探讨的是哲学，那么，我们应该自问，我们排斥尼采维护贵族政治的伦理是否有客观根据？

伦理问题是一个关于同情心的问题。从看到别人的痛苦自己就会不快乐的角度讲，同情心应该是天生的。但是，同情心的发展会给不同的人带来不同的影响。有些人以给别人施加痛苦为乐，有些人却认为只要有人还在忍受痛苦，他就不能快乐。在感情上，大多数人把别人划分成敌和友，然后对朋友报以同情心，对敌人却没有同情心。类似于基督教或佛教的伦理观与尼采的伦理观有很大的区别，这主要表现在感情的基础不同，前者是普遍同情，后者是完全没有同情。

和反对任何不愉快但能融会贯通的伦理观的理由一样，我反对尼采的哲学是感情层面上的原因。我认为，普遍的爱是创立这个世界上我所希望的所有事物的原动力，但尼采很轻视这种爱。现在，尼采的门徒们已经得意了一段时间，但我们仍然可以抱有这样的希望：希望这段时间能很短很短，即将迅速地逝去更好。

第二十六章 功利主义者

除了名声较小的威廉·汉密尔顿以外，英国哲学家在从康德到尼采的这段时期内都没有受德国人的影响，受康德、费希特和德国浪漫主义思潮影响很深的柯勒律治、卡莱尔等人也不算是真正意义上的哲学家。在政治上有更重要地位的边沁学派的全部哲学纲领都继承自洛克和哈特里等人，他们领导了英国的激进主义，而且在无意间铺平了社会主义学说的道路。

英国激进主义者的公认领袖是杰里米·边沁。边沁生于公元1748年，但是直到60岁时，他才成了激进主义者。尽管他写就了很多著作，但除了因朋友善意盗窃而发表的之外，他再也没有发表过任何著作。边沁原本只对法学感兴趣，但由于法学的理论，他又对伦理学和政治学产生了兴趣。

边沁的全部哲学以"联想原理"和"最大幸福原理"为基础。在哈特里之前，人们都把观念联合视为错误的细小来源。在哈特里之后，联想原理才被边沁等人当成了心理学的基本原理。于是，边沁打算依据联想原理给各种精神现象做决定论的说明。

边沁认为，快乐和幸福就是善，相应地，痛苦就是恶。这就是边沁的被人称为"功利主义"的观点的核心内容。不过，如果追溯历史的话，这并不是一种新观点，因为在公元1725年时，哈契逊就提倡过，之后普利斯特里的观点也与这个观点有些关联，而洛克在他的著作里也提出过这个观点。这样看来，提出这个学说就不能算是边沁的功劳了，边沁的功劳是把这个学说应用到了各种实际问题的解决上。

边沁还主张说，人们都在追求自己认为的幸福。因此，承担调和公共利益和个人利益关系的职责的是立法者。边沁还认为，刑法存在的理由是它可以使社会利益和个人利益达成一致。在当时的英国，许多犯了小罪的人都可能会被死刑，这使得陪审员们都觉得判罚太重。因此，边沁主张，除了对罪大恶极之人能判处死刑外，应该对其他所有的罪犯免于判死刑。这一主张起到了一定的作用。

在边沁看来，订立民法应该包含生存、富裕、安全和平等这四个基本原则。边沁不仅不提倡自由，还非常轻蔑人权。他认为，绝对的人权是纯粹的胡扯。边沁在得知法国革命者提出《人权宣言》时，批评《人权宣言》是形而上学的极点。他还把《人权宣言》的内容归纳为无法理解的、错误的和既无法理解又错误的三类。

和伊壁鸠鲁一样，在边沁的理想里，安全大过自由。他之所以发展到了激进主义，主要是基于两方面的原因：一是在计算了快乐和痛苦之后得出一种平等信念，二是让他所理解的理性决定所有事物的决心。

在早年，他由于热爱平等，曾主张儿女平均分配已死父母的财产。但是到了晚年时，同样是出于对平等的热爱，他又主张彻底的民主，反对君主制和世袭贵族政治。他排斥宗教和上帝，理由是他不愿存有没有理性依据的信念。基于这个原因，在法律方面，不论历史有多么古老，只要是荒唐和破格的地方，他都予以激烈的批评。而且，更难能可贵的是，他在青年时期就反对帝国主义，把拥有殖民地视为愚蠢的行为。

在热诚信徒詹姆斯·穆勒的影响下，边沁终于在实际政治上有了一定的立场。詹姆斯·穆勒也是一个激进主义者，和那个时代的所有激进主义者一样，他信服教育万能。和边沁一样，詹姆斯·穆勒也认为唯一的善就是快乐，唯一的恶就是痛苦；但他最看重的是适度的快乐，认为最高的乐趣是知识上的乐趣，最大的美德是节制。和所有功利主义者一样，他反对各种形式的浪漫主义。他还认为，理性可以支配政治，证据可以决定人们的意见。

为支持全体幸福即至善这个看法，边沁又提出了很多理由，有些理由甚至还尖锐地批评了其他伦理学说。边沁的学说体系有一处明显的疏漏：如果人们都追求自己的快乐，那么又怎么保证立法者追求的也是一般人的快乐呢？边沁看不见这个问题是因为他有本能的仁慈心。然而，值得钦佩的是，如果他是在为一个国家拟定法典，一定是依据他所理解的公众意愿拟定他的个人利益，绝不会依据他的个人意愿拟定他的个人利益。

找出区别善欲和恶欲的准则，以及通过赞扬和责备促进善欲、抑制恶欲是伦理学的两个目的。从逻辑上讲，功利主义的伦理学与心理学不相关。功利主义的伦理学认为，在实际上促进所有幸福欲望的行为是善的。某种行为的动机不一定是促进幸福的欲望，但只要它最后达成这样的效果就成。

激进主义是哲学上的一个过渡学派，两个比它更重要的学说体系正是延生于它。这两个学术体系是达尔文主义和社会主义。作为边沁学派政治学和经济学重要组成部分的马尔萨斯人口论，在全体动植物界应用以后，形成了达尔文主义。由于马尔萨斯的影响，达尔文本人与哲学上的激进主义者有一些共鸣。达尔文主义主张一种动植物界全体参与的自由竞争，这种竞争的胜利会属于那些和成功的资本家十分相似的动物。不过，正统经济学家赞赏的竞争与达尔文宣称是进化原动力的生存竞争有很大区别。他们认为，所谓"自由竞争"，是受法律束缚的非常人能为的概念。

但不管怎么说，边沁学派所说的"自由竞争"不是真正的自由。边沁学派的规则决不允许在竞争中利用国家取得胜利的情况发生，但这种情况是达尔文学说所能接受的。虽然达尔文本人信仰自由主义，但如果人们能彻底接受达尔文的"适者生存",那么也会产生一种与边沁哲学相比,更类似于尼采哲学的东西。

在边沁学说的全盛时代,社会主义萌芽了。主张商品的交换价值取决于生产时花费的劳动的大卫·李嘉图和边沁、马尔萨斯、詹姆斯·穆勒三人都有着密切的交往。公元1817年,李嘉图发表了自己的主张。八年后,托马斯·霍吉斯金发表了《反对资方的要求而为劳方辩护》,这是第一个社会主义的答辩。霍吉斯金认为,如果真如李嘉图所说,劳动赋予了商品的全部价值,那么商品销售所得的利润就应该全归劳动者所有,假如地主和资本家也想得到一份利润,那么他们的所得必然是榨取自劳动者。工场主罗伯特·欧文在有了丰富的实际体验之后,也相信了一种学说,而这就是被称为社会主义的学说。欧文认为,劳动者正在逐渐被机器排挤和取代,劳动者没有得到与机器相抗争的手段,就说明了自由放任政策的失败。于是,他提出解决这一弊端的方法,这也成为近代社会主义的雏形。

第二十七章　柏格森

一

法国本世纪(20世纪)最重要的哲学家是亨利·柏格森,他不仅影响了大名鼎鼎的威廉·詹姆斯和怀特海,甚至影响了法国的整个思想界。

虽然柏格森哲学的影响很大,但涉及的方面很单一,主要是在保守方面,因此,柏格森的哲学和发展到维希政府的那场带有保守性质的运动取得了协调。但是，柏格森的非理性主义也引起了人们除政治之外的所有兴趣。不过，现在让我们抛开政治，单纯看待柏格森思想的纯哲学部分。

通常，给各派哲学分类的话，要按方法或结果来分。举个例子，经验主义哲学、先验哲学都是按方法分出来的，而实在论哲学和观念论哲学就是按结果分出来的。可是，如果用这两种方法里的任一一种给柏格森的哲学分类，那就是很难有结果的事了，难度在于他的哲学贯穿了所有分类的界限。

这样一来，我必须考虑用另外一个不太精确的办法给哲学分类。这个方法虽然不够精确，但哲学界之外的人都会觉得它很有用。促使哲学家做哲学思考的主要欲望是这个方法的划分原则。举个例子，用这样的分类方法，可以分出由爱好知识而形成的理论哲学，由爱好实践而形成的实践哲学，等等。

有一种哲学叫"感情哲学"，也是用第三个方法分出来的，包括所有乐观主义或悲观主义的哲学。还有一种哲学叫"宗教哲学"，也是用第三个方法分出来的，包括所有提出拯救方案或表示不会有救的哲学。而上面所说的理论哲学则包括很多的哲学体系。理论哲学的数量可不少，因为哲学里大部分精华的源泉都是很少见的知识。如果哲学家都是很平常的人，那么在西欧应该经常见到实践哲学，但实际上，至少截至现在，这种哲学在西欧是很少能见到的。因为不常见，人们也就不会知道，这种哲学的代表人物主要就是柏格森。

自从实践哲学兴起以后，我们可以看出像柏格森那样的现代实践主义者对希腊威信的反抗，其中最激烈的是对柏拉图的反抗。我们还可以把实践主义者反抗希腊威信这件事联系到帝国主义和汽车上，至少席勒是愿意这样做的。实践哲学取得的成就是可以预料到的，因为现代世界需要这种类型的哲学。

柏格森的哲学体系是二元论的，这和过去的大多数哲学体系都不一样。柏格森认为，世界被分成生命和物质这两个完全不同的部分，更或者，世界是被理智看成物质的某种东西，而宇宙是向上攀登的生命和往下降落的物质冲突矛盾的结果；所谓生命，是自从有了世界就一举产生的一个巨大的活力体，当它遇到物质的阻碍时，凭借力量在物质之间打开了一条道路，之后又逐渐学会利用物质。如果要给它一个形象的比喻，那么，它就像拐角处的风，被四周的墙壁分成方向不同的潮流。由于物质要求它适应，而它也想突破物质，因此它的一部分被物质制伏了，另一部分则战胜了物质。但是，随时随地、每时每刻，它都充满了自由活动的能力，而且总是在努力寻找出路，总是在四周对立的墙壁间争取更大的运动自由。

相比于机械论，虽然柏格森更同情目的论，但他没有提出任何与这两种观点相同的观点。他认为艺术家的作品是真正有创造性的。预先存在的东西里，包括一种行动冲动和一种不明确的要求；但是，如果这个要求还没有得到满足，那么人们是不可能知道它的性质的。正是这个原因，柏格森提出，进化无法预料，而且决定论者也不会说服自由意志的提倡者。

柏格森还认为，分离事物的理智是一种幻梦。人的整个生命是能动的，理智却不是这样。他说，在做梦时，人的自我会分散开，过去也会破裂成碎片，彼此渗透的实际事物被视为分离的固体单元，超空间者退化成分离性。因此，既然理智起分离作用，有几何学的倾向，那么讨论外在的逻辑学，就是按照物质性的指引从几何学产生的结果。

就像理智和空间被联系在了一起一样，本能（或直觉）也和时间联系在了一起。和大多数哲学家不同，在柏格森眼里，时间和空间的差异很大（这也算是柏格森哲学的一个特点）。空间是物质的特征，这个特征产生的原因是分割流注。虽然在某个限度内，这种分割在实践上有用处，但它依然是错觉，在理论上会让人误入歧途。

相反，生命或精神的根本特征是时间。不过，这个时间不是数学时间，而是外在瞬间的均匀集合体。柏格森认为，空间的一个形式可以表现为数学时间，相应地，对于生命重要之至的时间是对它的延伸。在柏格森的哲学里，这个延伸的时间是个基本概念，最早出现在《时间与自由意志》一书中。

记忆里的过去保留到了现在，因此这种延伸的特别表现是在记忆方面。基于这个原因，在柏格森的哲学里，记忆论也变得非常重要了。柏格森《物质与记忆：身心关系论》一书就是在说明精神和物质的关系。记忆是精神和物质的结晶，因此，通过分析记忆可知，书中断言的精神和物质都是实在的。柏格森认为，通常被叫作记忆的有两种根本不同的事，关于这两者的区别，柏格森做了特别的强调。他指出，从某种意义上说，我们遇到的所有事情都可能被记忆记住，但是通常来说，只有有用的东西才会被意识记住。

柏格森认为，记忆的精神要素的缺陷并不真是表面上的记忆缺陷，而是把记忆变为行动的运动机制的缺陷。在讨论了脑生理学和记忆丧失症之后，他终于证明了这种看法。最后，他由此得出结论：脑髓的功能不是真的记忆。过去必须体现在物质的行动上，然后再体现在精神的想象上。记忆的过程不是物质发散的过程，而应该是，物质的过程是记忆发散的过程。

在纯粹记忆的另一端，柏格森放入了纯粹知觉。柏格森对待纯粹知觉是站在超实在论的立场上的。在他看来，知觉和知觉的对象是同一的，因此他几乎都不肯把知觉称为精神。正在开始的行动构成了纯粹知觉，能动性就是它的现实性。本来脑髓不是行动的手段，通过转换以后，也和知觉产生了关系。把精神生活限制在实际有用的事情上就是脑髓的功能。据说，如果没有脑髓，人就察觉不到任何事物，但是实际上我们只察觉到了引起我们关心的事物。这样说来，脑髓也是有选择性的。

柏格森论述直觉的前提是延伸和记忆的理论。以人类为例，理智的边缘是直觉，直觉本来也应该处于中心位置的，但是由于在行动中，直觉发挥的作用比不上理智，于是就被挤出了中心位置。尽管如此，直觉也不是完全没有用处，它还有更奇妙的用处，因此应该再次恢复它的地位。柏格森想让理智叫醒至今还在酣睡的直觉的潜力，本能和理智的关系被他比作视觉和触觉的关系。按照他的说法，理智无法带给人遥远事物的知识。的确如此，在柏格森的理解里，从触觉的角度解释一切知觉就是科学的功能。

以上只是我转述的柏格森的观点，还没有提及他得出这些观点的依据和理由。通常情况下，他并不给自己的观点寻找依据，他是依赖极好的文笔和这些观点自身的魅力吸引和打动读者的。因此，与大多数哲学家相比，在给自己的观点寻找依据方面，柏格森是最容易的。总之，他就像广告明星一样，利用鲜明和多变的说法，从表面上解释了许多隐晦的事实。他很善于使用类推和比喻方法，而且使用得可谓得心应手。向人们介绍他的意见时，他使用的类推和比喻占了整个方法的大部分。我在他的著作里见得到的对于生命的比喻，甚至多过我在我所知的诗人的诗集里见到的。

在面对使人类处于动物界之上的这场袭击时，一个感觉自己仅是旁观者或评论家的人，会觉得与这场袭击相比，沉着细心地思考是这样地格格不入。柏格森听见了别人对他的意见，这意见说，思考不过是避开障碍物的冲动，只是行动的一个手段。也许柏格森会觉得一个有哲学家身份的人不该持有这样的观点，骑兵指挥官才应该持有这样的观点。说到底，思考是哲学家的本职工作，但是柏格森觉得，在猛烈的激情与喧嚣中，没有地方容纳理性演奏的弱小音乐声，也没有闲情逸致进行公平的沉思。这种沉思是通过反映出来的宇宙之大而追求伟大的。他也许会忍不住要问：有什么理由可以说服我接受这样一个动荡不安的宇宙观呢？当他这样问的时候，他会发现，整个宇宙和他的著作里都没有这种理由。

二

柏格森的空间论和时间论是他的哲学的两个基础，这一点可以证明，柏格森的哲学并不只是一种诗意和富于想象力的宇宙观。

对于他指责理智来说，他的空间论是必需的。他与理智之间是一场残酷的战斗，如果他失败了，理智就会成功。对于他证明自由来说，他的时间论是必需的，而且，对于他逃开詹姆斯的"封闭宇宙"、他（柏格森）的不存在任何流动事物的"永久流转说"、有关精神与物质的关系的全部讲法，他的时间论都是必需的。因此，在评论他的哲学时，应该把注意力集中在空间论和时间论两个学说上。如果这两个学说是正确的，任何哲学家都难以避免的那种细小错误和矛盾就没有多大关系了。如果这两个学说是不正确的，那么柏格森哲学剩下的，就只有应该从审美角度而不是理智角度评判的富于想象的叙事诗了。

与时间论相比，柏格森的空间论比较简单。在他的《时间与自由意志》一书中，他对空间论有详尽的叙述，因此可以判定，空间论属于他哲学的最早期部分。在第一章中，由于他把较大的看成包含较小的东西，因此他主张较大和较小暗含着空间的意思。他没有提出支持这种看法的任何好的或者坏的理由。

类似于柏格森哲学的这种反理智哲学有一个恶果，而且还很严重。由于反理智哲学都是借助着理智的错误和混乱发展起来的，因此，它情愿进行坏思考也不喜欢好思考。它还断言，一切暂时的困难都是不可解决的，一切愚蠢的错误都是理智的破产和直觉的胜利。

柏格森的著作中有许多提及数学和科学的言论，在马虎大意的读者看来，这些言论大大巩固了他的哲学，但事实并非如此。在科学方面，特别是在生物学和生理学方面，我没有资格批评他的言论，但是在数学方面我就有理由好好批评他了。在有关的解释中，他故意采纳了传统中错误的结论，对最近八十年来在数学界广为流传的较为新颖的结论却视而不见。不过，这似乎也无可厚非，因为他只是学习了大多数哲学家的普遍做法。

除了数的问题以外，柏格森接触到的数学的主要一点是，他否定它对世界的电影式描述。在数学中，变化、连续变化被认为是由一连串的状态构成的，而柏格森却主张任何一连串的状态都不能代表连续的东西，因为事物在变化中根本不会处于任何状态。这样一来，他就把"变化是由一连串的状态构成的"这种见解称作电影式的见解，还说，这是理智特有的见解，但从根本上说是有害的。

根据柏格森所说的非"动的宇宙观"，只有真延伸可以解释真变化，过去和现在的相互掺杂就隐藏在真延伸里。和柏格森的记忆理论有密切关系的也是他的延伸论。按照这种理论，残留在记忆里的事情都是记忆到的，和现在的事情掺杂在了一起。这样一来，过去和现在并不都是外在的，而是融合在了意识的整体之中。柏格森还认为，行动构成了存在，数学时间只是一个受容器，除此之外什么也做不了，因此它什么都不是。他认为，过去的就不会再行动了，而现在是正在行动着的。就这样，柏格森不动声色地否定了普通的数学时间。但是，脱离了数学时间，他的观点就没有任何意义。

柏格森关于延伸和时间的全部理论的依据，从头到尾都混淆了回忆这个行为和所回忆到的事物。如果我们对时间不是很熟悉，那么他企图把过去当作不再活动的东西推出过去的做法所带有的恶性循环就显而易见了。其实，柏格森叙述的是知觉和回忆（两者都是现在的事实）的差别，但他错以为叙述的是现在和过去的差异。只要认识到这种混淆，便会明白，他的时间理论其实是一个完全忽略了时间的理论。

柏格森时间论的底蕴，似乎是现在的记忆行为和所记忆的过去事件的混淆，这是一个在哲学界普遍存在的混淆。如果我的看法没有出错，那么这个混淆败坏了柏格森的很多思想，也败坏了大部分近代哲学家的思想。就记忆而言，记忆的行为发生在现在，而记忆到的事物都是过去的。因此，如果混淆了记忆的行为和记忆到的事物，过去和现在也就没有区别了。

在柏格森的著作《物质与记忆：身心关系论》里，通篇都贯穿着认识本身和认识到的对象的混淆。主观和客观的混淆是许多唯心论者和唯物论者所共有的，并不是柏格森一人特有的。许多唯心论者认为客观其实就是主观，许多唯物论者认为主观其实就是客观。他们一致认为这两个说法差别很大，但又一致认为主观和客观没有差别。我们应该承认，在这一点上，柏格森是有优点的，因为他既把客观和主观同一化了，也把主观和客观同一化了。只要否定了这种同一化，他的整个思想体系就要垮台了。首先垮台的是空间论和时间论，其次是"偶然性是实在的"这一观点，然后是谴责理智的根据，最后垮台的是他解释的精神和物质的关系。

有很大部分的柏格森哲学（或许就是这部分为他赢得了声望）不是依据议论得出的，因此也就不能用议论推翻它们。总之，我们可以把他对世界的富于想象的描绘，看成是富有诗意的东西，不必证明，也不必反驳。

柏格森把所有纯粹的沉思都称为做梦，并且用一连串贬义词训斥它，说它是静态的、柏拉图式的、数学的、逻辑的和理智的。

柏格森这样告诉那些想要预见行动要达到的目的的人：即使预见到了目的，也没有什么大不了的，因为和记忆一样，愿望和它的对象也是同一的。因此，我们在行动上注定是本能的盲目的奴隶，任由生命力不停地从后面推着我们前进。

在我们沉思的一瞬间，我们就超脱了动物的生命，并由此进一步认识到了将人从野蛮的生活中解救出来的伟大目标。然而，在柏格森的哲学里，我们没有这样的沉思瞬间，因为它容不下沉思。认为漫无目的的活动就是足够善的人会在柏格森的著作里找到对宇宙最美丽动人的描绘。然而，在另一些人看来，如果要给行动赋予一种价值，那么这种行动就必须是出自一种梦想或富于想象的预示——预示的是另一个世界。这个世界与我们现在生活的世界不同，它没有痛苦，没有不公，也不会充满斗争。总而言之，行动建立在沉思之上的人在柏格森哲学中不会发现他所寻找的东西，同样，也不会因为无法证明它的正确而感到遗憾。

第二十八章　威廉·詹姆斯

更准确地说，威廉·詹姆斯（1842—1910）应该算是心理学家，他之所以在哲学上占有重要的地位，有如下两个原因：一、被他称为"彻底经验论"的学说是他创立的；二、他是最初倡导实用主义（或叫作工具主义）的三个人之一。出于这两个原因，他在晚年时完全称得上"美国哲学公认领袖"。

对詹姆斯而言，他在哲学的科学方面和宗教方面有浓厚的兴趣。先说科学方面，他的思想带有唯物主义倾向，这种唯物主义源于他对医学的研究。不过，到了后来，他的宗教感情抑制了这种倾向。

詹姆斯性情温厚，具有民主精神，因此受到很多人的爱戴。据我所知，只有桑塔雅那一个人对他没有丝毫的爱戴之情。当然，这也是有原因的，原因就是詹姆斯曾批评他的博士论文是"腐败的典型之作"。除此之外，他们在气质上存在的那种不共戴天的对立也是桑塔雅那对威廉·詹姆斯没有好感的原因。

和詹姆斯一样，尽管桑塔雅那也喜欢宗教，但方式和詹姆斯的完全不同。桑塔雅那是出于审美和历史的原因而喜欢宗教的，并不认为宗教对他的道德生活有何帮助。尽管从理智上讲詹姆斯不信仰任何教理，但他愿意看到别人信仰教理。可是，桑塔雅那对宗教的态度让詹姆斯觉得不道德。詹姆斯的清教徒家族给他传下来一个根深蒂固的信念，即善良的行为是最重要的。但是，由于他的民主感情的影响，他又做不到对哲学家一套，对常人一套。从气质层面的对立来看，这种对立不仅存在于新教徒和旧教徒之间，也存在于非正统信徒之间。不论詹姆斯有多么偏向异端，他都和桑塔雅那一样，堪称自由思想家，他们的区别只在于桑塔雅那是旧教徒，而詹姆斯是新教徒。

公元1904年，詹姆斯发表了一篇名为《真的存在"意识"吗？》的论文。在这篇论文里，詹姆斯第一次发表了他的"彻底经验论"。否定主体客体关系是根本性的关系是这篇文章的主要目的。当时，哲学家们普遍认为叫作"认识作用"的那种事当然是存在的。

在提出"彻底经验论"这个问题上，我坚信詹姆斯至少是正确了一部分。这已经足够使他在哲学家里占有崇高的地位了。不过，虽然我现在这样说，以前我可没有这样认为，直到詹姆斯本人和其他很多与他持同样意见的人都坚持这样说，我才相信了詹姆斯是对的。

在詹姆斯看来，所谓"纯粹经验"，应该是为后来的反思提供材料的像流水一样连续不断的生活之流。如果把詹姆斯所说的"材料"

换成精神和物质，再把它们之间的区别看成是两种类型的，那么这个学说就能消除精神和物质上的区别。基于这种理论，一些跟詹姆斯意见相同的人又提出了一种所谓的"中性一元论"。根据"中性一元论"，精神和物质都不是构成世界的材料，构成世界的材料其实是在二者之前的一种东西。发挥詹姆斯理论中潜在含义的并不是詹姆斯本人，他只是利用"纯粹经验"一词，表露出一种或许不自知的唯心论。而这种唯心论是属于贝克莱学派的。

尽管哲学家们常常使用"经验"这个词，但不常常给它下定义。人类的普遍常识认为，很多事情在出现之前没有被经验觉察到。尽管贝克莱和黑格尔的出发点不同，但他们的结论都是否定这种说法的，因为根据他们的主张，凡是经验没有察觉到的事物就是没有出现的。然而，不幸的是，贝克莱和黑格尔的这一主张又被现在的大多数哲学家否定，他们说这种主张不正确。我的意见也是这样。我们如果想证明"构成世界的材料是经验"的说法成立，那么就需要证明可以通过经验察觉到推断没有察觉到的事物，否则就没有理由相信除我们之外还有存在的事物。詹姆斯否定这一点，但理由很薄弱。

公元1896年，詹姆斯出版了《信仰意志》；公元1907年，又出版了《实用主义——一些旧思想方法的新名称》。尽管这两本书的出版时间间隔了十一年之久，但在内容上是一脉相承的，《实用主义——一些旧思想方法的新名称》其实是《信仰意志》的扩充。在《信仰意志》里，詹姆斯主张：在实践上，我们常常在不具备做出决定的条件时，就被迫做出了决定。即使我们什么也没有做，决定仍旧是决定。接着，詹姆斯进一步指出，宗教问题就是这样的例子。他还主张：也许我们充满逻辑的理智没有被强迫，但我们也有理由采取信仰的态度。这种态度基本上源自卢梭和萨瓦牧师，但詹姆斯对它做了更新颖的发挥。

根据詹姆斯的意见，求实包括相信真理和避开错误这两个地位同等的信条。通常来说，怀疑主义者只看到了避开错误，因此他们不会相信一个不太慎重的人相信的真理，因为那是错误的。如果相信真理和避免错误真是同等重要的，那么在做出选择时，我们还是随意一些好。随意一些的话，我们会有一半机会可以相信真理，否则就相信不到真理了。

尽管詹姆斯是个心理学家，但他在这一点上还是吸纳了一种很不成熟的想法，这令人费解。在他看来，对于真理，我们只能选择完全相信或完全不信，根本不顾及各种中间道路。按照种种假设行动是我们的习惯，我们就能留心注意新证据。

孤立考察詹姆斯的信仰意志，这当然是不公平的。公平地说，信仰意志学说只是个过渡学说，它在自然发展之后产生了实用主义。这样看来，詹姆斯的实用主义其实只是他给"真理"下的新定义。

按照詹姆斯自己的说法，最初提出实用主义原理的并不是他，而是C.S.皮尔斯。根据皮尔斯最初的主张，我们要想做到清晰地面对某个对象的思维，只要考察一下这个对象可能包含什么，就能想到实际效果了。詹姆斯进一步证明说，假如世界的定义就是真理，那么弄清楚这个真理跟我们有什么关系，就是哲学的职责。这样一来，理论不再具有解答疑难问题的作用，只沦为一种工具。

詹姆斯的宗教观与过去的人们的宗教观有一个根本的区别：詹姆斯关心宗教，是把它当作一种人间现象，仅此而已，对宗教所沉思的对象等他是没有任何兴趣的。詹姆斯希望人人都得到幸福，如果信仰神能让他们得到幸福，他就希望他们信仰神。由此看来，詹姆斯的哲学观点都是仁爱，与哲学无关。

跟大多数哲学家一样，詹姆斯希望能建造一个信仰的上层建筑。跟大多数哲学家不同的是，他企图把这种建筑建造在怀疑主义的基础之上。这都是荒谬和错误的，反映到詹姆斯身上，这种荒谬是由企图忽视一切超人类的事实造成的。如果给詹姆斯坚持的怀疑主义搭配上贝克莱派坚持的唯心主义，再促使詹姆斯信仰神，看上去这样好像也可以。其实，这只是近代大部分哲学特有的一种病态的主观主义。

第二十九章　逻辑分析哲学

自毕达哥拉斯以来，两派对立的局面一直存在于哲学领域。在这两派中，一派在数学的启发下产生了思想，代表人物有柏拉图、托马斯、斯宾诺莎和康德；另一派则受经验科学影响比较深，代表人物有亚里士多德、德谟克里特和洛克以后的近代经验主义者。而在现代，又兴起了一个试图在数学原理中消除毕达哥拉斯主义、把经验主义和重视人类知识中的演绎部分结合起来的学派。和过去大多数哲学家相比，尽管他们的目标不够宏伟壮观，但他们取得的成就像科学家那样牢固。

这个学派取得成就的根源，是数学家们自行消除了数学领域里的各种谬误和粗略的推理。17世纪的数学家有急于求成的通病，表现在能够容忍解析几何和无穷小算法的不稳定基础。19世纪中期以后，在逻辑上，微积分稳固下来，因为魏尔施特拉斯指出了不借助无穷小算法建立微积分的方法。随后，盖奥尔克·康托发展了连续性和无穷数理论。在此之前，"连续性"只是个含混的字眼，而康托则给它提出了一个精确的含义。通过这一系列过程，各种各样的神秘玄学终于显出了陈旧过时的一面。

然而，康托其人的贡献远不至于此，关于无穷数的逻辑难题也是他克服的。举例来说，有多少个从1开始的整数系列呢？显然，这是无穷无尽的，如果你数到1000，它就有1000个，如果你数到100万，它就有100万个。因为，不论是从1到1000还是从1到100万，除了有这些已知的数，还有你未知的别的更大的数。因此，无论你数到多少个，它时刻都会比你数到的多。这样看来，有穷整数的数量必然是个无穷数。奇妙的事情又出现了，即偶数一定和全体整数一样多。

对于这个奇妙的情况，莱布尼茨认为它是矛盾的。他断定，即使有无穷集团，也不会有无穷数。而康托认为，具有与整个集团一样多的项的部分集团才是无穷集团。据此，他不仅反对莱布尼茨的意见，还建立起了无穷数理论。无穷数理论的建立，把之前属于神秘玄学和混乱状态的所有领域都收进了严密的逻辑之内。

公元1884年，弗雷格发现了"数"的定义。然而，他的这些划时代的发现在当时没有引起学界足够的重视，至少到了近二十年后的1903年，他的发现还是没有得到认可。不过，即使这样，也掩盖不了这样一个事实：在弗雷格之前，学界对数的定义在逻辑上都是错误的。

与洛克、贝克莱和休谟的经验主义相比，现代分析经验主义有一个很明显的不同，即它与数学结合以后，发展了一种有力的逻辑技术，使某些问题得出了明确的带有科学性质的答案。与当时哲学的各个学派相比，现代分析经验主义有一个有利的条件，即不必试图一次创造出关于全宇宙的一整套理论，而是可以逐个地解决问题。从这一点区别上看，现代分析经验主义的方法跟科学方法有相似之处。我坚信，如果真有哲学知识，那么终归也要依靠这样的方法才能更好地得到。同样，我坚信，只要坚持不懈地使用这种方法，许多由来已久的问题都会得到妥善解决。

尽管我坚信科学可以解决很多问题，但是科学并不是万能的，它也有达不到的领域，在传统上哲学范围内的广阔领域就是其中之一。这个领域包括的都是各种根本性的问题，而且和价值相关。众所周知，通过科学，我们能够知道所有能够知道的事，但游离于科学范围之外的，科学就无法知道了，比如那些理应算是感情问题的事。

在哲学的全部历史中，构成哲学本身的一直是两个不调和地混杂在一起的部分。这两个部分，其中一个是关于世界本性的理论；另一个是伦理学说或政治学说，它关系到人类的最佳生活方式。这两个部分一向是众多混乱想法的根源，原因是它们并没有被充分划分清楚。在自柏拉图到威廉·詹姆斯的漫长时期，受到追求道德教育的心理影响的，包括哲学家对宇宙构成的见解。哲学家费尽心思编造了一些事实上具有诡辩性的理由，来证明那些他们自以为会使人有道德的信念是真的。

基于道德和理智上的理由，我向来都是排斥这些偏见的。理由很简单，除了探求真理之外，如果哲学家利用专业能力做了别的工作，那么他在道德上就是犯了变节之罪。在进行研究以前，如果他首先就假设说，某些信念是促进良好行为的信念，本身与真假无关，那么他就限制了哲学的思辨范围，使哲学变成了无聊之学。因此，如果是真正的哲学家，就应该严格审查所有的先入为主的观念。

再说理智上的理由。大大妨碍了哲学进步的一向是错误的道德考虑。于我而言，从不相信能够证明宗教教义到底是不是真理的会是哲学。然而，其他的哲学家也许不这样认为，因为自柏拉图以来，提出关于永生和存在着上帝的"证明"就被许多哲学家看成了自己的一部分本职工作。他们在提出自己的新证明时，总不忘指责前人的证明。而且，为了让自己的证明获得充分的根据，他们甚至不惜曲解逻辑，将数学神话，谎称一些由来已久的偏见是上帝的意愿。

否定这一切的是那些把逻辑分析视为哲学主要工作的哲学家。这些哲学家们很坦率，他们承认，为对人类极为重要的许多问题找出最终的解释不能依靠人类的理智，因为它做不到。不过，他们不认为有更高级的认识方法，可以使我们发现科学和理智看不到的真理。他们不仅否认这一点，而且还因此得到了回报——他们发现了一些很精确的解释，这些解释可以用来解答从前被形而上学掩盖的许多问题。更难能可贵的是，解释这些问题的客观方法是求知欲之外丝毫不牵涉哲学家的个人气质。

科学的实事求是原则是在混乱的各种对立的见解中起协调统一作用的少数力量之一。我在这里所说的科学的实事求是原则，是指把我们的信念建立在一种全新的观察和推论之上的习惯，这种习惯要求我们的信念要做到不带个人色彩，消除地域及气质偏见。坚持把这种美德引入哲学正是我所在的哲学派别正在做的工作。这种哲学方法可以在实践中养成认真求实的习惯，而这种习惯可以应用在人类的全部工作上。这样一来，就可以形成这样的一种结果：凡存在这种习惯的领域，狂热就会少一点，而相应的同情和相互理解就会多一点。在放弃了武断和浮躁之后，哲学继续坚持启发着一种新的生活态度。